ullstein

Das Buch

»Und ich dachte immer …« – so oder so ähnlich beginnen die Erklärungsversuche von Leuten, die plötzlich erkennen müssen, dass sie in rechtlichen Dingen einem weit verbreiteten Irrtum aufgesessen sind. Denn nicht alles, was der Allgemeinheit recht und billig erscheint, stimmt mit der juristischen Wirklichkeit überein. Und in manchen Fällen kann juristisches Halbwissen einen sogar teuer zu stehen kommen … Ralf Höcker, Rechtsanwalt und promovierter Jurist, klärt auf über die populärsten juristischen Irrtümer und stellt anhand anschaulicher Beispiele die tatsächliche Rechtslage dar. Ein informatives und unterhaltsames Kompendium – für Juristen und Nichtjuristen gleichermaßen.

Der Autor

Ralf Höcker, Jahrgang 1971, LL. M. (London) und Dr. jur., arbeitete als Rechtsanwalt in internationalen Großkanzleien in London und Köln und betreibt heute eine eigene Rechtsanwaltskanzlei in Köln. Er berät Unternehmen und Künstler in Fragen des Medien-, Marken-, Urheber- und Wettbewerbsrechts.

In unserem Hause ist von Ralf Höcker außerdem erschienen:

Neues Lexikon der Rechtsirrtümer

Dr. jur. Ralf Höcker

LEXIKON DER RECHTSIRRTÜMER

Zechprellerei,
Beamtenbeleidigung und
andere juristische Volksmythen

Ullstein

Besuchen Sie uns im Internet:
www.ullstein-taschenbuch.de

Umwelthinweis:
Dieses Buch wurde auf chlor- und säurefreiem Papier gedruckt.

Originalausgabe im Ullstein Taschenbuch
1. Auflage Mai 2004
14. Auflage 2007

Die Angaben und Ratschläge in diesem Buch sind von Autor und Verlag sorgfältig erwogen und geprüft; dennoch kann eine Garantie nicht übernommen werden. Eine Haftung des Autors bzw. des Verlags und seiner Beauftragten für Personen-, Sach- und Vermögensschäden ist ausgeschlossen.
Umschlaggestaltung: HildenDesign, München
(nach einer Vorlage von Thomas Jarzina, Köln)
Titelabbildung: Thomas Jarzina, Köln
Abbildungen im Innenteil: wulkan
Satz: KompetenzCenter, Mönchengladbach
Gesetzt aus der Adobe Caslon
Druck und Bindearbeiten: Ebner & Spiegel, Ulm
Printed in Germany
ISBN 978-3-548-36659-3

Inhalt

Arbeitswelt

Familie

Gericht und Polizei

Medien und geistiges Eigentum

Mieterrechte

Öffentliches Recht

Strafrecht

Straßenverkehr

Vorbemerkung

Dieses Buch berücksichtigt Rechtsprechung und Schrifttum bis Februar 2005. Sollten Sie Hinweise, Änderungsvorschläge oder sonstige Anregungen zu diesem Buch haben, so ist Ihnen der Autor für eine Mitteilung dankbar:

RA Dr. Ralf Höcker, LL. M.
www.hoecker.eu

Einleitung

Wenn Sie jemand nach dem Unterschied zwischen Mord und Totschlag fragt, werden Sie wahrscheinlich antworten, dass ein Mord vorher geplant wurde, während ein Totschlag eher aus dem Affekt heraus geschieht.

Wenn Sie gebeten werden, einen Richter hinter seiner Bank im Verhandlungssaal zu zeichnen, werden Sie ihm vermutlich einen kleinen Holzhammer in die Hand geben, mit dem er auf sein Pult schlagen und dabei »Die Verhandlung ist geschlossen!« rufen kann.

Und wenn man Sie als Aushilfskellner, der immer montags in einer Studentenkneipe jobbt, nach Ihren Ansprüchen auf Kündigungsschutz, bezahlten Urlaub, Weihnachtsgeld und Entgeltfortzahlung im Krankheitsfalle fragt, werden Sie verständnislos antworten, dass diese Ansprüche natürlich nur den Festangestellten zustehen.

Und in allen drei Fällen hätten Sie falsch gelegen.

Jurastudenten erleben in ihren ersten Semestern eine Überraschung nach der anderen. Sie müssen feststellen, dass vieles von dem, was sie immer für ganz selbstverständlich hielten, mit der juristischen Wirklichkeit nichts zu tun hat. Sie stoßen auf ungläubiges Staunen, wenn sie dann Freunden und Bekannten berichten, dass es Straftatbestände wie Zechprellerei und Beamtenbeleidigung überhaupt nicht gibt und dass Eltern nicht für ihre Kinder haften, Kneipenwirte dagegen sehr wohl für die Garderobe des Gastes.

Das könne doch gar nicht sein, entgegnet man ihnen dann. Zum Beispiel habe 2003 doch in sämtlichen Zeitungen gestanden, dass der Fußballspieler Stefan Effenberg wegen Beamtenbeleidigung verurteilt worden sei. Und natürlich mache sich jemand wegen Zechprellerei strafbar, wenn er ein Restaurant verlasse, ohne seine Rechnung beglichen zu haben. Wo kämen wir denn sonst hin? Auch die Schilder »Eltern haften für ihre Kinder« und »Für Garderobe keine Haftung« hingen schließlich seit Menschengedenken an jedem Baustellenzaun bzw. an jeder Kneipengarderobe. Auch sie können also nicht überflüssig oder falsch sein.

Sind sie aber. Sie stimmen genauso wenig wie zahlreiche andere juristische Volksmythen, die sich mit bemerkenswerter Hartnäckigkeit in den Köpfen der Menschen halten. All diese Irrtümer haben eines gemeinsam: Sie verbreiten und verstärken sich, indem sie tagtäglich nachgeplappert werden. Wer von klein auf immer wieder hört, dass man stets einen Personalausweis bei sich tragen müsse, der kommt überhaupt nicht auf den Gedanken, dass diese Behauptung möglicherweise vollkommen falsch ist. Denn wenn es jeder sagt, wird es wohl stimmen.

Dieses Buch soll zeigen, dass auch Dinge, die juristisch scheinbar selbstverständlich sind, keineswegs richtig sein müssen. Denn Unwahrheiten werden nicht dadurch wahr, dass sie von Generation zu Generation weitergetragen werden. Und auch das Fernsehen, Zeitungsberichte oder eben Schilder an Baustellenzäunen und Kneipengarderoben sind keine verlässlichen Rechtsratgeber.

Die gängigsten Irrtümer aus dem Bereich der Juristerei werden in diesem Buch dokumentiert und richtig gestellt. Sie betreffen alle Gebiete des deutschen Rechts – vom Strafrecht über das Zivilrecht bis hin zum Öffentlichen

Recht. Wo es möglich ist, versucht das Buch die Gründe aufzuzeigen, die zum Entstehen der einzelnen Irrtümer geführt haben. Vier große Gruppen sind hierbei erkennbar:

Zahlreiche Irrtümer beruhen darauf, dass sich eine Gesetzes- oder Rechtsprechungsänderung in der Bevölkerung nicht herumgesprochen hat. Ein wirklich faszinierendes Beispiel für diese erste Gruppe von Rechtsirrtümern ist die bis 1941 geltende Abgrenzung von »geplantem Mord« und »Totschlag im Affekt«. Kaum ein juristischer Laie hat zur Kenntnis genommen, dass diese Abgrenzung schon vor über sechzig Jahren abgeschafft und durch eine völlig andere Neuregelung ersetzt wurde. Ein großer Teil der Deutschen befindet sich in dieser Frage daher heute noch auf dem Kenntnisstand der dreißiger Jahre des vorigen Jahrhunderts. Was unsere Großväter und Urgroßväter einst über den Unterschied zwischen Mord und Totschlag lernten, wurde ganz einfach unverändert von Generation zu Generation weitergetragen. Es kann nur spekuliert werden, woran das liegt. Ein Grund für dieses Phänomen mag die Tatsache sein, dass die heute geltende Abgrenzung zwischen Mord und Totschlag erheblich schwieriger zu durchschauen ist als das alte Recht. Komplizierte neue Klauseln haben es natürlich schwerer, sich im Bewusstsein der Bevölkerung zu verankern. Dass heute kaum jemand in der Lage ist, so schwerwiegende Delikte wie Mord und Totschlag auch nur annähernd richtig zu definieren, bleibt dennoch eine erstaunliche Tatsache.

Eine zweite, sehr populäre Quelle für Rechtsirrtümer sind amerikanische Filme und Fernsehserien. Der Polizei- und Gerichtsalltag der USA ist auch in deutschen Kinos und Wohnstuben allgegenwärtig. Vielen Laien gelingt es daher nicht mehr, zwischen dem amerikanischen

Rechtssystem und dem unsrigen zu unterscheiden. Selbst deutsche Drehbuchautoren und Redakteure von Gerichtsshows tragen zur allgemeinen Verwirrung bei. Wissentlich oder unwissentlich übernehmen sie immer wieder effektvolle Showelemente aus amerikanischen Vorbildproduktionen, die mit der deutschen Rechtswirklichkeit nichts zu tun haben. Der Hammer auf dem Richterpult mag als ein Beispiel hierfür dienen. Untersuchungen zeigen, dass schon kleine Kinder fest davon überzeugt sind, dass deutsche Richter eine Perücke tragen und einen Hammer in der Hand halten.[1]

Falsche Vorstellungen können sich drittens festsetzen, wenn sie von Nutznießern in die Welt gesetzt und so oft wiederholt werden, bis schließlich jeder an sie glaubt. Bauherren wollen zum Beispiel nicht auf den Schäden sitzen bleiben, die spielende Kinder auf ihrer Baustelle anrichten. Also hängen sie ganz einfach Schilder an ihre Baustellenzäune, auf denen sie behaupten, dass Eltern für ihre Kinder haften müssen. Und jeder fällt darauf herein, denn Verbots- und Hinweisschilder genießen in Deutschland immer noch eine große Autorität. Was man »ganz offiziell« und schwarz auf weiß angeschlagen sieht, wird schon stimmen, denken sich offenbar viele.

Eine vierte Gruppe von Rechtsirrtümern beruht schlicht auf Missverständnissen, die zu einer oft phantasievollen »Rechtsfortbildung« durch die Bevölkerung führen. So kommt es vor, dass Inhalt und Bedeutung bestimmter Rechtsnormen falsch interpretiert werden. Die tatsächlich existierende Ausweispflicht zum Beispiel wird im Allgemeinen nicht richtig verstanden und viel zu weit ausgelegt. Wo das Rechts- oder Moralempfinden der Bevölkerung es erfordert, wird unsere Rechtsordnung kurzerhand auch schon einmal um ganze Tatbestände »ergänzt«. Das vermeintliche Delikt der Beamtenbeleidigung ist ein Straftatbestand, der in Wirklichkeit zwar nicht existiert, dessen Existenz aber offenbar für notwendig gehalten wird.

Eine interessante Gemeinsamkeit zieht sich durch viele Rechtssätze, die von Laien erfunden und weiterverbreitet werden. Man stößt bei ihnen sehr häufig auf die mystische Zahl »Drei«: Drei Nachmieter müsse man angeblich stellen, um vorzeitig aus einem Mietvertrag herauszukommen. Dreimal müsse man den Arbeitnehmer abmahnen, bevor man ihn entlassen könne, und dreimal müsse man im Restaurant vergebens nach der Rechnung fragen, bevor man es straflos verlassen dürfe.

In der juristischen Wirklichkeit kommen derartige Dreimal-Regelungen nur selten vor. Sie sind Ausdruck eines sehr formalistischen Rechtsverständnisses, das unserer Rechtsordnung weitgehend fremd ist. Sachgerechte Ergebnisse erzielt man nicht, indem man Nachmieter oder Abmahnungen zählt und irgendeine unverrückbare Grenze festlegt, ab der stets eine bestimmte Rechtsfolge greift. Auch ein oder zwei Fehltritte eines Arbeitnehmers können schließlich im Einzelfall schon gravierend genug sein, um eine Kündigung zu rechtfertigen. Umgekehrt reichen fünf oder sechs geringere Verfehlungen möglicherweise nicht für eine Entlassung aus. Es ist in solchen Fällen wichtig, den Richter nicht durch allzu starre Regelungen zu binden. Ihm müssen Entscheidungsspielräume bleiben, die er in jedem Einzelfall mit seiner juristischen und menschlichen Erfahrung ausfüllen kann. Das entspricht zwar nicht dem durchaus verständlichen Bedürfnis der Bürger nach möglichst großer Berechenbarkeit des Rechts. Es führt aber zu sachgerechteren Entscheidungen, die die individuellen Umstände eines Falles besser berücksichtigen. Denn jeder Fall liegt bekanntlich anders.

Dies ist das passende Stichwort für einen abschließenden Hinweis, den auch Sie im Umgang mit diesem Buch berücksichtigen sollten. In vielen Fällen kann es lediglich allgemeine Grundsätze und Leitlinien aufzeigen. Es kann sensibel dafür machen, dass bestimmte, immer für selbstverständlich gehaltene rechtliche Annahmen möglicherweise gar nicht stimmen. Eine individuelle juristische Beratung kann dieses Buch dagegen niemals ersetzen, da es nicht jede theoretisch denkbare Fallkonstellation berücksichtigen kann. Gerade die konkreten Umstände des Einzelfalles sind es jedoch, die oft den Ausschlag in die eine oder andere Richtung geben. Unwägbarkeiten entstehen auch deshalb, weil sich Gesetze und Rechtsprechung ständig ändern, so dass morgen schon überholt sein kann, was heute noch aktuell ist. In wichtigen Fragen sollten Sie daher auf einen qualifizierten anwaltlichen Rat nicht verzichten.

Allgemeines Privatrecht

Bahnfahren in der 1. Klasse

Irrtum:
Wenn in einem Zug der Deutschen Bahn die Wagen der 2. Klasse vollständig besetzt sind, darf man sich in die 1. Klasse setzen.

Richtig ist:
Fahrkarten für die 2. Klasse gelten nur dort.

Kontrolleure der Deutschen Bahn stoßen mitunter auf ungläubige Gesichter, wenn sie Passagiere, die nur eine Fahrkarte für die 2. Klasse besitzen, darauf aufmerksam machen, dass sie mit dieser Karte nicht in der 1. Klasse fahren dürfen. Wenn die 2. Klasse vollständig besetzt ist, glauben viele, sie seien berechtigt, in die 1. Klasse auszuweichen.

Dies ist jedoch nicht richtig. Nach den Beförderungsbedingungen der Deutschen Bahn AG gilt eine Fahrkarte der 1. Wagenklasse zwar auch in der 2. Klasse. Umgekehrt funktioniert das jedoch nicht. Eine Karte für die 2. Klasse gilt nur ebendort. Eine Ausnahmeregelung für den Fall, dass alle Waggons der 2. Klasse besetzt sind, existiert nicht.

Wäre es anders, würde die Deutsche Bahn über kurz oder lang wohl auch keine Tickets für die 1. Klasse mehr verkaufen. Denn erstens ist die 2. Klasse auf vielen Strecken chronisch überfüllt. Der Kauf einer teuren 1.-Klasse-Fahrkarte würde sich also nicht lohnen, wenn man den gleichen Sitzplatz fast immer auch mit einem günstigeren Ticket benutzen dürfte. Zudem gehört es zum – unausgesprochenen – Service für 1.-Klasse-Passagiere, dass für sie ganz offensichtlich ein größeres Sitzplatzangebot eingeplant wird, so dass sie auch ohne Sitzplatzreservierung und zu Stoßzeiten in der Regel davon ausgehen können, nicht stehen zu müssen. Dieser Vorteil fiele weg, wenn die Passagiere der 2. Klasse sich bei Überfüllung des Zuges ebenfalls in die 1. Klasse setzen dürften.

Bei Interesse siehe hierzu:
Ziffer 2.4 BB Personenverkehr (Beförderungsbedingungen für Personen durch die Unternehmen der Deutschen Bahn AG), »Beförderung«

Bankgeheimnis

Irrtum:
Es gibt ein gesetzlich vorgeschriebenes Bankgeheimnis.

Richtig ist:
Ein gesetzlich geregeltes Bankgeheimnis existiert in Deutschland nicht.

Ärzte sind zur Verschwiegenheit verpflichtet. Sie dürfen mit Dritten nicht über die Krankheiten ihrer Patienten reden. Tun sie es doch, machen sie sich strafbar. Das Gleiche gilt für Rechtsanwälte. Auch sie können bestraft werden, wenn sie geheime Daten ihrer Mandanten preisgeben. Und auch die Banken müssen sich an das Bankgeheimnis halten. Wenn sie es brechen, werden sie ebenfalls bestraft.

So oder so ähnlich stellen sich viele den gesetzlichen Schutz ihrer sensibelsten persönlichen Daten vor. Was

Ärzte und Rechtsanwälte angeht, haben sie damit auch Recht. Angehörige dieser Berufe sind tatsächlich gesetzlich verpflichtet, Patienten- und Mandantengeheimnisse für sich zu behalten. Sie müssen sie selbst als Zeugen in einem Strafprozess nicht preisgeben. Das Gleiche gilt zum Beispiel auch für Apotheker, Notare, Wirtschaftsprüfer, Steuerberater und Schwangerenberater.

Ein gesetzlich geregeltes Bankgeheimnis gibt es in Deutschland dagegen nicht. Vor allem macht sich ein Bankangestellter nicht strafbar, wenn er Kundendaten unerlaubt weitergibt. Bankangestellte haben in einem Strafprozess auch kein Zeugnisverweigerungsrecht. Sie müssen dem Gericht auch vertrauliche Kundendaten mitteilen. Lediglich im Zivilprozess können sie die Zeugenaussage verweigern.

Das viel beschworene »Bankgeheimnis« ist im Grunde nichts weiter als eine vertragliche Verpflichtung der Bank gegenüber ihrem Kunden, seine Daten vertraulich zu behandeln. Diese Zusage steht in den Allgemeinen Geschäftsbedingungen (dem »Kleingedruckten«) der Bank. Verletzt die Bank ihre Verschwiegenheitspflicht, so kann sie verpflichtet sein, Schadensersatz zu leisten. In dem spektakulären Verfahren des Medienunternehmers Leo Kirch gegen die Deutsche Bank war dies der Fall. Der Vorstandsvorsitzende der Deutschen Bank, Rolf Breuer, hatte in einem Interview Angaben zur Bereitschaft der Banken gemacht, weitere Kredite an die Kirch-Gruppe zu vergeben. Die Gerichte sahen darin eine Verletzung des Bankgeheimnisses und stellten die Schadensersatzverpflichtung der Deutschen Bank fest.

Sehr viel mehr bringt das so genannte Bankgeheimnis dem Bankkunden jedoch nicht. Gerade der Staat hat ausgerechnet in den wirklich interessanten Fällen ein Recht darauf, sich bei Banken genauestens über die finanziellen Verhältnisse einzelner Bürger zu informieren.

Wenn ein Verdacht auf strafbare Handlungen vorliegt, kann ein ermittelnder Staatsanwalt beispielsweise ebenso in die Konten eines Beschuldigten blicken, wie die Steuerfahndung. Bei Todesfällen gibt es bestimmte Meldepflichten gegenüber dem Nachlassfinanzamt. Darüber hinaus müssen die Banken heute elektronische Listen aller Konten und Depots anlegen, die bei ihnen geführt werden. In den Listen sind der Name des Inhabers, sein Geburtsdatum, die Kontonummer und der Eröffnungs- und Auflösungstag gespeichert. Die Finanzämter können diese Listen seit dem 01. 04. 2005 elektronisch einsehen – und zwar ohne Zutun der Banken oder ihrer Kunden, die von dem staatlichen Zugriff also gar nichts mitbekommen. Auf diese Weise können die Finanzämter überprüfen, ob die Angaben des Steuerpflichtigen zu seinen Konten stimmen. Wenn das Finanzamt Zweifel hat, lässt es sich von der Bank eine Kopie der »Jahresbescheinigung über Kapitalerträge« des Steuerpflichtigen vorlegen. Dabei handelt es sich um die jährlichen Bescheinigungen, die jeder Konto- oder Depotinhaber am Ende eines Jahres erhält. Das Finanzamt kennt dann alle steuerpflichtigen Erträge durch Zinsen oder Wertpapiergeschäfte. Nicht nur die Finanzämter können übrigens auf die elektronischen Kontenlisten zugreifen. Auch das Sozialamt, die Bafög-Stellen und die Bundesagentur für Arbeit können die Listen einsehen und so herausfinden, ob jemand zu Unrecht Sozialleistungen beantragt oder schon erhalten hat. Wer in einem Antrag auf Arbeitslosengeld II nach Hartz IV also z. B. einen Teil seines Vermögens verschweigt, muss damit rechnen, dass er erwischt wird.

Schlechte Zeiten also für Steuersünder und Sozialbetrüger in Deutschland. Aber da gibt es doch noch das weltberühmte Schweizer Bankgeheimnis. Oder etwa auch nicht? Doch, noch verdient es seinen Namen. Die Schweiz ist eines der wenigen Länder, in denen es den Banken tatsächlich bei Strafe verboten ist, das Bankgeheimnis zu verletzen. Ob das im zusammenwachsenden Europa jedoch für immer so bleiben wird, ist fraglich. Die EU jedenfalls hat bereits ihre Finger nach den Geldern ihrer Bürger auf Schweizer Konten ausgestreckt. Und an den Grenzen zur Schweiz wird eifrig nach den sprichwörtlichen dicken Koffern gesucht.

Bei Interesse siehe hierzu:
§ 383 Abs. 1 Nr. 6 ZPO (Zivilprozessordnung), »Zeugnisverweigerung aus persönlichen Gründen«
§ 30 a AO (Abgabenordnung), »Schutz von Bankkunden«
Art. 47 Schweizerisches BankenG (Bundesgesetz über die Banken und Sparkassen), »Verantwortlichkeits- und Strafbestimmungen«

Dirnenlohn einklagbar?

Irrtum:
Prostituierte können ihren Lohn nicht einklagen, weil ihr Gewerbe sittenwidrig ist.

Richtig ist:
Seit dem 01. 01. 2002 können Prostituierte ihren Lohn bei säumigen Freiern einklagen.

Mit zahlungsunwilligen Schuldnern hat jeder Wirtschaftszweig zu kämpfen. Auch Prostituierte müssen mitunter erleben, dass sich manche Freier weigern, die in Anspruch genommenen Dienstleistungen zu vergüten. Oft fühlen sich die säumigen Kunden sogar im Recht, denn irgendwo haben sie einmal gehört, dass Prostitution sittenwidrig sei und die Damen deshalb keinen Rechtsanspruch darauf hätten, für ihre Arbeit bezahlt zu werden.

Lange Zeit stimmte diese Annahme auch. Freier, die keine Vorkasse leisteten, konnten rechtlich nicht zur Zahlung gezwungen werden. Das ist heute anders. Seit dem 01. 01. 2002 ist ein Gesetz in Kraft, dessen Existenz sich bisher so gut wie gar nicht herumgesprochen hat, obwohl es eine Dienstleistung betrifft, die in Deutschland jeden Tag von geschätzten 1 bis 1,5 Millionen Männern in Anspruch genommen wird. Im so genannten Prostitutionsgesetz ist festgelegt, dass Prostituierte eine rechtswirksame Forderung erwerben, wenn sie sexuelle Handlungen gegen ein vorher vereinbartes Entgelt vornehmen.

Säumige Freier müssen nun also nicht mehr auf »informellem« Wege durch kräftig gebaute Herren davon überzeugt werden, dass es für ihr gesundheitliches Wohlbefinden vorteilhaft wäre, sofort zu bezahlen. Die Prostituierten können dem säumigen Kunden vielmehr Rechnungen nach Hause schicken und nötigenfalls den klassischen Weg über Rechtsanwalt, Mahnbescheid oder Zahlungsklage gehen. Ihre Rechnung wird dabei nicht anders behandelt als die eines Handwerkers, Arztes oder Gastwirts.

Bis zu einer mündlichen Verhandlung vor Gericht kommt es in der Praxis bislang allerdings eher selten. Dies mag verschiedene Gründe haben. Möglicherweise sind die »klassischen« Geldeintreibungsmethoden doch immer noch die wirksamsten. Und sicherlich wird es für die Prostituierten auch nicht immer einfach sein, Name und Adresse ihres Kunden in Erfahrung zu bringen. Denkbar ist außerdem, dass ein zunächst zahlungsunwilliger Freier die Rechnung spätestens dann begleicht, wenn ihn seine Ehefrau abends mit dem geöffneten Brief der gerichtlichen Ladung in der Sache »Saunaclub Chérie gegen Dr. Schneider« empfängt. Auch die Aussicht, sich überhaupt einem öffentlichen Prozess in solch einer delikaten Angelegenheit stellen zu müssen, mag manchen Freier schließlich doch dazu veranlassen, zügig das Geld zu überweisen. Denn man weiß ja nie, wer alles als Zuschauer im Gerichtssaal sitzen wird.

Bei Interesse siehe hierzu:
§ 1 ProstG (Prostitutionsgesetz)

Firma = Unternehmen?

Irrtum:
Firma ist ein anderes Wort für »Betrieb« oder »Unternehmen«.

Richtig ist:
»Firma« ist nur der Name eines Unternehmensträgers.

Der Volksmund verwendet das Wort »Firma« in etwa gleichbedeutend mit »Betrieb« oder »Unternehmen«. »Ich muss heute Abend etwas länger in der Firma bleiben, Schatz.« So entschuldigt sich zum Beispiel der Ehemann, wenn er abends nicht rechtzeitig nach Hause kommen kann. Juristisch korrekt ist dieser Gebrauch des Wortes »Firma« jedoch nicht. Denn das Handelsgesetzbuch (HGB) versteht unter einer »Firma« etwas ganz anderes:

»Firma« im Sinne des HGB ist lediglich der *Name,* unter dem ein Kaufmann seine Geschäfte betreibt und die Unterschrift abgibt. »Firma« ist also nicht das Unternehmen an sich, sondern die Bezeichnung des dahinter stehenden Unternehmensträgers.

Unternehmensträger kann der Einzelkaufmann Hans Meier sein (»Hans Meier e.K.«), aber auch eine juristische Person (»Meier GmbH«). Etwas besser erkennbar wird diese Bedeutung an dem Begriff »firmieren«. Man sagt zum Beispiel, dass ein Unternehmen unter dem Namen Meier GmbH »firmiert«.

Streng genommen kann man deshalb abends nicht länger »in der Firma« bleiben. Denn schließlich befindet man sich dort ja nicht in einem Namen, sondern in einem realen Betrieb.

Bei Interesse siehe hierzu:
§ 17 HGB (Handelsgesetzbuch), »Handelsfirma, Begriff«

Geschenkt ist geschenkt

Irrtum:
Was man geschenkt bekommt, darf man auf jeden Fall behalten.

Richtig ist:
Manche Geschenke muss man zurückgeben.

Ein beliebtes Sprichwort lehrt: »Geschenkt ist geschenkt – wiederholen ist gestohlen.«

Grundsätzlich stimmt diese Regel auch, denn Eigentum ist Eigentum, egal, ob man eine Sache gekauft oder geschenkt bekommen hat.

Auf jeden Fall können deshalb so genannte Pflicht- und Anstandsschenkungen auf keinen Fall zurückverlangt werden. Dazu gehören zum Beispiel Unterhaltszahlungen an bedürftige Geschwister oder gebräuchliche Gelegenheitsgeschenke zum Geburtstag oder zu Weihnachten. Was unter einem »gebräuchlichen« Geschenk zu verstehen ist, muss stets im Einzelfall geklärt werden. Grundstücke dürften in der Regel nicht dazugehören.[2]

Wer allerdings glaubt, die »Geschenkt-ist-geschenkt«-Regel kenne keine Ausnahmen, der irrt. Wenn keine »Pflicht- oder Anstandsschenkung« vorliegt, kann die geschenkte Sache unter Umständen zurückverlangt werden.

Das gilt zum Beispiel, wenn der Beschenkte sich grob undankbar zeigt, indem er gegenüber dem Schenker eine schwere Verfehlung begeht. Der Schenker kann dann die Schenkung widerrufen. Folgender Fall wurde zum Beispiel einmal vor Gericht getragen:

Nach 23 Jahren Ehe schenkte eine Frau ihrem Ehemann zwei Grundstücke. Allzu große Dankbarkeit konnte sie dafür allerdings nicht erwarten. Vielmehr betrog ihr Gatte sie in den Folgejahren immer wieder mit anderen Frauen. Mit einer von ihnen zog er schließlich sogar zusammen. Doch damit nicht genug. Eines Tages drang der untreue Ehemann in das Haus seiner Noch-Ehefrau ein und stahl ihr Schmuck und wichtige Dokumente. Die Ehefrau reichte daraufhin die Scheidung ein und widerrief die Schenkung der beiden Grundstücke wegen groben Undanks. Vor dem Oberlandesgericht Köln war sie mit ihrer Argumentation erfolgreich.[3]

Das Beispiel zeigt: Dankbarkeit ist nicht nur eine moralische Pflicht. Wer sich undankbar zeigt, muss dafür unter Umständen teuer bezahlen!

Ausnahmen vom Grundsatz »Geschenkt ist geschenkt« gelten auch für bedürftig gewordene Schenker. Wer derartig verarmt ist, dass er nicht mehr in der Lage ist, seinen Unterhalt zu bestreiten und seine gesetzlichen Unterhaltspflichten zum Beispiel gegenüber Kindern oder dem Ehepartner zu erfüllen, der hat das Recht, frühere Geschenke zurückzufordern. Der Beschenkte hat in diesem Fall nur die Wahl, entweder das Geschenk selbst zurückzugeben oder dem verarmten Schenker den für den Unterhalt erforderlichen Betrag zu zahlen.

Wenn Schenker verarmen oder undankbar behandelt werden, können sie ihre Geschenke also ausnahmsweise zurückverlangen. Doch für jede Ausnahme gibt es natürlich auch Gegenausnahmen:

Ein verarmter Schenker bekommt seine Geschenke nicht zurück, wenn seit der Schenkung schon mehr als 10 Jahre verstrichen sind. Eine weitere Gegenausnahme gilt für Schenker, die ihre Bedürftigkeit vorsätzlich oder grob fahrlässig herbeigeführt haben. Wer zum Beispiel sein gesamtes Vermögen sinnlos verschwendet hat oder es durch leichtsinnige Spekulationen verloren hat, der kann seine Geschenke auch im Falle noch so großer Armut nicht zurückverlangen.[4] Und natürlich muss auch niemand ein Geschenk zurückgeben, wenn er dann selbst nicht mehr in der Lage wäre, seinen Unterhalt zu bestreiten.

Bei Interesse siehe hierzu:
§ 528 BGB (Bürgerliches Gesetzbuch), »Rückforderung wegen Verarmung des Schenkers«
§ 529 BGB, »Ausschluss des Rückforderungsanspruches«
§ 530 BGB, »Widerruf der Schenkung«
§ 534 BGB, »Pflicht- und Anstandsschenkungen«

Getränkeverbot im Fitnessstudio

Irrtum:
Fitnessstudios dürfen den Verzehr mitgebrachter Getränke verbieten.

Richtig ist:
Jeder hat das Recht, sich seine eigenen Getränke ins Fitnessstudio mitzubringen und dort zu verzehren.

»Der Verzehr von mitgebrachten Speisen und Getränken ist nicht gestattet.« Aushänge wie dieser verbieten es den Besuchern vieler Fitnessstudios, sich vor dem Training mit eigenen preiswerten Speisen und Getränken nach ihrem Geschmack einzudecken. Die Studiobetreiber spekulieren natürlich darauf, dass die Freizeitsportler sich stattdessen an der studioeigenen Bar versorgen. Und in vielen Fällen geht diese Rechnung auch auf: Statt eines gewöhnlichen deutschen Mineralwassers aus dem Supermarktregal kaufen die durstigen Studiogäste zähneknirschend französische Edelwässer in originell gestalteten Flaschen zu nicht weniger originellen Preisen. Schließlich haben sie ja keine andere Wahl. Oder etwa doch?

Sie haben! Durch ein obergerichtliches Urteil wurde nun endlich entschieden, dass die Getränkeverbotsklauseln in Fitnessstudioverträgen unwirksam sind. Mehrere Untergerichte hatten dies in der Vergangenheit schon genauso gesehen. Wenn auf der Trainingsfläche studioeigene Getränke zugelassen sind, dann gibt es keinen Grund, den Besuchern zu verbieten, dass sie dort auch ihre eigenen Getränke verzehren. Jeder soll die Möglichkeit haben, sich ein Getränk nach seinem Geschmack und zu einem vernünftigen Preis mit ins Studio zu bringen.

Ein generelles Verbot eigener Getränke stellt nach Auffassung des Oberlandesgerichts Brandenburg deshalb eine unangemessene Benachteiligung des Studiogastes dar.[5] Aus Sicherheitsgründen ist es wegen der Verletzungsgefahr allenfalls denkbar, Glasflaschen auf der Trainingsfläche zu verbieten.

Bei Interesse siehe hierzu:
§ 307 BGB (Bürgerliches Gesetzbuch), »Inhaltskontrolle«

Gewinnversprechen

Irrtum:
Gewinnversprechen in Massenwerbesendungen sind nicht verbindlich.

Richtig ist:
Seit 30. 06. 2000 hat man einen Anspruch auf Auszahlung der Gewinne.

»Herzlichen Glückwunsch, Sie haben € 20000 gewonnen!«

Werbesendungen mit solchen Schlagzeilen hatte wohl fast jeder schon einmal im Briefkasten. Mal werden Autos versprochen, mal Schmuck, Reisen oder Bargeld. Um den Gewinn abzurufen, soll man teure 0190-Nummern anrufen, an einer Kaffeefahrt teilnehmen oder Produkte aus einem beiliegenden Prospekt bestellen.

In der Regel nimmt diese Schreiben kaum jemand ernst. Die wenigsten rechnen damit, dass sie irgendeinen Anspruch auf die Zahlung eines Gewinns haben, der ganz offensichtlich zehntausenden anderen Haushalten genauso versprochen wurde.

Doch seit dem 30. 06. 2000 ist eine neue Vorschrift in Kraft, die Unternehmer verpflichtet, die Gewinne auch tatsächlich auszuzahlen, die sie versprechen. Seither ist bereits eine Reihe von Gerichtsurteilen zugunsten der Verbraucher ergangen. Die Gewinne wurden ihnen zugesprochen.

Wer demnächst also wieder eines dieser Gewinnversprechen in seinem Briefkasten findet, könnte auf Auszahlung klagen. Ob die Gewinne in der Praxis dann allerdings auch tatsächlich eingetrieben werden können, ist natürlich eine andere Frage. Denn selbst wenn man es geschafft hat, den Versender der dubiosen Gewinnbenachrichtigungen ausfindig zu machen, und selbst wenn man den Prozess gewonnen hat, trägt man immer noch das Vollstreckungsrisiko. Wenn bei dem Versender nichts zu holen ist, geht der »Gewinner« leer aus und muss obendrein die Anwalts- und Gerichtskosten selbst tragen.

Ob man wirklich den Rechtsweg beschreiten will, sollte man sich daher gut überlegen. Wer nicht weiß, ob er es mit einem zahlungskräftigen Prozessgegner zu tun hat, und kein Risiko eingehen möchte, der sollte lieber auf Nummer sicher gehen und die »Gewinnmitteilung« – wie bisher – gleich in den Mülleimer befördern.

Bei Interesse siehe hierzu:
§ 661 a BGB (Bürgerliches Gesetzbuch), »Gewinnzusagen«

Haftpflichtversicherung

Irrtum:
Die Haftpflichtversicherung heißt so, weil sie eine Pflichtversicherung ist.

Richtig ist:
Haftpflichtversicherungen sind grundsätzlich freiwillig.

Vielfach wird angenommen, die Haftpflichtversicherung heiße so, weil sie eine Pflichtversicherung ist, das heißt eine Versicherung, die jeder abschließen *muss.*

In einigen Bereichen stimmt das zufälligerweise tatsächlich. Kraftfahrzeughalter müssen zum Beispiel eine Haftpflichtversicherung gegen Schäden abschließen, die durch den Gebrauch des Fahrzeugs entstehen könnten. Eine Privat-Haftpflichtversicherung oder eine Tierhalter-Haftpflichtversicherung muss man dagegen nicht unbedingt abschließen. Sie sind vollkommen freiwillig.

Haftpflichtversicherungen treten ein, wenn eine Haftpflicht besteht, das heißt, wenn der Versicherungsnehmer gegenüber einem Dritten auf Schadensersatz haftet. Sie sind demnach keine »Pflichtversicherungen gegen Haftungen«, sondern »Versicherungen gegen Haftpflichten«. Anders ausgedrückt: Sie sind keine Haft-Pflichtversicherungen, sondern Haftpflicht-Versicherungen. Würde man das Wort mit einem Bindestrich (an der korrekten Stelle) schreiben, würde es weniger oft falsch verstanden.

Bei Interesse siehe hierzu:
§ 1 PflVersG (Pflichtversicherungsgesetz), »Pflichtversicherung«

Haftung für die Garderobe

Irrtum:
Für Garderobe wird nicht gehaftet, wenn der Gastwirt ein entsprechendes Schild aushängt.

Richtig ist:
In vielen Fällen haften die Gastwirte trotz des obligatorischen Schildes für die Garderobe der Gäste.

In kaum einer Gaststätte fehlt das Schild mit der Aufschrift: »Für Garderobe keine Haftung«. Es ist mindestens genauso bekannt und verbreitet wie das Schild → *»Eltern haften für ihre Kinder«*. Und es ist meistens genauso falsch und überflüssig. Denn nur in wenigen Fällen bringt es dem Gastwirt irgendeinen Vorteil.

Wenn der Wirt die Garderobe bewacht oder wenn das Bedienungspersonal dem Gast die Garderobe abnimmt und bei Verlassen des Lokals wieder aushändigt, hilft dem Wirt das Schild »Für Garderobe keine Haftung« überhaupt nichts.[6] Nichts anderes gilt, wenn der Gast die Garderobe nur an einer Stelle ablegen kann, die für ihn nicht einsehbar ist.[7] In all diesen Fällen kann der Wirt seine Haftung durch ein solches Schild nicht ausschließen.

Wenn der Gast seine Garderobe allerdings an einer Stelle ablegt, die er selbst gut einsehen kann, dann haftet auch nur er selbst. Ob der Gastwirt das Schild »Für Garderobe keine Haftung« aufgehängt hat oder nicht, ist auch dann vollkommen gleichgültig. Er haftet für die Kleidung seines unaufmerksamen Gastes mit Schild genauso wenig wie ohne.[8]

Nach alledem gibt es nur eine einzige Fallgestaltung, in

der es für den Gastwirt Sinn machen kann, das Schild aufzuhängen: Es gibt Lokale, in denen die Gäste die Garderobe sowohl an einer für sie gut einsehbaren Stelle aufhängen können als auch an einer nicht einsehbaren Stelle. Wenn der Gast sich hier freiwillig dafür entscheidet, die Garderobe an einer Stelle abzulegen, an der er sie nicht im Auge behalten kann, dann ist er auch nicht schützenswert. Der Gastwirt kann in diesem Fall seine Haftung für die Garderobe durch einen – gut sichtbaren – Aushang ausschließen.

Die Worte »gut sichtbar« sind dabei besonders zu betonen. Denn wenn das Schild so klein ist oder so ungünstig aufgehängt wurde, dass man es erst bei näherem Hinsehen oder Suchen entdeckt, entfaltet es ebenfalls keine Rechtswirkung.[9] Das Schild sollte also zum Beispiel nicht durch bereits aufgehängte Jacken und Mäntel verdeckt werden können.

Bei Interesse siehe hierzu:
§ 690 BGB (Bürgerliches Gesetzbuch), »Haftung bei unentgeltlicher Verwahrung«
§ 305 Abs. 2 BGB, »Einbeziehung Allgemeiner Geschäftsbedingungen in den Vertrag«
§ 307 Abs. 1 BGB, »Inhaltskontrolle«

Herstellergarantie

Irrtum:
Wer etwas Mangelhaftes kauft, muss akzeptieren, dass der Verkäufer die Sache zum Hersteller schickt und sie dort untersuchen und reparieren lässt.

Richtig ist:
Ansprechpartner beim Kauf einer mangelhaften Sache ist in der Regel nur der Verkäufer und nicht der Hersteller.

Fast jeder wird diese Situation schon einmal erlebt haben: Man bringt einen defekten Gegenstand zurück in das Geschäft, wo man ihn gekauft hat. Der Verkäufer teilt mit, dass der Kaufgegenstand zum Hersteller zurückgeschickt werden müsse. Immerhin habe er ja noch Garantie.

Viele Käufer lassen sich auf solche Vorschläge ein. Sie akzeptieren, dass der Verkäufer seine Verantwortung auf den Hersteller abwälzt. Doch Hauptansprechpartner für den Kunden ist immer der Verkäufer. Ab dem Kaufdatum haftet dieser selbst zwei Jahre lang dafür, dass der gekaufte Gegenstand beim Kauf mangelfrei war. Gegenüber dem Hersteller hat man als Käufer dagegen eigentlich gar keine Rückgabe- oder Nachbesserungsrechte. Etwas anderes gilt nur, wenn der Hersteller freiwillig eine Garantie auf das Gerät gewährt. Diese tritt jedoch neben die Verantwortlichkeit des Verkäufers und ersetzt sie nicht etwa. Der Kunde hat in solchen Fällen also die Wahl, ob er sich an den Verkäufer wendet oder an den Hersteller.

Häufig wird es sinnvoller sein, sich nicht an den Hersteller verweisen zu lassen, sondern zu fordern, dass der Verkäufer selbst für die mangelhafte Kaufsache geradesteht. Der Kunde kann von ihm zum Beispiel eine neue, fehlerfreie Ware als Ersatz verlangen. Er kann auch fordern, dass die defekte Ware repariert wird. Sämtliche Transport-, Arbeits- und Materialkosten muss der Verkäufer tragen. Der Verkäufer kann einen Umtausch oder eine Reparatur der Kaufsache nur dann ablehnen, wenn der Kostenaufwand unverhältnismäßig hoch wäre.

Wenn zwei Reparaturversuche des Verkäufers fehlgeschlagen sind, hat der Käufer die Wahl: Er kann entweder vom Kaufvertrag zurücktreten und sein Geld komplett zurückverlangen oder er behält die fehlerhafte Ware und mindert den Kaufpreis um einen angemessenen Betrag.

Diese Möglichkeiten sollte jeder bedenken, der von einem Verkäufer damit vertröstet wird, dass die fehlerhafte Kaufsache nun erst einmal zum Hersteller zurückgeschickt werden müsse. Solange die zweijährige Frist für die Verkäuferhaftung noch nicht abgelaufen ist, muss man sich auf eine solch langwierige Prozedur nicht einlassen. Man könnte stattdessen ganz einfach sofort ein Ersatzgerät mit nach Hause nehmen. Der Verkäufer muss dies dulden, auch wenn es ihm vielleicht nicht passt.

Bei Interesse siehe hierzu:
§ 437 BGB (Bürgerliches Gesetzbuch), »Rechte des Käufers bei Mängeln«
§ 439 BGB, »Nacherfüllung«
§ 440 BGB, »Besondere Bestimmungen für Rücktritt und Schadensersatz«
§ 441 BGB, »Minderung«

Kauf = Eigentumserwerb?

Irrtum:
Was ich gekauft habe, gehört mir.

Richtig ist:
Der Kauf einer Sache verschafft dem Käufer noch kein Eigentum daran.

Jeder meint zu wissen, was ein »Kauf« ist. Schließlich kauft man fast jeden Tag irgendwelche Dinge. Jurastudenten im ersten Semester sind daher in der Regel reichlich verblüfft, wenn sie feststellen, dass das, was auch sie bisher unter »kaufen« verstanden haben, wenig mit der juristischen Wirklichkeit zu tun hat.

Den wenigsten Menschen ist klar, dass der Kauf einer Sache an sich noch nicht dazu führt, dass einem die Sache auch gehört. Dies liegt an einer Besonderheit im deutschen Recht – dem so genannten Abstraktionsprinzip. Wer etwas kauft, erwirbt an der Kaufsache noch kein Eigentum. Er verpflichtet sich nur für die Zukunft, den Kaufpreis zu bezahlen und die Kaufsache abzunehmen. Im Gegenzug verpflichtet sich der Verkäufer dazu, dem Käufer das Eigentum an der Kaufsache zu verschaffen. Der Kauf ist schon abgeschlossen, wenn diese gegenseitigen Verpflichtungen vereinbart worden sind. An der Eigentumslage hat sich dadurch jedoch noch nichts geändert.

Was nach dem Kauf folgt, sind zwei ganz neue, abstrakte Rechtsgeschäfte, mit denen die Verpflichtungen aus dem Kaufvertrag erfüllt werden. Im so genannten Erfüllungsgeschäft übergibt der Verkäufer die Kaufsache und einigt sich mit dem Käufer über den Eigentumsübergang. Im Gegenzug übergibt der Käufer das Geld und übereignet es dem Verkäufer. Das deutsche Recht trennt also zwischen dem so genannten Verpflichtungsgeschäft (dem Kauf) und den nachfolgenden Rechtsgeschäften (dem Eigentumsübergang an der Kaufsache und an dem Geld).

Diese Trennung ist juristischen Laien zumeist nicht klar. Sie abstrahieren nicht zwischen Kaufvertrag und Erfüllungsgeschäft, weil diese in der Praxis meistens zeitlich eng beieinander liegen und deshalb als eine Einheit erscheinen. Man stellt sich daher zum Beispiel einen Brötchenkauf in der Bäckerei einfach so vor: Der Kunde äußert den Wunsch, drei Brötchen zu kaufen, gibt der Verkäuferin Geld und erhält die Brötchen.

Rein rechtlich aber ist in diesem Beispiel viel mehr passiert, als es scheint. Es liegen nämlich gleich drei Rechtsgeschäfte vor: der Brötchenkauf, die Übereignung der Brötchen und die Übereignung des Kaufpreises.

Im Kaufvertrag haben sich Käufer und Verkäufer lediglich darüber geeinigt, dass die Brötchen zu einem bestimmten Preis übereignet werden *sollen*. Der Kauf ist daher spätestens in dem Moment abgeschlossen, als die Verkäuferin die bestellten drei Brötchen in die Tüte packt. Denn damit nimmt sie das Kaufangebot des Kunden (»Drei Brötchen bitte!«) an.

Der Käufer hat die Brötchen nun zwar schon gekauft. Sie gehören ihm aber noch nicht. Denn dazu ist noch das Erfüllungsgeschäft nötig: Die Verkäuferin übergibt und übereignet dem Käufer die Brötchen, der Käufer übergibt und übereignet ihr das Geld.

Bei einem Brötchenkauf ist die Unterscheidung zwischen Kauf und Erfüllungsgeschäft in der Praxis natürlich wenig bedeutsam. In anderen Fällen ist der Unterschied schon wichtiger. Wer zum Beispiel einen Kaufvertrag über ein Auto unterzeichnet, hat das Auto zwar schon gekauft, es gehört ihm aber noch nicht. Eigentum erwirbt er – im Regelfall – erst dann, wenn ihm das Auto auch tatsächlich übergeben und übereignet wird. Und das kann einige Zeit dauern. Wenn das Auto in dieser Zeit vor der Übergabe beschädigt oder sogar zerstört wird, dann muss der Verkäufer diesen Schaden tragen, obwohl er das Auto schon verkauft hat.

Bei Interesse siehe hierzu:
§ 433 BGB (Bürgerliches Gesetzbuch), »Vertragstypische Pflichten beim Kaufvertrag«
§ 929 BGB, »Einigung und Übergabe«
§ 446 BGB, »Gefahr- und Lastenübergang«

Kreuze als Unterschrift

Irrtum:
Nur Analphabeten dürfen wirksam mit »drei Kreuzen« unterschreiben.

Richtig ist:
Jeder kann eine wirksame Unterschrift aus drei Kreuzen leisten, wenn sie notariell beurkundet wird. Ohne notarielle Beurkundung können aber auch Analphabeten schriftformbedürftige Dokumente nicht wirksam mit drei Kreuzen unterschreiben.

Analphabeten dürfen einen Vertrag auch mit drei Kreuzen unterzeichnen. Wer dagegen schreiben kann, muss mit seinem Namen unterschreiben. So glauben viele. Ganz so ist es aber nicht. Für Analphabeten gelten keinerlei Sonderregeln.

Zunächst einmal müssen die meisten Verträge ohnehin nicht schriftlich geschlossen und daher natürlich auch nicht unterzeichnet werden. Das gilt unabhängig davon, ob die Vertragsparteien lesen und schreiben können oder nicht.

Es gibt allerdings bestimmte Verträge und andere Urkunden, die schriftlich verfasst werden müssen, um rechtswirksam zu sein. In einigen Fällen schreibt das Gesetz die Schriftlichkeit vor (→ *Schriftform von Verträgen*). In anderen Fällen vereinbaren Vertragsparteien von sich aus, dass nur schriftliche Erklärungen gelten sollen.

Wenn das Gesetz oder ein Vertrag die Schriftform vorschreibt, dann muss die Urkunde auch unterzeichnet werden, um gültig zu sein. Im Allgemeinen geschieht dies durch eine Unterschrift. Die Unterschrift setzt nach einer Definition des Bundesgerichtshofs einen individuellen Schriftzug voraus, der zwar nicht lesbar sein muss, der sich aber als Wiedergabe eines Namens darstellt.[10]

Die typischen Arztunterschriften auf Rezepten sind daher rechtlich nicht unproblematisch. Denn Kreuze, Striche oder Initialen gelten nicht ohne weiteres als Unterschrift, wenn sie nur den Eindruck eines abgekürzten Handzeichens machen. Dies gilt auch für Analphabeten. Sie werden nicht bevorzugt behandelt.

Für den, der partout mit einem Handzeichen aus Kreuzen, Strichen oder Initialen unterschreiben will, gibt es jedoch eine Möglichkeit, die jedermann – nicht nur Analphabeten – offen steht. Solange eine solche »Unterschrift« durch einen anwesenden Notar beglaubigt wird, kann jeder schriftformbedürftige Verträge wirksam mit drei Kreuzen oder jedem anderen Handzeichen unterzeichnen.

Das Unterschreiben mit einem Kreuz war in vergangenen Jahrhunderten übrigens sogar die Regel. Rechts oder links neben das Kreuz wurde der Name hinzugeschrieben, zumeist von einem des Schreibens kundigen Zeugen. Die Unterschrift mit Initialen oder dem vollen Namen setzte sich erst ab dem 16. Jahrhundert durch.[11]

Bei Interesse siehe hierzu:
§ 126 BGB (Bürgerliches Gesetzbuch), »Gesetzliche Schriftform«
§ 127 BGB, »Gewillkürte Schriftform«

Mahnung vor Zahlung

Irrtum:
Man muss einen Schuldner dreimal mahnen, bevor man gerichtlich gegen ihn vorgehen kann.

Richtig ist:
Ein Gläubiger muss die Bezahlung seiner Rechnung überhaupt nicht anmahnen, um das Geld gerichtlich eintreiben zu können.

Wenn es um das Bezahlen von Rechnungen geht, verfahren viele nach dem Motto: »Immer erst die dritte Mahnung abwarten, vorher kann mir ja sowieso nichts passieren!«

Im Geschäftsleben ist es in der Tat üblich, dass Gläubiger ihren Schuldnern auf unbezahlte Rechnungen hin zunächst einmal einige Mahnungen schicken. Erst wenn dann immer noch kein Geld kommt, beantragen sie den Erlass eines gerichtlichen Mahnbescheides.

Diese Praxis hat dazu geführt, dass viele Menschen glauben, es müsse von Gesetzes wegen so ablaufen. Sie fühlen sich sicher, solange sie noch nicht die dritte und letzte Mahnung erhalten haben, und warten deshalb so lange ab, bis die immer unfreundlicher werdenden Aufforderungsschreiben des Gläubigers schließlich an Deutlichkeit nichts mehr zu wünschen übrig lassen. Erst dann – so glauben sie – müssten sie die Rechnung bezahlen, um sich unnötige Zusatzkosten durch ein teures Gerichtsverfahren zu ersparen.

Doch die säumigen Zahler wiegen sich in einer trügerischen Sicherheit. Denn ein Rechnungssteller muss seine Schuldner keineswegs zwei- oder dreimal mahnen, bevor er seine Rechte gerichtlich geltend machen kann. Er kann vielmehr schon dann einen Mahnbescheid auf Kosten des Schuldners beantragen, wenn die Forderung fällig ist. Und eine Forderung ist fällig, wenn der Schuldner die Rechnung erhält. Wenn sich das Fälligkeitsdatum sogar schon aus dem Vertrag ergibt, dann muss der Gläubiger noch nicht einmal eine Rechnung schreiben. Die Forderung wird dann ganz automatisch fällig und kann sofort gerichtlich geltend gemacht werden.

Das beliebte Warten auf die dritte Mahnung ist also riskant. Wenn man Pech hat, zieht der Gläubiger den säumigen Schuldner schon viel früher vor Gericht. Und dann kann es deutlich teurer werden!

Bei Interesse siehe hierzu:
§ 271 BGB (Bürgerliches Gesetzbuch), »Leistungszeit«

Münzannahmepflicht

Irrtum:
Man hat einen Anspruch darauf, seine Schulden in unbegrenzter Höhe in Münzen zu bezahlen.

Richtig ist:
Niemand ist verpflichtet, mehr als 50 Münzen anzunehmen.

Eine säumige Schuldnerin soll einmal eine besonders clevere Idee gehabt haben: Dem Gerichtsvollzieher, der eines Tages vor ihrer Tür stand, bot sie an, ihre Schulden mit den Pfennigen aus ihrer Brautschuh-Münzsammlung zu bezahlen – immerhin mehreren tausend Münzen. Sie stellte es dem Gerichtsvollzieher frei, sich den geschuldeten Betrag abzuzählen. Schließlich seien die Münzen ja ein gültiges Zahlungsmittel.

Ob die Geschichte stimmt oder nicht, ist nicht bekannt. Sicher ist aber, dass die Vorstellung falsch ist, man könne jede Summe mit beliebig vielen Münzen bezahlen. Im Münzgesetz ist klar geregelt, in welcher Höhe man verpflichtet ist, Münzzahlungen anzunehmen. Mehr als 50 Münzen (egal welchen Wertes) muss niemand akzeptieren. Für Gedenkmünzen existiert außerdem noch eine zusätzliche Höchstbetragsgrenze: Deutsche Euro-Gedenkmünzen müssen auch dann nicht angenommen werden, wenn ihr Gesamtwert 100 Euro übersteigt. Nur die Bundeskassen und die Bundesbank sind verpflichtet, Münzen in jeder Zahl und in jedem Betrag umzutauschen oder in Zahlung zu nehmen.

Die Schuldnerin aus dem Beispiel konnte vom Gerichtsvollzieher also nicht verlangen, dass er ihre Münzen in stundenlanger Arbeit abzählt. Er durfte sich in ihrer Wohnung stattdessen nach anderen pfändbaren Gegenständen umsehen. Und auch Brautschuhverkäufer haben natürlich das Recht, eine Zahlung mit allzu vielen Münzen abzulehnen. Ob sie es in der Praxis auch tun, ist natürlich eine andere Frage.

Bei Interesse siehe hierzu:
§ 3 MünzG (Münzgesetz), »Annahme- und Umtauschpflicht«

Pflichten des GmbH-Geschäftsführers

Irrtum:
Geschäftsführende Alleingesellschafter einer GmbH dürfen mit ihrem Unternehmen machen, was sie wollen.

Richtig ist:
Eine GmbH ist eine eigenständige juristische Person, deren Interessen der geschäftsführende Alleingesellschafter wahren muss.

Die Abkürzung »GmbH« steht zwar für *Gesellschaft* mit beschränkter Haftung. Das heißt jedoch nicht, dass nur mehrere Personen eine GmbH gründen können. Auch Einpersonen-GmbHs sind vielmehr zulässig. Um nicht mit dem gesamten persönlichen Vermögen für die Schulden ihres Unternehmens haften zu müssen, gründen viele Einmann-Unternehmer eine solche Gesellschaft als eigenständige juristische Person, unter der sie anschließend im Geschäftsleben auftreten. Nur die GmbH haftet dann gegenüber Geschäftspartnern und sonstigen Gläubigern mit ihrem Gesellschaftsvermögen.

Wer als Alleingesellschafter alle Anteile an einer GmbH hält und obendrein deren alleiniger Geschäftsführer ist, übersieht leicht, dass ihm die Gründung einer Gesellschaft nicht nur Vorteile bringt, sondern auch Pflichten. Allzu oft identifizieren sich geschäftsführende Alleingesellschafter so sehr mit ihrer GmbH, dass sie deren Charakter als eigenständige juristische Person völlig aus dem Auge verlieren. Sie entnehmen ihr zum Beispiel nach Belieben Kapital und verwenden es für private Zwecke.

Das ist ihnen jedoch nicht ohne weiteres erlaubt. Da die GmbH juristisch betrachtet ein Fremder ist, ist ihr Vermögen auch für den Einmann-Gesellschafter fremdes Vermögen.[12] Er darf seine grundsätzlich bestehende Vollmacht, über das Vermögen der Gesellschaft zu verfügen, also nicht missbrauchen. Wer dies nicht beachtet, sondern »seine« GmbH zum Beispiel vollkommen ausplündert, begeht eine strafbare Untreue und riskiert, mit einer Geld- oder Freiheitsstrafe belegt zu werden.

Bei Interesse siehe hierzu:
§ 266 StGB (Strafgesetzbuch), »Untreue«

Privatinsolvenz

Irrtum:
Nur Unternehmen können in die Insolvenz gehen.

Richtig ist:
Auch Privatpersonen können Insolvenz anmelden und sich so von ihren Schulden befreien.

Wie wohl jeder weiß, melden Unternehmen, die pleite sind, Insolvenz an. Dass jedoch auch Privatpersonen die Möglichkeit haben, in die Insolvenz zu gehen, ist immer noch weitgehend unbekannt.

Wer überschuldet ist und sich mit seinen Gläubigern nicht auf einen Schuldenbereinigungsplan einigen konnte, hat – in der Regel nur einmal im Leben – die Chance, sich über eine Verbraucherinsolvenz mit anschließender Restschuldbefreiung von all seinen Schulden zu befreien und noch einmal ganz von vorne anzufangen.

Wer bei dieser Nachricht jetzt allerdings leuchtende Augen bekommt und in Gedanken schon Weltreisen bucht und Ferraris bestellt, der sollte sich darüber im Klaren sein, dass eine Verbraucherinsolvenz mit Restschuldbefreiung nicht jedem gewährt wird und eine sehr lange, harte Prüfung darstellt. Wer sie erfolgreich durchsteht, erlangt jedoch am Ende die ersehnte Schuldenfreiheit.

Wem das Wasser derart bis zum Hals steht, dass er an eine Verbraucherinsolvenz denkt, der sollte sich zunächst an eine Schuldnerberatungsstelle oder an einen spezialisierten Rechtsanwalt wenden. Dort erfährt man, ob ein Insolvenzverfahren und eine Restschuldbefreiung überhaupt in Betracht kommen.

Stark vereinfacht kann man sagen, dass in der Praxis nur ehrliche, seriöse Schuldner die Chance erhalten, sich von ihren Restschulden zu befreien. Verschwenderisches Verhalten in der Vergangenheit, falsche Angaben bei Kreditanträgen oder gar Insolvenzstraftaten können das Aus bedeuten. Solche Schuldner bleiben auf ihren Schulden sitzen.

Selbst wenn es sich jedoch um einen seriösen Schuldner handelt, muss er eine so genannte Wohlverhaltensperiode überstehen, um von seinen Restschulden befreit zu werden. Er muss sechs Jahre lang jede zumutbare Vollzeitstelle annehmen. Sein Einkommen muss er bis auf ein Minimum an einen Treuhänder abtreten. Etwaige Erbschaften muss er zur Hälfte abgeben. Der Treuhänder verteilt das abgeführte Geld anschließend an die Gläubiger. Sechs Jahre lang darf sich der Schuldner keine Verfehlungen leisten. Die kleinste Pflichtverletzung kann dazu führen, dass ihm am Ende die Restschuldbefreiung nicht gewährt wird. Der Schuldner muss zum Beispiel dem Insolvenzgericht jeden Wohnsitz- oder Arbeitsplatzwechsel unverzüglich mitteilen. Er darf kein Vermögen oder Einkommen verschweigen. Er darf keine Sonderzahlungen an einzelne Gläubiger leisten und muss dem Treuhänder jederzeit Auskunft über seine Arbeit, sein Vermögen oder Einkommen geben. Die Restschuldbefreiung wird auch versagt, wenn der Schuldner in einem Jahr so wenig Geld an den Treuhänder abführt, dass noch nicht einmal dessen Mindestvergütung gedeckt ist.

Kurz: Die Verbraucherinsolvenz mit Restschuldbefreiung ist ein sinnvoller letzter Rettungsanker nur für ehrliche Schuldner, die tatsächlich bereit sind, einige harte Jahre auf sich zu nehmen, um ihr Leben finanziell wieder in den Griff zu bekommen. Nur sie werden am Ende mit Schuldenfreiheit belohnt.

Bei Interesse siehe hierzu:
§ 287 InsO (Insolvenzordnung), »Antrag des Schuldners«
§ 290 InsO, »Versagung der Restschuldbefreiung«
§ 295 InsO, »Obliegenheiten des Schuldners«

Reklamationen nur gegen Kassenbon

Irrtum:
Mangelhafte Ware kann ich nur reklamieren, wenn ich den Kassenzettel noch habe.

Richtig ist:
Ein Kassenzettel ist nicht nötig, wenn ich andere Beweise für den Kauf bei einem bestimmten Händler habe.

Wer im Geschäft eine Ware kauft, kann sie noch bis zu zwei Jahre nach dem Kauf zurückbringen, wenn sich herausstellt, dass sie mangelhaft ist. Der Verkäufer muss dann eine neue, fehlerfreie Ware als Ersatz liefern. Der Kunde kann auch fordern, dass die defekte Ware repariert wird. Nach zwei fehlgeschlagenen Reparaturversuchen kann der Käufer entweder sein Geld zurückverlangen oder er behält die fehlerhafte Ware und mindert den Kaufpreis.

Wer eine mangelhafte Kaufsache reklamiert, wird in aller Regel nach dem Kassenbon gefragt. Denn natürlich möchte der Verkäufer sichergehen, dass die Ware auch tatsächlich bei ihm gekauft wurde. Wer keinen Kassenzettel mehr hat, kommt deshalb meistens gar nicht erst auf die Idee, zu reklamieren. Schließlich hat er ohne den Bon ja ohnehin keine Chance, die Ware umzutauschen oder sein Geld zurückzubekommen.

So denkt jedenfalls die Mehrheit. Und auch die meisten Verkäufer – die es eigentlich besser wissen müssten – schütteln häufig nur bedauernd mit dem Kopf, wenn ein Kunde versucht, ohne Kassenbon eine Ware zu reklamieren. Sie übersehen, dass ein Kassenzettel nicht die einzige Möglichkeit ist, den Kauf in ihrem Geschäft zu beweisen.

Eine Zeugenaussage ist zum Beispiel ein mindestens genauso gutes Beweismittel wie ein Kassenzettel. Wer also beim Kauf eines neuen Teppichs von seiner Ehefrau begleitet wurde, der braucht sich nicht zu sorgen, wenn er dem Teppichhändler keinen Kassenbon mehr vorlegen kann. Die Ehefrau kann schließlich bezeugen, dass das gute Stück gerade bei diesem Händler gekauft wurde.

Selbstverständlich können auch Kontoauszüge dabei helfen, den Kauf nachzuweisen. Wer per EC- oder Kreditkarte bezahlt hat, wird möglicherweise noch die entsprechenden Belege finden. Vielleicht findet sich auf der Ware ja auch noch ein Preisschild oder ein sonstiger Hinweis, der zeigt, dass sie in dem betreffenden Geschäft gekauft wurde.

Verkäufer dürfen den Umtausch von Waren nur dann an bestimmte Bedingungen knüpfen, wenn sie gesetzlich nicht verpflichtet sind, die Ware umzutauschen. Wenn die Frist von zwei Jahren ab Kaufdatum abgelaufen ist oder wenn die Ware nicht defekt ist, sondern dem Käufer lediglich nicht mehr gefällt, muss kein Verkäufer die Ware zurücknehmen. Tut er es aus Kulanz dennoch, dann kann er für sein Entgegenkommen natürlich Bedingungen aufstellen. Er kann zum Beispiel verlangen, dass ihm der Kassenbon vorgelegt wird oder dass die Ware noch original verpackt ist.

Bei Interesse siehe hierzu:
§ 437 BGB (Bürgerliches Gesetzbuch), »Rechte des Käufers bei Mängeln«
§ 439 BGB, »Nacherfüllung«
§ 440 BGB, »Besondere Bestimmungen für Rücktritt und Schadensersatz«
§ 441 BGB, »Minderung«

Rücktritt vom Vertrag

Irrtum:
Innerhalb einer bestimmten Frist kann man von jedem Vertrag ohne Begründung zurücktreten.

Richtig ist:
In den seltensten Fällen hat man das Recht, grundlos von Verträgen zurückzutreten.

Ein wirklich hartnäckiges Ammenmärchen ist die Vorstellung, man könne von jedem Vertrag innerhalb einer bestimmten Frist ohne triftigen Grund zurücktreten. Was die Länge dieser vermeintlichen »gesetzlichen Rücktrittsfrist« angeht, kursieren verschiedene Versionen: Die einen glauben, die Frist betrage 24 Stunden, damit man »mal eine Nacht darüber schlafen kann«. Andere gehen von einer oder zwei Wochen aus. Wenn man innerhalb dieser Frist den Kaufgegenstand zurückbringt oder dem Vermieter mitteilt, dass man die Wohnung doch nicht haben will – so glauben viele –, dann wird der Vertrag einfach rückgängig gemacht.

In Wirklichkeit gilt der Grundsatz: Vertrag ist Vertrag. Oder gebildeter ausgedrückt: »Pacta sunt servanda« – Verträge müssen eingehalten werden. Wer einen Vertrag schließt, und jeder simple Brötchenkauf ist bereits ein Vertrag, muss sich vorher überlegen, was er will. Wer nach Vertragsschluss seine Meinung ändert, kann in der Regel nur auf die Kulanz des Vertragspartners hoffen. In vielen Fällen räumen Geschäfte eine generelle Rückgabe- oder Umtauschfrist von zum Beispiel zwei Wochen ein. Wahrscheinlich haben sich viele Kunden derart an diese freiwillige Kulanzregelung gewöhnt, dass sie glauben, immer und überall einen gesetzlichen Anspruch darauf zu haben.

Nur in wenigen Ausnahmefällen sieht das Gesetz jedoch aus Gründen des Verbraucherschutzes tatsächlich Rücktrittsfristen vor. Bei Darlehen, Haustürgeschäften, so genannten Fernabsatzverträgen (zum Beispiel über das Internet oder das Telefon) oder Timesharingangeboten darf der Kunde in vielen Fällen innerhalb von zwei Wochen nach Vertragsschluss ohne Angabe von Gründen vom Vertrag zurücktreten.

In allen anderen Fällen ist ein Rücktritt vom Vertrag ohne Zustimmung des Vertragspartners nur dann möglich, wenn ein triftiger Grund dafür vorliegt. Das können zum Beispiel Mängel an einem gekauften Gegenstand sein. Nach zwei erfolglosen Reparaturversuchen des Verkäufers kann der Käufer vom Vertrag zurücktreten und sein Geld zurückverlangen (→*Herstellergarantie*).

Bei Interesse siehe hierzu:
§ 355 BGB (Bürgerliches Gesetzbuch), »Widerrufsrecht bei Verbraucherverträgen«
§ 312 BGB, »Widerrufsrecht bei Haustürgeschäften«
§ 312 d BGB, »Widerrufs- und Rückgaberecht bei Fernabsatzverträgen«
§ 485 BGB, »Widerrufsrecht bei Teilzeit-Wohnrechteverträgen«
§ 495 BGB, »Widerrufsrecht bei Verbraucherdarlehensvertrag«

Schäden an geliehenen Sachen

Irrtum:
Wenn an einer geliehenen Sache etwas kaputtgeht, muss der Entleiher den Schaden bezahlen.

Richtig ist:
Der Entleiher muss nur Schäden ersetzen, die er verschuldet hat.

Wer sich eine Sache ausleiht, hat in der Regel ein schlechtes Gewissen, wenn sie ihm kaputtgeht. Denn es ist natürlich peinlich, einen Rasenmäher oder ein Handy zurückzugeben und dem Eigentümer mitteilen zu müssen, dass der Motor plötzlich anfing zu rauchen oder das Display auf einmal nicht mehr funktionierte. So mancher empfindet es in solchen Fällen jedenfalls als eine moralische Pflicht, die ausgeliehene Sache nach Möglichkeit wieder in Ordnung bringen zu lassen. Doch ist man dazu auch rechtlich verpflichtet?

Nicht wenige glauben fälschlicherweise, dass eine solche Verpflichtung besteht. Grundsätzlich muss man Schäden an fremdem Eigentum jedoch nur dann bezahlen, wenn man sie verschuldet hat. Das gilt für ausgeliehene Sachen genauso wie für alle anderen fremden Gegenstände auch.

»Verschulden« setzt voraus, dass man vorsätzlich oder fahrlässig gehandelt hat. Wer den Rasenmäher oder das Handy also ordnungsgemäß benutzt, dem kann niemand einen Vorwurf machen, wenn der Motor plötzlich qualmt oder das Display schwarz wird. Er muss den Schaden nicht ersetzen. Auch normale Abnutzungserscheinungen hat der Entleiher grundsätzlich nicht zu vertreten.

Etwas anderes gilt nur für die so genannten gewöhnlichen Kosten der Erhaltung. Regelmäßig wiederkehrende, laufende Ausgaben muss der Entleiher tragen. Wer sich zum Beispiel ein Tier ausleiht, muss natürlich das Futter bezahlen. Und wer sich für längere Zeit ein Auto ausgeliehen hat, kann die Inspektionskosten nicht auf den Eigentümer abwälzen. Er muss auch die Kosten für den Austausch kleinerer Verschleißteile übernehmen. Einen neuen Scheibenwischer wird er also bezahlen müssen, einen kompletten Austauschmotor aber wohl sicher nicht.[13]

Bei Interesse siehe hierzu:
§ 601 BGB (Bürgerliches Gesetzbuch), »Erhaltungskosten, Ersatz anderer Verwendungen«
§ 602 BGB, »Abnutzung der Sache«
§ 276 BGB, »Verantwortlichkeit des Schuldners«

Schriftform von Verträgen

Irrtum:
Wichtige Verträge müssen schriftlich abgeschlossen werden, um wirksam zu sein.

Richtig ist:
Nur sehr wenige Verträge bedürfen der Schriftform.

Viele Menschen nehmen an, dass besonders wichtige Verträge schriftlich geschlossen werden müssen. Häufig hört man daher Kommentare wie: »Ich wohne schon seit zwei Jahren in der Wohnung und habe immer noch keinen Mietvertrag« oder: »Ich arbeite in der Firma immer noch ganz ohne Arbeitsvertrag«.

Wer so spricht, verwechselt jedoch den Vertrag mit dem bloßen Stück Papier, auf dem er steht. Denn nicht das papierne Dokument ist der Vertrag, sondern die darin festgehaltenen gegenseitigen Willenserklärungen. Und seinen Willen kann man auf verschiedene Weise äußern: schriftlich, mündlich oder einfach nur durch entsprechendes Handeln.

Wer sich also mit dem Vermieter darauf einigt, für eine bestimmte Miete in die Wohnung zu ziehen, der hat einen wirksamen Mietvertrag geschlossen. Ob der Einzug auf einem Bierdeckel, per Handschlag oder mündlich besiegelt wird, spielt überhaupt keine Rolle. In allen drei Fällen liegt ein wirksamer Vertrag vor. Für den Mieter kann es in vielen Fällen sogar vorteilhaft sein, keinen schriftlichen Mietvertrag abzuschließen. Denn Vermieter benutzen oft Vordrucke, die vor allem ihre eigenen Interessen berücksichtigen. Wer nur einen mündlichen Vertrag hat, für den gelten im Zweifelsfall die gesetzlichen Regelungen. Und die sind im Allgemeinen sehr mieterfreundlich.

Nicht anders sieht es mit Arbeitsverträgen aus. Auch sie bedürfen nicht der Schriftform. Wer für einen anderen gegen Entlohnung arbeitet wie ein Arbeitnehmer, der ist auch ein Arbeitnehmer. Er hat einen gültigen Arbeitsvertrag. Genauso liegt natürlich auch ein gültiger Kaufvertrag vor, wenn man ein Auto per Handschlag erwirbt.

Ein Vertrag muss also nicht deshalb schriftlich abgeschlossen werden, weil er besonders wichtig ist oder es um viel Geld geht. Ausnahmen bestätigen die Regel. Für einige Vertragstypen gilt tatsächlich ein Schriftformerfordernis. Hierzu gehören zum Beispiel Verträge über Teilzeit-Wohnrechte in Timesharing-Ferienwohnungen. Auch Verträge über Verbraucherdarlehen, Ratenzahlungsverträge und Bürgschaftserklärungen sind nur schriftlich gültig. Wie man sieht, hat das Schriftformerfordernis in vielen Fällen also vor allem eine verbraucherschützende Funktion.

Warum werden dann in der Praxis so viele Verträge schriftlich abgeschlossen, obwohl es rechtlich eigentlich nicht nötig wäre? Ein Grund hierfür ist die einfachere Beweislage. Das Bestehen einer Vereinbarung kann man im Streitfall besser nachweisen, wenn es schriftlich fixiert wurde. Ein weiterer Grund ist, dass ein schriftlicher Vertrag von vielen Menschen als verbindlicher empfunden wird. Es gibt also durchaus gute Gründe, Verträge auch dann schriftlich abzuschließen, wenn man es aus rechtlicher Sicht eigentlich nicht müsste.

Bei Interesse siehe hierzu:
§ 484 BGB (Bürgerliches Gesetzbuch), »Schriftform bei Teilzeit-Wohnrechteverträgen«
§ 492 BGB, »Schriftform und Vertragsinhalt bei Verbraucherdarlehensverträgen«
§ 502 BGB, »Erforderliche Angaben, Rechtsfolgen von Formmängeln bei Teilzahlungsgeschäften«
§ 766 BGB, »Schriftform der Bürgschaftserklärung«

Sippenhaft im Restaurant

Irrtum:
Der Letzte zahlt die Zeche.

Richtig ist:
In Gaststätten muss grundsätzlich jeder nur das bezahlen, was er selbst bestellt hat.

Fast jeder wird diese Situation schon einmal erlebt haben: Eine größere Runde Gäste isst und trinkt in einem Restaurant. Der Kellner notiert alle verzehrten Speisen und Getränke auf einem einzigen Blatt. Nach und nach verlassen einige die Runde, bezahlen jeweils ihren Anteil und gehen nach Hause. Am Ende des Abends kommt die böse Überraschung: Nachdem alle bezahlt haben, bleiben immer noch einige Getränke auf dem Zettel übrig. Der verbliebene Rest der Gesellschaft ärgert sich, doch zähneknirschend legen schließlich alle zusammen und bringen den Fehlbetrag gemeinsam auf. Denn irgendwie fühlt sich jeder für die Rechnung mitverantwortlich. Und der arme Kellner kann ja von allen am wenigsten wissen, woher die übrig gebliebenen Getränke kamen.

Ob so mancher arme Kellner nicht sehr wohl weiß, wie die wundersame Getränkevermehrung auf der Gemeinschaftsrechnung zustande kam, sei einmal dahingestellt. Jedenfalls haben der Gastwirt und er – juristisch gesehen – Pech gehabt, wenn sie am Ende nicht mehr wissen, wer was bestellt hat. Natürlich ist es bei einer größeren Gesellschaft kaum praktikabel, den Verzehr eines jeden Gastes einzeln zu dokumentieren. Die Entscheidung, alle verzehrten Speisen und Getränke nur auf einem einzigen Blatt für den ganzen Tisch zu notieren, erleichtert dem Restaurantpersonal also die Arbeit ganz erheblich. Wer es sich aber einfacher machen will, der muss auch die Konsequenzen daraus tragen. Wenn ein Restaurantbetreiber will, dass ein Gast ein Bier bezahlt, dann muss er beweisen können, dass ebendieser Gast das Bier auch bestellt hat. Kann er es nicht beweisen, weil er nicht für jeden Gast eine getrennte Liste geführt hat, dann hat der Gastwirt schlechte Karten. Er kann nicht verlangen, dass die verbliebenen Gäste zusammenlegen, um diejenigen Speisen und Getränke zu bezahlen, die keinem Gast mehr zugeordnet werden können.

Fazit: Es gibt keine »Sippenhaft« für Zechkumpanen!

Bei Interesse siehe hierzu:
§ 263 Abs. 1 StGB (Strafgesetzbuch), »Betrug«
Art. 149 Schweizerisches StGB, »Zechprellerei«

Taschenkontrollen im Supermarkt

Irrtum:
Das Kassenpersonal im Supermarkt hat ein Recht auf Taschenkontrollen.

Richtig ist:
Ein Recht auf Taschenkontrollen besteht nicht.

Schilder wie diese kann man auch heute noch in manchen Geschäften lesen: »Sehr geehrte Kunden, wir bitten Sie höflich, Ihre Taschen an der Information abzugeben. Anderenfalls weisen wir darauf hin, dass wir an der Kasse gegebenenfalls Taschenkontrollen durchführen müssen.«

Und selbst wenn keine solchen Schilder aushängen, zeigen viele Kunden ihre Taschen an der Kasse freiwillig vor, weil sie von einem Kontrollrecht des Supermarktes ausgehen. Dabei hat der Bundesgerichtshof (BGH) schon vor Jahren entschieden, dass man solche stichprobenartigen Taschenkontrollen nicht dulden muss. Und zwar auch dann nicht, wenn große Hinweisschilder am Eingang den Kunden darauf hinweisen, dass er mit dem Betreten des Geschäfts die Taschenkontrollen akzeptiert.[14]

Natürlich haben Ladeninhaber ein berechtigtes Interesse daran, sich vor Ladendiebstählen zu schützen. Und natürlich liegt dieser Schutz letztlich auch im Interesse der Allgemeinheit. Denn die Schäden durch Ladendiebstähle werden über höhere Warenpreise auf alle Kunden umgelegt. Trotzdem ist eine Taschenkontrolle ein erheblicher Eingriff in das Persönlichkeitsrecht eines Menschen. Selbst die Polizei darf derartige Kontrollen nur dann vornehmen, wenn ein Verdacht auf eine Straftat vorliegt.

Wenn also ein Ladendieb im Supermarkt auf frischer Tat ertappt wird, hat der Supermarktinhaber natürlich das Recht, den Täter festzuhalten und ihn von der herbeigerufenen Polizei durchsuchen zu lassen (→*Festnahmerecht bei Straftaten*). Ein eigenes Recht zur Durchsuchung von Kunden hat er jedoch nicht. Anders lautende Hinweisschilder müssen nicht beachtet werden. Sie stellen eine unzulässige Allgemeine Geschäftsbedingung dar. Sollte das Supermarktpersonal versuchen, den Kunden zur Duldung einer Taschenkontrolle zu zwingen, so macht es sich unter Umständen selbst wegen Nötigung strafbar.

Dem Ladeninhaber bleibt daher nichts anderes übrig, als die Kunden aufzufordern, größere Taschen an der Information abzugeben und im Übrigen darauf zu hoffen, dass die Kundschaft ihre Taschen weiterhin »freiwillig« vorzeigt.

Bei Interesse siehe hierzu:
§ 307 Abs. 2 Nr. 1 BGB (Bürgerliches Gesetzbuch), »Inhaltskontrolle«
§ 102 StPO (Strafprozessordnung), »Durchsuchung beim Verdächtigen«
§ 127 StPO, »Vorläufige Festnahme«

Umtausch ausgeschlossen

Irrtum:
Reduzierte Ware kann man nicht umtauschen, auch wenn sie fehlerhaft ist.

Richtig ist:
Fehlerhafte Ware kann man immer reklamieren, egal ob sie preisreduziert ist oder nicht.

In Bekleidungsgeschäften hängen häufig Schilder mit der Aufschrift »Reduzierte Ware ist vom Umtausch ausgeschlossen«. Viele Käufer und leider auch einige unerfahrene Verkäufer missverstehen die Bedeutung dieses Hinweises.

Manch einer, der zum Beispiel im Sommerschlussverkauf eine reduzierte Hose kauft, deren schlecht verarbeitete Naht beim ersten Tragen aufreißt, kommt gar nicht auf den Gedanken, die Hose zurückzubringen. Denn reduzierte Ware ist ja schließlich vom Umtausch ausgeschlossen. Wer es trotzdem versucht, wird nicht selten auf Verkäufer stoßen, die einen Umtausch mit ebendieser Begründung ablehnen. Zu Recht?

Natürlich nicht! Wer eine fehlerhafte Ware kauft, kann sie immer zurück ins Geschäft bringen und verlangen, dass der Fehler beseitigt wird. Wahlweise kann der Käufer auch verlangen, dass er eine ganz neue, diesmal fehlerfreie Ware als Ersatz bekommt. Wenn eine Reparatur oder Neulieferung nicht gelingt oder dem Käufer nicht zumutbar ist, hat er zwei weitere Möglichkeiten: Er kann zum einen ganz vom Kaufvertrag zurücktreten; er bekommt dann sein Geld wieder und gibt die kaputte Ware zurück. Oder er behält die Ware und mindert ihren Preis; der Verkäufer muss ihm dann einen angemessenen Teil der Kaufsumme zurückzahlen.

Weshalb hängen diese Schilder trotzdem in so vielen Geschäften aus? Die Antwort ist einfach: Sie gelten nur für den Umtausch von *fehlerfreier* Ware. Wer eine tadellose Ware kauft, muss sie im Allgemeinen auch behalten. Er hat keinen Rechtsanspruch darauf, sie umzutauschen, wenn sie ihm zu Hause aus irgendeinem Grund doch nicht gefällt. Denn es gilt der Grundsatz »pacta sunt servanda« – Verträge müssen eingehalten werden (→*Rücktritt vom Vertrag*). Aus Kulanz tauschen viele Geschäfte zwar auch fehlerfreie Waren um, wenn das Kaufdatum noch nicht allzu lange zurückliegt und die Ware noch in verkaufsfähigem Zustand ist. Dabei handelt es sich jedoch um einen freiwilligen Kundenservice. Die Geschäfte haben das Recht, jede beliebige – fehlerfreie – Ware vom Umtausch auszuschließen. Da sie reduzierte Ware im Allgemeinen am dringendsten loswerden möchten, nehmen sie sie ungern wieder zurück. Deshalb werden gerade reduzierte Waren meist als vom Umtausch ausgeschlossen deklariert.

Bei Interesse siehe hierzu:
§ 437 BGB (Bürgerliches Gesetzbuch), »Rechte des Käufers bei Mängeln«
§ 439 BGB, »Nacherfüllung«
§ 440 BGB, »Besondere Bestimmungen für Rücktritt und Schadensersatz«
§ 441 BGB, »Minderung«

Unverlangt zugesandt

Irrtum:
Unverlangt zugesandte Ware muss man ein halbes Jahr lang aufbewahren.

Richtig ist:
Wer unbestellte Waren erhält, muss sie in der Regel weder aufheben noch zurückgeben.

Unseriöse Unternehmen versuchen mitunter, Verbraucher zu überrumpeln, indem sie ihnen unverlangt Waren zusenden und anschließend in Rechnung stellen. Häufig kommt es auch vor, dass Kündigungen von Probeabonnements einfach nicht zur Kenntnis genommen werden. Der Verbraucher erhält weiterhin die längst abbestellten Zeitschriften, CDs oder Bücher – und natürlich die Rechnungen.

Bis zum 30. Juni 2000 waren Verbraucher in solchen Fällen zwar nicht verpflichtet, die Ware zu bezahlen. Sie mussten sie auch nicht zurückschicken. Sie waren jedoch verpflichtet, die unverlangte Lieferung eine gewisse Zeit lang aufzubewahren. Denn der Versender hatte einen Anspruch darauf, die Waren wieder abholen zu lassen.

Weitgehend unbekannt ist, dass sich die Rechtslage mittlerweile geändert hat. Viele Verbraucher wissen noch nicht, dass unverlangt zugesandte Waren heute sofort weggeworfen werden dürfen, ohne dass der Verbraucher sich schadensersatzpflichtig macht. Sie müssen nicht mehr aufbewahrt werden.

Etwas anderes gilt nur, wenn der Verbraucher hätte erkennen müssen, dass ihm die Ware nur versehentlich geliefert wurde. Ein Beispiel:

Eine Lieferung sollte an August Schmidt in der Schillerstraße 68 gehen. Irrtümlich liefert der Postbote das Paket bei Heinrich Schmidt in der Schillerstraße 86 ab. Heinrich Schmidt erkennt den Fehler. Er darf das Paket in diesem Fall nicht einfach wegwerfen, sondern muss es eine angemessene Zeit lang aufbewahren und dem Absender zurückgeben, wenn dieser es abholen lässt. Was »angemessen« ist, hängt dabei ganz vom Einzelfall ab. Verderbliche Lebensmittel muss man natürlich weniger lang aufbewahren als eine Buchsendung.

Das Gleiche gilt, wenn der Empfänger beim Absender zwar etwas bestellt hat, jedoch etwas anderes geliefert bekommt. Wenn die Ersatzlieferung qualitativ und preislich vergleichbar ist und der Absender darauf hingewiesen hat, dass der Empfänger sie weder annehmen noch die Kosten der Rücksendung tragen muss, dann muss der Empfänger sie aufbewahren und zurückgeben – falls der Absender die Rückgabe verlangt.

Bei Interesse siehe hierzu:
§ 241 a BGB (Bürgerliches Gesetzbuch), »Unbestellte Leistungen«

Verzehrkartenverlust in der Disco

Irrtum:
Wer in der Disco seine Verzehrkarte verliert, muss auf jeden Fall die volle Karte bezahlen.

Richtig ist:
Verlorene Verzehrkarten muss man in vielen Fällen nicht bezahlen.

Jeder Discogänger kennt die Verzehrkarten, die die Türsteher am Eingang an die Gäste verteilen. Sie sind vergleichbar mit einer zeitweiligen Kreditkarte: Der Gast bestellt und konsumiert Getränke, deren Kosten auf dieser Karte registriert werden. Ab einem bestimmten Höchstbetrag wird die Karte vom Barkeeper eingezogen; der Gast muss dann bei ihm oder an der Kasse die entsprechende Summe bezahlen und kann danach mit einer neuen Karte wieder Getränke bestellen. Auf den Karten stehen im Allgemeinen Hinweise wie: »Bei Verlust dieser Karte wird der volle Kreditbetrag von 50 Euro fällig.«

Kaum jemand wagt es, die Zahlung zu verweigern, wenn er an der Tür feststellt, dass er seine Karte verloren hat. Das liegt zum einen daran, dass man die Türsteher nicht unnötig reizen will. Denn schließlich möchte man den Club ja am nächsten Wochenende wieder betreten dürfen – und zwar körperlich unversehrt. Aber auch die Tatsache, dass kaum jemand die Rechtslage im Falle verlorener Verzehrkarten kennt, trägt dazu bei, dass die Betroffenen meist anstandslos zahlen. Wie also ist die Rechtslage?

Zunächst einmal braucht niemand Angst vor strafrechtlicher Verfolgung zu haben, wenn er sich weigert, mehr zu zahlen, als er verzehrt hat. Das angebliche Delikt der »Zechprellerei«, mit dem Wirte gerne drohen, existiert überhaupt nicht (→*Zechprellerei strafbar?*). Oft rufen die Clubbesitzer trotzdem die Polizei. Damit wollen sie den Gast in erster Linie nur einschüchtern. Denn die Polizisten können nicht mehr tun, als die Personalien des Gastes festzustellen, damit der Clubbesitzer die Möglichkeit erhält, die Summe notfalls einzuklagen. Sobald die Personalien festgestellt sind, darf der Gast gehen. Bezahlen muss er zunächst einmal gar nichts.

Damit ist aber noch nicht die Frage beantwortet, ob der Discobetreiber nachträglich noch die Möglichkeit hat, den vollen Kreditbetrag einzuklagen. Grundsätzlich ist es tatsächlich zulässig, dass Gastwirte pauschalisierte Schadensersatzklauseln in ihre Allgemeinen Geschäftsbedingungen aufnehmen. Sie können also den branchentypischen Durchschnittsschaden ersetzt verlangen, der ihnen dadurch entsteht, dass jemand seine Karte verliert.

Der Gast muss jedoch die Möglichkeit erhalten, nachzuweisen, dass der entstandene Schaden im konkreten Fall geringer war als der normalerweise eintretende Durchschnittsschaden. Das kann zum Beispiel der Fall sein, wenn die Karte nicht verloren ging, sondern zerstört wurde. Dann kann sie von keinem unehrlichen Finder benutzt werden; dem Clubbetreiber kann durch den Verlust also auch kein Schaden entstehen. Wer – zum Beispiel mit Hilfe von Zeugen – beweisen kann, dass die Karte zerstört wurde, muss daher nur bezahlen, was er mit der Karte bestellt hat.

Die Allgemeinen Geschäftsbedingungen des Discothekenbesitzers dürfen nicht den falschen Eindruck hervorrufen, dass dem Gast die Möglichkeit abgeschnitten ist, einen niedrigeren Schaden nachzuweisen als den vollen Kartenwert. Das Amtsgericht Recklinghausen erklärte deshalb schon vor einiger Zeit eine typische Schadensersatzklausel auf einer Verzehrkarte generell für unwirksam.[15] Die seinerzeitige Formulierung »Bei Verlust berechnen wir den vollen Kartenwert von 80,– DM« erweckte nach Auffassung des Gerichts den angesprochenen falschen Eindruck. Der Gastwirt konnte sich daher nicht auf die Klausel berufen.

Wer also seine Verzehrkarte verloren hat und es auf

einen Rechtsstreit mit dem Discobetreiber ankommen lassen will, sollte folgendermaßen vorgehen:

- den Wortlaut der Verlustklausel, wie sie auf der Verzehrkarte formuliert ist, notieren;
- Einblick in die Allgemeinen Geschäftsbedingungen verlangen und alles notieren, was auch dort zum Thema Kartenverlust steht;
- prüfen, ob die Allgemeinen Geschäftsbedingungen gut sichtbar im Eingangsbereich aushingen;
- sofort einen Zeugen hinzuziehen, der die oben genannten Notizen und Beobachtungen bestätigen kann;
- keinesfalls Schuldanerkenntniserklärungen oder Ähnliches unterschreiben.

Clubbesucher, die diese Regeln beachten, haben am ehesten Chancen, um die Zahlung herumzukommen, wenn der Clubbetreiber ihnen tatsächlich eine Rechnung oder einen Mahnbescheid über den vollen Kreditbetrag zukommen lassen sollte. Ob sie sich nachts im Angesicht eines bulligen Türstehers auf dieses Abenteuer einlassen wollen, ist natürlich ihre eigene Entscheidung.

Bei Interesse siehe hierzu:
§ 309 Nr. 5 BGB (Bürgerliches Gesetzbuch), »Klauselverbote ohne Wertungsmöglichkeit, Pauschalierung von Schadensersatzansprüchen«

Arbeitswelt

Aushilfen und Festangestellte

Irrtum:
Aushilfen haben, anders als Festangestellte, keine Rechte.

Richtig ist:
Aushilfen haben im Wesentlichen die gleichen Rechte und Ansprüche wie Festangestellte.

Der Volksmund unterscheidet zwischen Aushilfen und Festangestellten. Unter »Aushilfen« werden vor allem Teilzeitkräfte verstanden, die einem Arbeitgeber regelmäßig (zum Beispiel jeden Montag) oder auf Abruf zur Verfügung stehen, aber oft keinen schriftlichen Arbeitsvertrag haben. Mit »Festangestellten« sind dagegen vor allem Arbeitnehmer gemeint, die zumeist Vollzeit arbeiten und typischerweise einen unbefristeten schriftlichen Arbeitsvertrag haben.

Allgemein wird davon ausgegangen, dass Aushilfen kaum Rechte besitzen. Sie werden von heute auf morgen entlassen, erhalten keinen bezahlten Urlaub und bekommen natürlich auch kein Weihnachtsgeld. Doch die Unterscheidung zwischen den so genannten Festangestellten und den vermeintlich rechtlosen Aushilfen gibt es im Arbeitsrecht gar nicht. Unterschieden wird dort nur zwischen – möglicherweise scheinselbständigen – Arbeitnehmern und tatsächlich selbständigen freien Mitarbeitern. Wer Arbeitnehmer ist, hat die vollen Arbeitnehmerrechte, egal ob er über einen schriftlichen Arbeitsvertrag verfügt oder nicht (→*Schriftform von Verträgen*) und egal ob er vom Arbeitgeber als »Aushilfe« bezeichnet wird oder als »Festangestellter«.

Ob jemand ein Arbeitnehmer ist oder ein selbständiger freier Mitarbeiter, hängt davon ab, wie sehr er vom Arbeitgeber abhängig ist. Für die Arbeitnehmereigenschaft, auch einer so genannten »Aushilfe«, spricht vieles, wenn einige der folgenden, typischen Indizien erfüllt sind:

- zeitliche, fachliche und örtliche Weisungsgebundenheit;
- Eingliederung in den Betrieb;
- regelmäßige Tätigkeit;
- Tätigkeit im Wesentlichen nur für *einen* Auftraggeber/Arbeitgeber;
- ähnliche Tätigkeiten werden in diesem oder anderen Betrieben in der Regel von angestellten Arbeitnehmern verrichtet;
- keine Unternehmerinitiative und kein Unternehmerrisiko;
- festes Entgelt;
- keine Möglichkeit, die eigene Arbeit an andere Personen zu delegieren, die man als selbständiger Unternehmer einstellen könnte.

Wenn Aushilfen nach diesen Kriterien als Arbeitnehmer zu gelten haben – und das ist viel öfter der Fall, als die meisten glauben –, sind sie genauso »fest« angestellt wie alle anderen Arbeitnehmer auch. Das gilt auch dann, wenn sie nur befristet eingestellt oder teilzeitbeschäftigt sind.[16]

Auch befristete und teilzeitbeschäftigte Aushilfen genießen also Kündigungsschutz und haben Anspruch auf bezahlten Urlaub und auf Weihnachtsgeld, wenn sie als Arbeitnehmer anzusehen sind. Voraussetzung für einen Anspruch auf Weihnachtsgeld ist allerdings, dass es auch an die so genannten »Festangestellten« gezahlt wird. Im Krankheitsfall gilt ebenfalls der Grundsatz der Gleichbehandlung. Der Arbeitgeber muss deshalb auch Aushilfen den Lohn fortzahlen, wenn sie krank werden. Das gilt jedoch nur dann, wenn sie an Tagen krank werden, an denen sie normalerweise gearbeitet hätten. Wer immer nur montags und dienstags kommt, kann von seinem Arbeitgeber natürlich keine Entgeltfortzahlung verlangen, wenn er von Donnerstag bis Sonntag mit Grippe im Bett liegt.

Es ist erstaunlich, wie wenige Jobber sich über den Umfang ihrer Rechte im Klaren sind. Der Student mit dem klassischen Kellnerjob käme im Allgemeinen überhaupt nicht auf den Gedanken, von seinem Arbeitgeber bezahlten Urlaub oder Lohnfortzahlung im Krankheitsfall zu verlangen. Auch der Chef würde wohl nur verständnislos mit dem Kopf schütteln und die aufsässige Aushilfskraft wegen dieser vermeintlich unverschämten Forderungen sofort entlassen. Damit könnte er sich allerdings schnell eine Kündigungsschutzklage einhandeln. Denn wie erwähnt gelten auch für Aushilfen die gesetzlichen Kündigungsschutzvorschriften.

Da die Meinung von der rechtlosen Aushilfskraft sehr weit verbreitet ist, werden sich Arbeitnehmer und Arbeitgeber jedoch wohl auch in Zukunft gleichermaßen an eine Rechtslage halten, die nur in der Vorstellung der Bevölkerung existiert.

Bei Interesse siehe hierzu:
§ 4 TzBfG (Teilzeit- und Befristungsgesetz), »Verbot der Diskriminierung«

Begründung der Kündigung

Irrtum:
Arbeitgeber müssen Kündigungen begründen.

Richtig ist:
Kündigungen müssen dem Arbeitnehmer gegenüber nicht begründet werden, um wirksam zu sein.

Selbst Arbeitgeber glauben nicht selten, dass sie die Kündigung eines Mitarbeiters begründen müssen, damit diese wirksam ist. In Wahrheit reicht es jedoch, dem Arbeitnehmer schlicht und einfach schriftlich mitzuteilen: »Ich kündige Ihnen.«

Wohl aber muss der Arbeitgeber dem Betriebsrat – sofern einer besteht – schon vorab die Gründe der Kündigung mitteilen. Denn der Betriebsrat muss die Möglichkeit haben, die Rechtmäßigkeit der Kündigung zu prüfen, bevor der Arbeitgeber sie ausspricht. Verletzt der Arbeitgeber seine Mitteilungspflicht gegenüber dem Betriebsrat, ist die Kündigung in der Tat unwirksam.

Auch in einem Kündigungsschutzverfahren muss der Arbeitgeber dem Gericht gegenüber Farbe bekennen und die Gründe der Kündigung nennen. Denn nur so kann sich das Gericht ein Urteil darüber bilden, ob die Kündigung gerechtfertigt ist oder nicht.

Eine Begründungspflicht gegenüber dem Arbeitnehmer besteht jedoch niemals. Wenn der Arbeitgeber die Gründe der Kündigung nicht freiwillig nennt, kann der Arbeitnehmer sie nur über den Betriebsrat oder im Rahmen einer Kündigungsschutzklage vor Gericht erfahren.

Bei Interesse siehe hierzu:
§ 1 KSchG (Kündigungsschutzgesetz), »Sozial ungerechtfertigte Kündigungen«
§ 102 Abs. 1 BetrVG (Betriebsverfassungsgesetz), »Mitbestimmung bei Kündigungen«

Krankheit als Kündigungsgrund

Irrtum:
Wegen Krankheit kann niemand von seinem Arbeitgeber gekündigt werden.

Richtig ist:
Auch Krankheit kann ein Kündigungsgrund sein.

Wer krank ist und deshalb nicht zur Arbeit gehen kann, hat einen Anspruch darauf, dass der Arbeitgeber ihm das Arbeitsentgelt sechs Wochen lang weiterzahlt. Erst dann tritt die Krankenversicherung ein und übernimmt die Zahlungen des Arbeitgebers. Diese Rechte kranker *Arbeitnehmer* sind wohl jedem geläufig.

Weit weniger bekannt sind jedoch die Rechte, die der *Arbeitgeber* in einem solchen Fall hat. Vielen Arbeitnehmern ist gar nicht klar, dass Krankheit durchaus ein Kündigungsgrund sein kann. Zwar muss niemand, den einmal die Grippe erwischt, befürchten, deswegen gleich seine Papiere in die Hand gedrückt zu bekommen. Wenn Erkrankungen jedoch so lange andauern, den Arbeitnehmer in seiner Leistungsfähigkeit so stark einschränken oder so häufig auftreten, dass mit einer Besserung in der Zukunft nicht zu rechnen ist, kann diese negative Gesundheitsprognose zum Verlust des Arbeitsplatzes führen.

Voraussetzung für die Kündigung ist eine »erhebliche Beeinträchtigung der betrieblichen Interessen des Arbeitgebers«. Wenn durch die Erkrankung des Arbeitnehmers der Betriebsablauf stark gestört wird oder sehr hohe Lohnfortzahlungskosten zusammenkommen, dann gelten die betrieblichen Interessen des Arbeitgebers als erheblich beeinträchtigt. Ob er diese Beeinträchtigung hinnehmen muss, hängt vom Einzelfall ab.

Als Faustregel gilt: Wenn der Arbeitgeber über einen Zeitraum von mindestens zwei Jahren in jedem Jahr Entgeltfortzahlung für mehr als sechs Wochen gewähren musste, kann er kündigen.[17] Nach zweieinhalbjähriger Erkrankung durfte daher selbst ein vierfacher Familienvater trotz 16-jähriger Betriebszugehörigkeit entlassen werden.[18]

Nicht anders sieht es bei häufigen, kurzen Einzelerkrankungen aus. Ein Arbeitnehmer hatte aufgrund unterschiedlicher Krankheiten innerhalb eines einzigen Jahres an 125 Tagen gefehlt. Auch in den ersten fünf Monaten des Folgejahres fehlte er insgesamt 64 Mal. Der Arbeitgeber musste davon ausgehen, dass der Arbeitnehmer immer wieder krank werden würde, und durfte ihn daher entlassen.[19]

Arbeitnehmer sollten sich also darüber im Klaren sein, dass nicht nur ihre eigenen Interessen Berücksichtigung finden, wenn sie krank werden. Auch der Arbeitgeber hat schutzwürdige Interessen. Wenn ein Arbeitnehmer zu lange, zu stark oder zu oft erkrankt, kann ihm unter Umständen gekündigt werden.

Bei Interesse siehe hierzu:
§ 1 KSchG (Kündigungsschutzgesetz), »Sozial ungerechtfertigte Kündigungen«

Nebentätigkeitsverbote

Irrtum:
Arbeitgeber dürfen ihren Arbeitnehmern verbieten, Nebenjobs anzunehmen.

Richtig ist:
Nebenjobs können nur verboten werden, wenn sie berechtigte Belange des Arbeitgebers beeinträchtigen oder gesetzlich untersagt sind.

In Arbeitsverträgen finden sich oft Formulierungen, wonach Nebentätigkeiten generell verboten sind oder vom Arbeitgeber genehmigt werden müssen. Die Vorstellung, der Arbeitgeber könne seinen Angestellten immer untersagen, einen zweiten Job anzunehmen, ist daher weit verbreitet.

Tatsächlich können Arbeitgeber ihren Arbeitnehmern jedoch nicht so ohne weiteres verbieten, nebenbei auch anderen Beschäftigungen nachzugehen. Denn der Arbeitnehmer stellt dem Arbeitgeber nicht seine gesamte Arbeitskraft zur Verfügung. Er bindet sich nur für eine bestimmte Zeitspanne pro Arbeitstag an seinen Hauptarbeitgeber.[20] Danach darf jeder Arbeitnehmer grundsätzlich machen, was er will. Wer also in seiner Freizeit einem Nebenjob nachgehen will oder muss, hat diese Möglichkeit durchaus. Vor allem Teilzeitbeschäftigten bleibt oft gar nichts anderes übrig, wenn sie ihren Lebensunterhalt bestreiten wollen.

Der Wunsch nach einem Zweitjob ist sogar vom Grundrecht auf freie Berufswahl gedeckt.[21] Der Arbeitgeber muss ihn also respektieren. Nur in einigen Ausnahmefällen darf er seinen Arbeitnehmern eine Nebentätigkeit verbieten. Zum Beispiel kann der Arbeitgeber verbieten, dass ihm seine eigenen Angestellten in ihrer Freizeit Konkurrenz machen. Außerdem darf durch den Nebenjob nicht die gesetzliche Höchstarbeitszeit überschritten werden. Das Arbeitszeitgesetz verbietet eine tägliche Arbeitszeit von durchschnittlich mehr als acht Stunden zuzüglich Pausen. (In einigen Ausnahmefällen sind bis zu zehn Stunden erlaubt.) Wenn also bereits der Hauptjob an jedem Werktag (inklusive samstags!) acht Stunden oder länger dauert, ist nach dem Arbeitszeitgesetz keine Zeit mehr für einen zweiten Job. Interessant sind Nebenjobs daher vor allem für Teilzeitbeschäftigte.

Nach dem Bundesurlaubsgesetz darf der Arbeitnehmer darüber hinaus auch im Urlaub »keine dem Urlaubszweck widersprechende Erwerbstätigkeit leisten«. Er soll sich vielmehr erholen.

Wenn keiner dieser Ausnahmefälle vorliegt, kann der Arbeitgeber den Nebenjob nur dann verbieten, wenn dieser die Arbeitskraft erheblich beeinträchtigen würde. Wenn also beispielsweise jemand auf die Idee kommt, direkt vom Hauptarbeitsplatz aus einer weiteren Beschäftigung nachzugehen, dann darf der Arbeitgeber natürlich einschreiten. In allen anderen Fällen sind Nebenjobs jedoch zulässig.

Bei Interesse siehe hierzu:
§ 3 ArbZG (Arbeitszeitgesetz), »Arbeitszeit der Arbeitnehmer«
§ 8 BUrlG (Bundesurlaubsgesetz), »Erwerbstätigkeit während des Urlaubs«

Familie

Ehe und Eigentum

Irrtum:
Ehepartnern gehört alles gemeinsam, wenn sie keinen Ehevertrag haben.

Richtig ist:
Auch ohne Ehevertrag behält jeder Ehepartner sein Eigentum für sich.

»Ich brauche unbedingt einen Ehevertrag, sonst gehört mein ganzes Vermögen bald zur Hälfte meinem künftigen Ehepartner!«

Erstaunlich viele Menschen glauben fest an diese Legende. Das Missverständnis rührt wahrscheinlich daher, dass jeder schon einmal etwas von Eheverträgen gehört hat, mit denen man Gütertrennung vereinbaren kann. Und wenn man keinen Ehevertrag mit Gütertrennung hat – so glauben offenbar viele –, dann müssen im Umkehrschluss wohl sämtliche Güter beiden Ehepartnern gemeinsam gehören. Doch weit gefehlt!

Denn auch wer keinen Ehevertrag mit Gütertrennung schließt, behält nach der Heirat sein Eigentum für sich. Das gilt nicht nur für Eigentum, das mit in die Ehe gebracht wird, sondern auch für alles, was die Partner nach der Eheschließung anschaffen. Und es gilt auch, wenn sich das Paar scheiden lässt. Nach einer Scheidung gelten lediglich die Rechtsfolgen der so genannten Zugewinngemeinschaft. Alles, was die Ehepartner während der Ehe an Vermögen *hinzugewonnen* haben (und nur das!), kommt in einen Topf und wird bewertet. Jedem Ehepartner steht exakt die Hälfte des ermittelten Zugewinn-Gesamtwertes zu. Das heißt jedoch nicht, dass die realen Gegenstände oder Grundstücke, die hinzugewonnen wurden, nun zwischen den Partnern aufgeteilt werden, denn wie gesagt: Das *Eigentum* an den einzelnen Zugewinnobjekten darf jeder für sich behalten. Aufgeteilt wird nur deren *Wert.* Derjenige Ehepartner, der mehr an hinzugewonnenem Eigentum behalten darf, als ihm wertmäßig zusteht, muss also eine Ausgleichszahlung leisten – den so genannten Zugewinnausgleich.

Ein Beispiel: Der Mann geht mit einem Haus in die Ehe. Es ist schon bei der Heirat abbezahlt und 200000 Euro wert. Bei der Scheidung hat es einen Wert von 400000 Euro. Er hat also während der Ehe 200000 Euro an Vermögen hinzugewonnen.

Die Ehefrau geht ohne Vermögen in die Ehe. Bei der Scheidung hat sie 100000 Euro auf ihrem Konto. Sie hat also 100000 Euro hinzugewonnen.

Die 200000 Euro Zugewinn des Mannes und die 100000 Euro Zugewinn der Frau kommen bei der Scheidung gedanklich in einen Topf und werden geteilt. Beiden stehen demnach 150000 Euro Zugewinn zu. Der Mann darf zwar sein Haus behalten, muss der Frau aber 50000 Euro in bar von seinem Zugewinn abgeben – den so genannten Zugewinnausgleich. Er belastet sein Haus mit 50000 Euro und behält im Ergebnis ein Vermögen von 350000 Euro, seiner Frau bleiben 150000 Euro. Von »halbe-halbe« also auch nach einer Scheidung keine Spur!

Die Zugewinngemeinschaft gilt, wie gesagt, nur, wenn die Ehepartner nichts anderes vereinbart haben. In einem

Ehevertrag können sie sich aber auch auf Gütertrennung oder Gütergemeinschaft einigen.

Bei der Gütertrennung gilt während der Ehe das Gleiche wie bei der Zugewinngemeinschaft: Jeder Ehepartner behält sein Eigentum. Der Unterschied zeigt sich erst nach der Scheidung. Wer im Ehevertrag Gütertrennung vereinbart, der behält nach der Scheidung auch den Zugewinn komplett für sich. Keiner der Ehepartner muss dem anderen einen Zugewinnausgleich zahlen. In unserem Beispiel müsste der Mann seiner Exfrau daher keine 50 000 Euro überweisen. Er behält sein 400 000 Euro teures, unbelastetes Haus, die Frau ihre 100 000 Euro.

Das andere Extrem ist die Gütergemeinschaft. Sie entspricht dem Bild, das sich viele Menschen irrtümlich von einer Ehe ohne Ehevertrag machen. Denn bei der Gütergemeinschaft ist es tatsächlich so, dass das Vermögen beider Ehepartner in einen Topf kommt und anschließend beiden gemeinsam gehört. Dabei kann man allerdings einzelne Gegenstände oder zum Beispiel das gesamte voreheliche Vermögen im Ehevertrag von der Gütergemeinschaft ausnehmen. Geschieht das nicht, so wird in unserem Beispiel das Vermögen der beiden Ehepartner bei der Scheidung genau hälftig geteilt. Das Haus des Mannes und die 100 000 Euro der Frau gehören vor und nach der Scheidung beiden gemeinsam. Beiden bleibt nach der Scheidung damit ein Vermögen von jeweils 250 000 Euro.

Wer also keinen Ehevertrag hat und es aus Angst vor dem Verlust seines vorehelichen Vermögens bisher noch nicht gewagt hat, die Scheidung einzureichen, der sei beruhigt: Geteilt wird nur der Zugewinn *während* der Ehe, nicht aber das voreheliche Vermögen. Auch ohne Ehevertrag und Gütertrennung wird es also vielleicht gar nicht so schlimm.

Bei Interesse siehe hierzu:
§ 1363 BGB (Bürgerliches Gesetzbuch), »Zugewinngemeinschaft«
§ 1414 BGB, »Eintritt der Gütertrennung«
§ 1416 BGB, »Gesamtgut«

Ehe und Schulden

Irrtum:
Man muss die Schulden seines Ehepartners bezahlen.

Richtig ist:
Jeder ist für seine Schulden selbst verantwortlich – auch jeder Ehepartner.

Ehegatten haften für die Schulden ihres Partners – diese weit verbreitete Fehlvorstellung ist das gedankliche Gegenstück zu dem Irrtum, dass Ehegatten immer alles gemeinsam gehört.

Da sich Ehegatten im Regelfall als enge Gemeinschaft betrachten, kommt ihnen oft gar nicht in den Sinn, dass sie für die Schulden ihres Partners in keiner Weise mitverantwortlich sind. Genau so ist es aber! Jeder Ehepartner haftet nur für seine eigenen Schulden. Wenn der Ehemann seine Gläubiger nicht bezahlen kann, dann haben diese kein Recht, zum Beispiel die gemeinsam bewohnte Eigentumswohnung der Ehefrau zwangsversteigern zu lassen.

Eine Ausnahme gibt es: wenn ein Ehevertrag geschlossen wurde, in dem die so genannte Gütergemeinschaft vereinbart wurde. Was darunter zu verstehen ist, ist unter dem Stichwort →*Ehe und Eigentum* dargestellt. Gerade weil man in einer Gütergemeinschaft für die Schulden des Ehepartners haftet, wird dieser Güterstand heutzutage allerdings kaum noch vereinbart. Die meisten Paare leben stattdessen im Güterstand der Zugewinngemeinschaft oder der Gütertrennung. Sie behalten ihr Eigentum für sich, aber auch ihre Schulden.

Bei Interesse siehe hierzu:
§ 1437 BGB (Bürgerliches Gesetzbuch), »Gesamtgutsverbindlichkeiten; persönliche Haftung«

Eltern haften für ihre Kinder

Irrtum:
Eltern müssen haften, wenn ihre Kinder etwas beschädigen.

Richtig ist:
Eltern haften nicht für ihre Kinder, sondern nur für ihr eigenes Verhalten.

Auch wenn an fast jedem deutschen Baustellenzaun das Gegenteil zu lesen ist: Eltern haften *nicht* für ihre Kinder!

Denn jeder ist nur für sein eigenes Verhalten verantwortlich. Das gilt auch für Eltern und ihre Kinder. Kinder ab sieben Jahren müssen Schäden, die sie verschuldet haben, grundsätzlich selbst bezahlen. Wenn das Kind noch keine sieben Jahre alt ist oder es kein Geld hat, hat der Geschädigte Pech. Er kann seinen Schaden nicht ohne weiteres von den Eltern ersetzt verlangen. Es gibt also keine »Sippenhaft«!

Wohl aber gibt es eine elterliche Aufsichtspflicht. Wie viel Aufsicht nötig ist, hängt von Alter und Charakter der Kinder ab. In extremen Fällen (beispielsweise bei verhaltensauffälligen Kindern mit hohem Aggressionspotential) kann eine ständige, unmittelbare Beobachtung erforderlich sein. Bei älteren und vernünftigeren Kindern genügt dagegen oft schon eine bloße Belehrung über mögliche Gefahren. Wenn ein solches, eigentlich vernünftiges Kind sich dann doch einmal zum Beispiel über das elterliche Verbot hinwegsetzt, auf Baustellen zu spielen, kann den Eltern kein Vorwurf gemacht werden. Sie haben ihre Aufsichtspflicht nicht verletzt und sind nicht für Schäden verantwortlich, die ihr Kind dort eventuell anrichtet. Wenn hingegen eine Mutter ihren dreijährigen Sohn völlig unbeaufsichtigt mit einem Hammer in der Hand in einem Porzellanladen spielen lässt, verletzt sie ihre Aufsichtspflicht und muss für den Schaden aufkommen, wenn der Junge etwas zerstört. Sie haftet dann jedoch nicht für das Verhalten des Kindes, sondern für ihre eigene Fahrlässigkeit. Schließlich hätte sie das Unglück verhindern können, wenn sie ihr Kind beaufsichtigt hätte. Falls die Mutter eine Haftpflichtversicherung abgeschlossen hat, übernimmt möglicherweise diese den Schaden.

Wenn die Eltern ihre Aufsichtspflicht jedoch nicht verletzt haben, müssen natürlich weder sie noch ihre Haftpflichtversicherung für den Schaden aufkommen. Viele übersehen dies und erleben in der Praxis deshalb zum Teil unliebsame Überraschungen.

Wenn zum Beispiel der kleine Maximilian Tante Erikas teure Vase zerstört hat, will die elterliche Haftpflichtversicherung wissen, ob Vater und Mutter auf ihr Kind aufgepasst haben. War dies der Fall, so müssen die Eltern der Tante den Schaden nicht ersetzen – und auch die Versicherung muss dann natürlich nichts bezahlen, denn sie springt nur ein, wenn die Eltern eine Zahlungspflicht trifft. Viele Eltern verkennen dies. Um (vermeintlich) sicherzugehen, dass ihre Haftpflichtversicherung den Schaden ersetzt, wollen sie nicht den Anschein mangelnder Sorgfalt erwecken und behaupten fälschlicherweise, sie hätten ihr Kind ausreichend überwacht, weil sie befürchten, dass die Versicherung andernfalls nicht für den Schaden aufkommt. Dabei ist es genau andersherum: Tante Erika bleibt gerade dann auf ihrem Schaden sitzen, wenn die Eltern ihr Kind die ganze Zeit sorgfältig überwacht haben. In dem Fall ist ihnen nämlich kein Vorwurf zu machen, denn sie konnten nicht verhindern, dass die Vase zerstört wird. Sie müssen den Schaden also nicht ersetzen – und ihre Haftpflichtversicherung auch nicht. Zahlen muss allenfalls der kleine Maximilian selbst – wenn er mindestens sieben Jahre alt ist. Wenn er in diesem Alter noch kein eigenes Geld hat, kann der Geschädigte ihn verklagen und noch bis zu dreißig Jahre nach Erlass des rechtskräftigen Urteils eine Schadensersatzzahlung von ihm verlangen.

Haben die Eltern hingegen nicht auf ihr Kind aufgepasst, dann haben sie ihre Aufsichtspflicht verletzt und somit den Schadenseintritt verschuldet. Wenn sie ihr Fehlverhalten der Haftpflichtversicherung gegenüber zugeben, wird diese Tante Erikas Vase ersetzen.

Bei Interesse siehe hierzu:
§ 832 BGB (Bürgerliches Gesetzbuch), »Haftung des Aufsichtspflichtigen«
§ 828 BGB, »Haftung Minderjähriger«

Haustiere als Erben

Irrtum:
Tiere können erben.

Richtig ist:
Nur Menschen und juristische Personen können mit einem Erbe bedacht werden.

»Hund erbt 3 Millionen Dollar.« Immer wieder geistern Nachrichten wie diese durch die Presse, vornehmlich während des Sommerlochs. Die schrullige ältere Dame, die zum Ärgernis der gierigen Verwandtschaft ihr ganzes Vermögen einem Hund, einer Katze oder einem Wellensittich vererbt, ist auch ein beliebtes Motiv amerikanischer Film- und Fernsehkomödien.

In Wirklichkeit können Tiere jedoch weder in den USA noch in Deutschland wirksam als Erben eingesetzt werden. Anders lautende Pressemeldungen verzerren die Wirklichkeit ebenso wie die rührenden Hollywood-Komödien. Denn Tiere werden in juristischer Hinsicht wie Sachen behandelt und Sachen können nun einmal kein Eigentum an anderen Sachen erwerben. Nur Menschen – übrigens auch ungeborene – und juristische Personen können deshalb erben.

Diese Regelung ist bei allem Verständnis für die Empfindungen der Tierhalter auch durchaus vernünftig. Denn es kann nicht wirklich sinnvoll sein, dass man sich irgendwann mit Pudeln als Wohnungsvermietern über die Höhe der Nebenkosten streiten muss. Es erscheint auch wenig praktikabel, jedes Mal den Eintrag im Grundbuch zu ändern, wenn ein mit einer Eigentumswohnung bedachtes Meerschweinchen stirbt und die ebenso zahlreichen wie kurzlebigen Nachkommen ihre Erbansprüche »einfordern«. Der Verwaltungsaufwand der Grundbuchbeamten wäre den Steuerzahlern angesichts der Ebbe in den öffentlichen Kassen spätestens nach einigen Meerschweinchengenerationen wohl kaum mehr zu vermitteln.

Es ist jedoch auch gar nicht nötig, das geliebte Haustier als Erbe einzusetzen, wenn man sicherstellen will, dass es ihm nach dem eigenen Ableben weiterhin gut ergeht. Es besteht stattdessen zum Beispiel die Möglichkeit, das Vermögen einer vertrauenswürdigen Person oder einem Tierheim zu vererben und dem Erben die Auflage zu machen, dass er das Tier bis an dessen Lebensende zu pflegen hat. Alternativ könnte der Erblasser auch eine Stiftung gründen, die sich um herrenlose Tiere – unter anderem auch um das eigene – kümmert.

Bei Interesse siehe hierzu:
§ 90a BGB (Bürgerliches Gesetzbuch), »Tiere«
1923 BGB, »Erbfähigkeit«
1940 BGB, »Auflage«

Scheidung mit einem gemeinsamen Anwalt

Irrtum:
Ehepaare können sich bei der Scheidung von einem gemeinsamen Rechtsanwalt vertreten lassen.

Richtig ist:
Anwälte dürfen in einem Verfahren immer nur eine der beiden Parteien vertreten.

Ehepartner, die »ganz bewusst als gute Freunde« auseinander gehen wollen, kündigen in der Regel an, sich einen gemeinsamen Scheidungsanwalt zu nehmen. Schließlich ist man ja vernünftig, und überhaupt: Weshalb sollen sich gleich zwei Anwälte eine goldene Nase an der Trennung verdienen?

So erscheinen diese Ehepaare dann gemeinsam bei einem Rechtsanwalt und müssen sich gleich zu Anfang darüber aufklären lassen, dass kein Anwalt in einer Scheidung beide Ehepartner gleichzeitig vertreten darf. Ein Anwalt darf keine entgegengesetzte Interessen vertreten. Und Paare in einem Scheidungsverfahren haben aus rechtlicher Sicht natürlich immer entgegengesetzte Interessen, egal wie einig sie sich sind (oder sich vorher zu sein glauben).

Wenn sich die Noch-Eheleute also unbedingt einen der beiden Anwälte sparen wollen, dann bleibt nichts anderes übrig, als dass einer auf die eigene anwaltliche Vertretung verzichtet. Der Betroffene muss sich dann aber im Klaren darüber sein, dass der Rechtsanwalt seines Ehepartners verpflichtet ist, nur dessen Interessen zu vertreten. Verstößt der Rechtsanwalt gegen diese Pflicht, so verhält er sich standeswidrig und kann im Extremfall sogar wegen Parteiverrats bestraft werden.

Bei Interesse siehe hierzu:
§ 43 a Abs. 4 BRAO (Bundesrechtsanwaltsordnung), »Grundpflichten des Rechtsanwalts«
§ 356 StGB (Strafgesetzbuch), »Parteiverrat«

Scheidung? In Ihrem Alter?
Naja, bisschen spät, aber wir..
..wollten warten, bis die Kinder tot sind
Wulkan

Sterbehilfe

Irrtum:
Die Angehörigen dürfen über den Abbruch lebensverlängernder Maßnahmen bei Sterbenden und Koma-Patienten bestimmen.

Richtig ist:
Bis zum Schluss haben auch bewusstlose und geistig verwirrte Patienten das Recht auf Selbstbestimmung.

Die wenigsten Menschen verfassen eine Patientenverfügung, in der geregelt ist, was zu geschehen hat, wenn sie in ein Langzeitkoma fallen oder im Sterben liegen. Sie hoffen, dass ihre Angehörigen im Ernstfall schon die richtige Entscheidung treffen werden. Sie wissen nicht, dass dies den Angehörigen in der Praxis oft gar nicht möglich ist.

Dass die Angehörigen gesetzlich berechtigt seien, über das Schicksal ihrer bewusstlosen oder todkranken Verwandten zu bestimmen, ist ein weit verbreiteter Irrtum. Jeder Mensch hat bis zum Tod das Recht, *selbst* über sein Schicksal zu bestimmen. Wenn ein Patient im Koma liegt oder aufgrund einer Alzheimer-Erkrankung seinen Willen nicht mehr äußern kann, muss sein mutmaßlicher Wille erforscht werden. Ist das nicht möglich, so müssen die Ärzte ihm grundsätzlich jede lebensverlängernde medizinische Hilfe gewähren. Die Angehörigen können nicht verlangen, dass die lebenserhaltenden Maßnahmen eingestellt werden, um dem todkranken Verwandten ein würdevolles, möglichst schmerzfreies Sterben zu ermöglichen.

Wer bis zum Schluss selbst darüber bestimmen will, was

am Lebensende mit ihm geschieht, der sollte rechtzeitig eine Patientenverfügung verfassen. Er sollte möglichst detailliert und konkret beschreiben, welche Behandlungsmaßnahmen gewünscht sind und welche nicht. Ärzte, Rechtsanwälte und Notare, aber auch die Kirchen und verschiedene unabhängige Organisationen können dabei helfen, eine solche, individuell angepasste Verfügung zu formulieren.

Ärzte und Angehörige müssen sich an den Inhalt einer Patientenverfügung halten. Sie erhalten dadurch klare Handlungsanweisungen, die ihnen eine Menge Druck und viele Zweifel ersparen. Patientenverfügungen sollten auch deshalb zu einer Selbstverständlichkeit für jeden werden.

Testament aus dem PC

Irrtum:
Ein auf dem PC geschriebenes, ausgedrucktes Testament ist gültig.

Richtig ist:
Testamente müssen handschriftlich verfasst sein.

Immer wieder kommt es vor, dass vermeintliche Erben nach einem Todesfall ein maschinengeschriebenes Testament des Verstorbenen präsentieren und ihr Erbe antreten wollen. Sie erwartet jedoch eine herbe Enttäuschung. Denn nur komplett eigenhändig, d. h. handschriftlich verfasste Testamente des Erblassers sind wirksam. Ein Testament aus dem PC ist nicht mehr wert als das Papier, auf dem es steht.

Auch das Gerücht, wonach ein getipptes Testament dennoch gültig sei, wenn es vor drei Zeugen verfasst wurde, ist falsch. Es beruht auf einem Missverständnis. Nur wer dem Tode so nahe ist, dass er nicht mehr rechtzeitig einen Notar aufsuchen kann, hat die Möglichkeit, ein so genanntes Nottestament mündlich zur Niederschrift vor dem Bürgermeister der Gemeinde zu machen, in der er sich gerade aufhält. Der Bürgermeister muss zwei Zeugen hinzuziehen. Wenn auch der Bürgermeister nicht mehr rechtzeitig erreicht werden kann, ist es ausnahmsweise auch möglich, ein Nottestament vor drei Zeugen zu machen. Diese Möglichkeit besteht auch ohne Notsituation dann, wenn der Erblasser sich auf See an Bord eines deutschen Schiffes, aber außerhalb eines deutschen Hafens befindet.

In all diesen Fällen muss der Erblasser sich anschließend jedoch mit dem Sterben ein wenig beeilen. Denn drei Monate nach Errichtung eines Nottestamentes wird es unwirksam, wenn der angeblich sterbenskranke Erblasser dann immer noch lebt und nun die Möglichkeit hätte, einen Notar aufzusuchen. Alternativ kann der Erblasser vor Fristablauf wieder eine Kreuzfahrt beginnen und so etwas Zeit gewinnen. Denn nach seiner Rückkehr beginnt die dreimonatige Ablebensfrist wieder von vorne.

Wer weder dem Tode nahe noch gerade auf Kreuzfahrt ist, kann so viele Zeugen aufbieten, wie er will. Sein getipptes Testament bleibt ungültig. Er muss es selbst handschriftlich verfassen.

So viel zur geltenden Rechtslage. Manch einer wird sich fragen, warum es im Zeitalter von E-Mails und SMS noch solch altertümlich anmutende Vorschriften gibt. Der Grund ist simpel: Nur bei einem handgeschriebenen Testament kann anhand eines graphologischen Gutachtens mit einiger Sicherheit festgestellt werden, ob das Testament tatsächlich vom Verstorbenen stammt. Eine bloße Unterschrift unter einem ansonsten maschinengeschriebenen Text wäre viel zu leicht zu fälschen.

Wer nicht schreiben kann, der kann daher alleine kein wirksames Testament verfassen. Blinde dürfen noch nicht einmal die Blindenschrift benutzen, da man aus bloßen Punkten nicht sicher auf die Person des Schreibenden schließen kann.[22] Und wer Mühe beim Schreiben hat, dem darf zwar der Arm gestützt werden, die Schriftzüge müssen aber unbedingt vom Erblasser selbst geformt werden. Der Helfer darf also nicht zu sehr »helfen«. Dem Schreibunfähigen bleibt deshalb nichts anderes übrig, als einen Notar aufzusuchen und – gegen Zahlung der Notargebühren – ein so genanntes öffentliches Testament zu errichten.

Bei Interesse siehe hierzu:
§ 2247 BGB (Bürgerliches Gesetzbuch), »Eigenhändiges Testament«
§ 2249 BGB, »Nottestament vor dem Bürgermeister«
§ 2250 BGB, »Nottestament vor drei Zeugen«
§ 2251 BGB, »Nottestament auf See«
§ 2252 BGB, »Gültigkeitsdauer der Nottestamente«

Gericht und Polizei

Anrede des Richters

Irrtum:
Die korrekte Anrede für Richter lautet »Euer Ehren«.

Richtig ist:
Richter sollten im Zweifel »Herr/Frau Vorsitzende/-r« genannt werden.

In England weiß man offensichtlich noch, was sich gehört. Richter müssen dort zwar kein vollständiges Jurastudium absolviert haben.[26] Dennoch dürfen sie schicke weiße Perücken tragen und müssen mit »Euer Ehren« (»Your Honour«) angesprochen werden. Auch in den USA ist diese Anrede für Richter üblich.

Nun sind amerikanische Filme und Fernsehserien in Deutschland so allgegenwärtig, dass viele Menschen daraus ihr »Fachwissen« beziehen. Manch einer erntet mit der Anrede »Euer Ehren« daher Lacherfolge in deutschen Gerichtssälen, vor allem, wenn er sie mit dem Ausruf →*»Einspruch!«* verbindet.

Die deutsche Richterschaft hätte gegen die Einführung des Titels »Euer Ehren« vermutlich keine prinzipiellen Einwände. Bisher bleibt er jedoch den Kollegen in England und den USA vorbehalten. In Deutschland ist er nicht üblich.

Häufig benutzt wird auch die Anrede »Herr Richter« bzw. »Frau Richterin«. Falsch sind diese Bezeichnungen natürlich nicht. Denn bei der Person, der man gegenübersitzt, handelt es sich ja in der Tat um einen Richter oder eine Richterin. Wer »Herr Richter« sagt, müsste dann allerdings konsequenterweise auch Lehrer mit »Herr Oberstudienrat« und Metzgereiangestellte mit »Frau Fleischereifachverkäuferin« ansprechen. Wer so etwas mag, kann im nächsten Österreichurlaub ja schon mal üben.

Schließlich gibt es noch die Bezeichnung »Hohes Gericht«. Ihre Verwendung sollte allerdings den Strafverteidigern und Staatsanwälten in ihren Plädoyers vorbehalten bleiben. In anderen Zusammenhängen wirkt auch dieser Ausdruck etwas zu dick aufgetragen.

Was ist also die richtige Anrede? Sollte man den Richter vielleicht einfach mit seinem Namen ansprechen? – Nein, sicher nicht, denn das klänge wiederum zu vertraulich. Mit irgendeinem Bürger »Herr Müller« hat man es schließlich nicht zu tun. Das Gericht ist ein staatliches Organ der Rechtspflege. Auch wenn es wie beschrieben nicht gerade »Euer Ehren« sein muss, eine respektvolle Anrede sollte in jedem Fall gewählt werden.

Wer es richtig machen möchte, sollte folgende Regeln beachten: Einzelne Richter nennt man im Zweifel am besten »Herr Vorsitzender« bzw. »Frau Vorsitzende«. Sitzt man dagegen mehreren Richtern gegenüber, dann kommt dieser Titel nur dem verhandlungsleitenden Richter in der Mitte der Richterbank zu. Bei den links und rechts von ihm sitzenden Personen wird es etwas komplizierter. Sie können ganz unterschiedliche Funktionen haben. Es muss sich bei ihnen nicht einmal um Richter handeln. Wenn man genau weiß, welche Funktion sie wahrnehmen (z. B. Beisitzer, Berichterstatter, Schöffe, Referendar oder Protokollbeamter), kann man sie mit dieser Bezeichnung ansprechen. Weiß man es nicht, sollte man ganz darauf verzichten, sie mit irgendwelchen Titeln anzusprechen.

Anruf frei bei Festnahme

Irrtum:
Wer festgenommen wird, hat bei der Polizei einen Anruf frei.

Richtig ist:
Es gibt keinen Anspruch darauf, nach einer Festnahme genau ein Mal ein Telefon der Polizei für einen eigenen Anruf bei einer beliebigen Person zu nutzen.

Polizisten erleben mitunter, dass festgenommene Tatverdächtige sich selbstbewusst vor ihnen aufbauen und ihnen im Brustton der Überzeugung verkünden, dass sie über ihre Rechte ganz genau informiert seien. Sehr gerne behaupten sie zum Beispiel, dass sie auf der Polizeiwache nun genau *einen* Anruf bei einer Person ihrer Wahl frei hätten. Der Beamte möge ihnen daher jetzt auf der Stelle ein Telefon zur Verfügung stellen.

Beschuldigte mit solch profunden Kenntnissen des deutschen Strafprozessrechts werden statt eines Telefons wohl zunächst einmal eine Belehrung darüber erhalten, welche Rechte sie in Wirklichkeit haben – und welche Rechte sie vor allem *nicht* haben. Ein Beschuldigter kann nämlich keineswegs verlangen, ohne triftigen Grund irgendeine beliebige Person seiner Wahl anzurufen. Das leuchtet ein. Warum sollte man einem Straftatverdächtigen das Privileg gewähren, sich auf Staatskosten bei seiner Tante in Australien zu erkundigen, ob sie ihm Geld leihen könnte oder wie das Wetter in Melbourne ist? Hinzu kommt, dass die Polizei nach Möglichkeit verhindern muss, dass der Beschuldigte irgendwelche Komplizen anruft, um sie zu warnen. Ein Festgenommener hat daher lediglich das gesetzlich verbriefte Recht, jederzeit einen Rechtsanwalt zu Rate zu ziehen. Ein dringender Grund, die Telefone der Polizei für Anrufe bei irgendwelchen anderen Personen zu benutzen, wird dagegen meist nicht bestehen.

Ein weiteres ebenso unsinniges Gerücht ist die angebliche Regel, nach der der Beschuldigte nur ein einziges Telefonat führen darf. Welchen Sinn sollte es auch machen, einem Beschuldigten nur genau *einen* Kontaktaufnahmeversuch und auf gar keinen Fall einen zweiten zuzugestehen? Wenn es einen gewichtigen Grund dafür gibt, einem Beschuldigten ein Telefongespräch zu gestatten, dann verliert dieser Grund nicht pauschal dadurch an Wichtigkeit, dass der Verdächtige schon einen Anruf »verbraucht« hat. Wenn also zum Beispiel der langjährige Hausanwalt nicht erreichbar ist, spricht nichts dagegen, dass der Beschuldigte in einem zweiten Telefonat versucht, mit einem anderen Verteidiger Kontakt aufzunehmen.

Schließlich und endlich hat der Beschuldigte nicht unbedingt das Recht, selbst zum Telefonhörer zu greifen. Der Polizeibeamte kann für ihn die angegebene Nummer wählen und das Telefon anschließend herüberreichen. Denn so kann er zum Beispiel kontrollieren, ob der Beschuldigte tatsächlich seinen Anwalt anruft oder nicht doch einen Komplizen.

Wie so viele Irrtümer ist wohl auch der Irrglaube von dem »einen freien Anruf« durch den Konsum amerikanischer Filme und Fernsehserien zustande gekommen. Denn dort ist dieses dramatische Element bei der Darstellung von Festnahmesituationen sehr beliebt.

Die Praxis sieht jedoch auch in den USA zum Teil anders aus. Beim New York Police Department (NYPD) zum Beispiel hat ein Beschuldigter das Recht auf nicht nur einen, sondern immerhin drei Anrufe. Kostenlos sind allerdings nur Ortsgespräche. Ferngespräche außerhalb von New York muss der Festgenommene selbst bezahlen. Außerdem sollen die Telefonate auf Englisch geführt werden. Spricht der Festgenommene kein Englisch, so wird ein Übersetzer hinzugezogen, damit der Polizeibeamte versteht, was der Festgenommene sagt.

Bei Interesse siehe hierzu:
§ 136 StPO (Strafprozessordnung), »Erste Vernehmung«
§ 137 StPO, »Wahl eines Verteidigers«

Aushandeln von Strafen

Irrtum:
In einem Strafprozess können Verteidigung, Staatsanwalt und Gericht die Strafe aushandeln.

Richtig ist:
Das Aushandeln von Strafen ist in Deutschland nur in sehr engen Grenzen möglich.

In den USA sind Absprachen zwischen der Staatsanwaltschaft und den Anwälten eines Angeklagten absolut üblich. Sie laufen ungefähr nach diesem Muster ab: Der Verteidiger überbringt seinem Mandanten die Nachricht, mit welcher Bestrafung er zu rechnen hätte, wenn es zu einem langwierigen Prozess käme. Dann teilt er ihm mit, wie hoch die Strafe ausfällt, wenn er sofort gesteht und »auf schuldig plädiert« – nämlich deutlich niedriger.

Über 90% aller Verurteilungen in den USA kommen

auf diese Weise zustande. Der Angeklagte bekennt sich »freiwillig« schuldig und erhält dafür eine deutlich geringere Strafe. Zu einem komplizierten und teuren Prozess kommt es durch diesen Kuhhandel gar nicht erst.

In Deutschland kommen Absprachen zwischen Verteidigung, Staatsanwaltschaft und Gericht zwar auch vor; sie sind aber nur in engen Grenzen zulässig. So kann vereinbart werden, dass die Staatsanwaltschaft das Verfahren einstellt, wenn der Beschuldigte bestimmte Auflagen erfüllt. In Betracht kommen dabei zum Beispiel Zahlungen an gemeinnützige Organisationen oder an das Tatopfer. Es ist auch möglich, dem Angeklagten eine Strafobergrenze in Aussicht zu stellen, falls er gesteht. Viel mehr kann jedoch nicht vereinbart werden. Vor allem kann und darf das Gericht keine bestimmte Strafe zusagen. Wenn das Gericht Zweifel daran hat, dass der Angeklagte die Tat tatsächlich begangen hat, darf es sich auch nicht einfach auf dessen Geständnis verlassen.[27]

Diese gravierenden Unterschiede zum US-Rechtssystem haben folgenden Grund: In den USA ist ein Strafprozess vergleichbar mit einem Rechtsstreit zwischen Staatsanwaltschaft und Verteidigung. Der Staatsanwalt trägt belastendes Material zusammen, der Verteidiger entlastendes. Der Richter hört sich nur an, was die beiden streitenden Parteien ihm zu erzählen haben. Er selbst stellt keine eigenen Ermittlungen an. Wenn er sich ein Urteil gebildet hat, fällt eine Entscheidung – es sei denn, die Parteien einigen sich schon vorher, indem der Angeklagte auf »schuldig plädiert«. Die Schuldfrage steht also zur Disposition von Staatsanwaltschaft und Verteidigung.

In Deutschland ist dies anders. Strafrichter haben hierzulande eine viel stärkere und verantwortlichere Stellung als in den USA. Sie sind nicht nur Zuschauer eines Streits zwischen Staatsanwaltschaft und Verteidigung, sondern leiten das Gerichtsverfahren und auch die mündliche Verhandlung vielmehr selbst, denn in Deutschland muss das Gericht von sich aus klären, ob der Angeklagte schuldig ist. Es darf sich nicht – wie in den USA – mit dem Beweismaterial begnügen, das ihm die beiden Seiten präsentieren, sondern es muss bei Bedarf auch selbst Ermittlungen anstellen, um die Wahrheit herauszufinden.

Auch die Staatsanwaltschaft ist in Deutschland nicht so einseitig tätig wie in den USA. Auch sie ist zur Objektivität verpflichtet und muss sowohl belastendes als auch entlastendes Material über den Angeklagten zusammentragen und berücksichtigen.

Anders als in den USA kann ein Strafverfahren in Deutschland deshalb kein Geschäft zwischen Staatsanwaltschaft und Verteidigung werden. Es ist nicht zu Ende, wenn sich Staatsanwalt und Angeklagter einigen und beide »auf schuldig plädieren«. Aus diesem Grund gibt es hierzulande auch gar keine Plädoyers hinsichtlich der Grundfrage »schuldig oder nicht schuldig«. Denn es geht im Kern des Prozesses nicht darum, ob ein Angeklagter sich selbst für schuldig *hält* oder nicht, sondern darum, ob er auch tatsächlich schuldig *ist*.

Die Prozesse vor dem UN-Kriegsverbrechertribunal in Den Haag werden übrigens nach der angloamerikanischen Rechtstradition geführt. Als Jurist mit kontinentaleuropäischer Ausbildung verweigerte der frühere jugoslawische Diktator Slobodan Milošević eine Antwort auf die Frage des Gerichts, ob er auf »schuldig« oder »nicht schuldig« plädiere. Er entgegnete nur: »*That's your problem!*« – »Das ist Ihr Problem!« Und vor einem nationalen Gericht mit kontinentaleuropäischer Rechtstradition hätte er mit dieser Feststellung in der Tat vollkommen Recht gehabt!

Bei Interesse siehe hierzu:
§ 153 a StPO (Strafprozessordnung), »Einstellung des Verfahrens bei Erfüllung von Auflagen und Weisungen«

Aussage gegen Aussage

Irrtum:
Wenn »Aussage gegen Aussage« steht, wird der Angeklagte freigesprochen.

Richtig ist:
Der Angeklagte wird auch bei »Aussage gegen Aussage« verurteilt, wenn das Gericht ihm nicht glaubt.

In vielen Fällen gibt es für eine Straftat nur einen Zeugen, zum Beispiel das Opfer selbst. Vor Gericht steht dann »Aussage gegen Aussage«: Der Angeklagte beteuert seine Unschuld, der Zeuge belastet ihn.

Vielfach wird angenommen, dass in einer solchen Situation automatisch der Grundsatz »In dubio pro reo« (Im Zweifel für den Angeklagten) eingreift. Wenn »Aussage gegen Aussage« stehe, so glauben viele, könne man dem Angeklagten nichts nachweisen, so dass das Gericht ihn freisprechen müsse.

Träfe diese Annahme zu, dann müssten sehr viele Straftaten ungesühnt bleiben. Denn oft ist die Zeugenaussage des Opfers das einzig brauchbare Beweismittel. Im Strafprozess gilt jedoch der »Grundsatz der freien Beweiswürdigung«. Das Gericht kann und muss auch in einer Situation

»Aussage gegen Aussage« nach seiner freien Überzeugung entscheiden. Es ist nicht an starre Beweisregeln gebunden.

Wenn das Opfer den Täter also zweifelsfrei identifiziert und eine in sich schlüssige und glaubhafte Zeugenaussage macht, dann wird das Gericht dieser Aussage unter Umständen glauben, auch wenn der Angeklagte die Tat bestreitet. Ein Zweifel, der sich zugunsten des Angeklagten auswirken könnte, besteht in diesem Fall gar nicht. Das Gericht wird den Angeklagten verurteilen, obwohl »Aussage gegen Aussage« steht.

Nur wenn das Gericht wirklich Zweifel an der Täterschaft des Angeklagten hat, wird es ihn entsprechend dem Grundsatz »In dubio pro reo« freisprechen.

Bei Interesse siehe hierzu:
§ 261 StPO (Strafprozessordnung), »Freie Beweiswürdigung«

Berufung und Revision

Irrtum:
Berufung und Revision sind das Gleiche.

Richtig ist:
In der Revision werden nur Rechtsfragen geprüft, in der Berufung auch Tatsachen.

Die Begriffe Revision und Berufung werden im allgemeinen Sprachgebrauch oft synonym verwandt. Wer ausdrücken will, dass er gegen ein gerichtliches Urteil in die nächste Instanz zieht, unterscheidet in der Regel nicht zwischen Berufung und Revision. Dabei sind die Unterschiede zwischen diesen beiden Rechtsmitteln groß.

Mit der Berufung kann in der nächsthöheren Instanz noch einmal der gesamte Tatsachenstoff überprüft werden, der dem Urteil zugrunde lag. Es wird also zum Beispiel noch einmal ermittelt, was am Tatort eigentlich geschehen ist. Die Zeugen der Straftat können zu diesem Zweck erneut vernommen werden. Wenn sich diese nun sicher sind, dass der in erster Instanz verurteilte Angeklagte doch nicht der Täter ist, wird dessen Verurteilung möglicherweise aufgehoben.

In der Revision überprüft das Gericht dagegen nicht noch einmal die *tatsächlichen Umstände* der Tat. Es gibt also keine neue Beweisaufnahme. Die Zeugen können nicht noch einmal zur Tat vernommen werden. Das Gericht nimmt die Zeugenaussagen vielmehr hin und prüft lediglich, ob die Vorinstanz das *Recht* richtig angewandt hat. Wenn das erstinstanzliche Urteil auf Verfahrensfehlern beruhte oder sonstige Rechtsnormen nicht oder falsch angewandt wurden, kann das Urteil in der Revisionsinstanz aufgehoben werden.

Bei Interesse siehe hierzu:
§ 511 ZPO (Zivilprozessordnung), »Statthaftigkeit der Berufung«
§ 513 ZPO, »Berufungsgründe«
§ 337 StPO (Strafprozessordnung), »Revisionsgründe«

Bewegungsdrang bei Rechtsanwälten

Irrtum:
Rechtsanwälte laufen in Gerichtsverhandlungen ständig im Saal auf und ab.

Richtig ist:
In Deutschland bleiben Rechtsanwälte während der Verhandlung in aller Regel ruhig an ihrem Tisch sitzen.

»Keine weiteren Fragen. – Ihr Zeuge, Herr Verteidiger.« Kaum hat der Staatsanwalt diese Worte gesprochen, springt der Verteidiger des Angeklagten auf und beginnt eifrig im Gerichtssaal auf und ab zu laufen. Es ist nun an ihm, den Zeugen ins →*Kreuzverhör* zu nehmen. Mal geht er auf den Zeugen zu, lehnt sich an sein Pult und stellt ihm Auge in Auge bohrende Fragen zum Tatgeschehen. Dann wieder geht er zur Bank der →*Geschworenen*, zeigt ihnen mit großer Geste irgendwelche Beweisstücke oder startet gar eine Powerpoint-Präsentation.

Offenbar bleiben amerikanische Anwälte bei ihrer Arbeit gerne in Bewegung. Und da auch das Fernsehen lieber bewegte als stehende Bilder zeigt, ist das Showelement der im Gerichtssaal herumlaufenden Rechtsanwälte auch in deutschen Film- und Fernsehproduktionen sehr beliebt. Wie so viele Details aus dem amerikanischen (Fernseh-)Prozessalltag findet jedoch auch der Bewegungsdrang von US-Anwälten in der deutschen Gerichtsrealität kein wahrheitsgemäßes Pendant.

Deutsche Rechtsanwälte bleiben während einer Gerichtsverhandlung vielmehr in aller Regel ruhig und unspektakulär hinter ihrer Bank sitzen. Dort können sie jederzeit in ihrer Prozessakte blättern, mit ihrem Mandanten sprechen oder ihn sanft stoppen, wenn er anfängt, sich um Kopf und Kragen zu reden. Dass sie einmal aufstehen und der Gegenseite etwa ein Dokument herüberreichen, mag vorkommen. Danach setzen sie sich aber auch gleich wieder hin. Denn Anwälte haben im Allgemeinen ganz einfach keine Veranlassung, im Gerichtssaal auf und ab zu laufen.

Nur der Vollständigkeit halber sei zum Eingangsbeispiel noch gesagt, dass es in Deutschland, anders als in den USA, natürlich auch weder ein Kreuzverhör noch Geschworene und in aller Regel auch keine Powerpoint-Präsentationen gibt. Es ist jedoch nicht unwahrscheinlich, dass sich der deutsche Gerichtsalltag jedenfalls im letzten

Punkt in Zukunft der US-Praxis annähern wird. Denn technische Hilfsmittel können einen anwaltlichen Vortrag durchaus plastischer und damit wirkungsvoller machen.

Durchsuchungsbefehl nötig?

Irrtum:
Polizisten brauchen immer einen »Durchsuchungsbefehl«, wenn sie eine Wohnung durchsuchen wollen.

Richtig ist:
Bei Gefahr im Verzug kann die Polizei Wohnungen auch ohne Durchsuchungsanordnung betreten und durchsuchen.

»Haben Sie überhaupt einen Durchsuchungsbefehl?« Diesen aus Krimis bekannten Satz hören auch echte Polizisten nicht selten, wenn sie eine Wohnung durchsuchen wollen, um dort zum Beispiel nach einem flüchtigen Straftäter zu suchen. Doch brauchen sie in solchen Fällen wirklich einen »Durchsuchungsbefehl«?

Die Antwort findet sich im Grundgesetz (GG). Artikel 13 GG schützt ein wichtiges Grundrecht: die Unverletzlichkeit der Wohnung. Niemand soll befürchten müssen, dass staatliche Organe seine Wohnung ohne triftigen Grund durchsuchen. Deshalb sieht Artikel 13 GG vor, dass Durchsuchungen nur durch einen Richter angeordnet werden dürfen. Die Betonung liegt dabei auf »angeordnet«. Richter erteilen keine Befehle und daher auch keine »Durchsuchungsbefehle«, sondern »Durchsuchungsanordnungen«.

So weit ist die Rechtslage den meisten im Wesentlichen

noch bekannt. Viel weniger bekannt ist aber eine praktisch sehr bedeutsame Ausnahme von der Regel, dass nur Richter Wohnungsdurchsuchungen anordnen dürfen. Bei →*»Gefahr im Verzug«* haben auch Staatsanwaltschaft und Polizei das Recht, Wohnungen zu durchsuchen. Flieht zum Beispiel ein Bankräuber vor der Polizei in eine Wohnung, so muss die Polizei natürlich nicht erst eine richterliche Durchsuchungsanordnung beantragen, bevor sie ihn dort herausholen darf. Es liegt vielmehr »Gefahr im Verzug« vor. Denn bis der Richter die Anordnung unterschrieben hat, ist der Täter möglicherweise längst über alle Berge oder hat Maßnahmen getroffen, um seine Täterschaft zu vertuschen.

Die berühmte Frage nach dem Durchsuchungsbefehl hat in vielen Fällen also keine Berechtigung. Bei »Gefahr in Verzug« dürfen Wohnungen auch ohne richterliche Anordnung betreten und durchsucht werden.

Bei Interesse siehe hierzu:
Art. 13 GG (Grundgesetz), »Unverletzlichkeit der Wohnung«
§ 105 StPO (Strafprozessordnung), »Anordnung und Ausführung von Durchsuchungen«

Einspruch!

Irrtum:
Rechtsanwälte erheben in Gerichtsverhandlungen häufig und lautstark »Einspruch!«.

Richtig ist:
In deutschen Gerichtsverhandlungen gibt es keinen »Einspruch!«.

Rechtsanwälte in amerikanischen Krimis erheben Einspruch, wenn sie mit einer Frage an den Zeugen nicht einverstanden sind. »Einspruch, Euer Ehren!«, rufen sie dann und rügen, dass die gerade gestellte Frage nicht zulässig sei. Unzulässig sind nach amerikanischem Recht zum Beispiel Suggestivfragen oder Fragen, die nichts zur Sache tun. Der Richter antwortet in diesen Fällen dann entweder »Einspruch abgelehnt« oder »Einspruch angenommen«.

Auch in deutschen Film- und Fernsehproduktionen ist die Übersetzung des englischen »Objection, your honour« sehr beliebt. Gerne legen Drehbuchautoren diese Worte Schauspielern in den Mund, die deutsche Strafverteidiger oder Staatsanwälte darstellen. In der deutschen Gerichtsrealität gibt es ein solches prozessuales Mittel des »Einspruchs« jedoch gar nicht. Der Verteidiger hat nur die Möglichkeit, den Staatsanwalt schlicht zu unterbrechen, wenn er meint, eine Frage an den Angeklagten oder Zeugen gehöre nicht zur Sache. Dann kann auch ein deutsches Gericht solch unpassende Fragen zurückweisen. Ein Verteidiger sollte es sich allerdings gut überlegen, ob er den Staatsanwalt einfach unterbricht. Denn wenn die entsprechende Frage eindeutig zulässig ist, dann erweist er seinem Mandanten keinen Dienst, sondern verärgert durch sein Verhalten höchstens das Gericht.

Bei Interesse siehe hierzu:
§ 241 StPO (Strafprozessordnung), »Zurückweisung von Fragen«
§ 242 StPO, »Zweifel über Zulässigkeit von Fragen«

Festnahmerecht bei Straftaten

Irrtum:
Nur die Polizei hat ein Festnahmerecht.

Richtig ist:
Jedermann darf Tatverdächtige auf frischer Tat festnehmen.

Vielen Bürgern ist nicht bekannt, dass nicht nur die Polizei, sondern jedermann das Recht hat, Tatverdächtige auf frischer Tat vorläufig festzunehmen.

Wer zum Beispiel einen Ladendieb beobachtet, darf diesen – notfalls auch unter Anwendung von Gewalt – festnehmen, fesseln und einsperren, wenn nur so die Identität des Täters festgestellt werden kann oder wenn nur so verhindert werden kann, dass er flieht. Eine Strafanzeige wegen Freiheitsberaubung oder Nötigung muss in einem solchen Fall nicht befürchtet werden. Eine anschließende körperliche Durchsuchung zur Identitätsfeststellung darf allerdings nur die Polizei vornehmen. Sie sollte in jedem Fall so schnell wie möglich informiert werden.

Das Festnahmerecht für jedermann gilt jedoch nur, wenn der Täter auf frischer Tat ertappt oder verfolgt wird. Es ist daher nicht erlaubt, den Taschendieb festzunehmen, den man ein Jahr nach der Tat zufällig in der Straßenbahn wieder trifft. Denn der Diebstahl ist dann nicht mehr »frisch«. Der Bestohlene hätte in einem solchen Fall nur die Möglichkeit, den Täter zu verfolgen und die Polizei zu alarmieren.

Bei Interesse siehe hierzu:
§ 127 StPO (Strafprozessordnung), »Vorläufige Festnahme«

Gefahr im Verzug

Irrtum:
»Gefahr im Verzug« bedeutet so viel wie »Gefahr im Anzug«.

Richtig ist:
»Gefahr im Verzug« ist die Gefahr, die droht, wenn weiterer Verzug eintritt.

Der juristische Fachterminus »Gefahr im Verzug« wird umgangssprachlich im Allgemeinen falsch verwendet. Die meisten verstehen den Satz »Es ist Gefahr im Verzug« in etwa gleichbedeutend mit: »Gefahr ist im Anzug« oder: »Gefahr zieht heran«.

Tatsächlich ist mit »Gefahr im Verzug« jedoch die Gefahr gemeint, die im (zeitlichen) Verzug begründet liegt. Einfacher ausgedrückt: Wenn noch mehr Zeit verstreicht und nicht sofort gehandelt wird, besteht die Gefahr eines unmittelbar bevorstehenden Schadenseintritts. Bei Gefahr im Verzug darf die Polizei zum Beispiel auch ohne richterliche Anordnung Wohnungen durchsuchen oder Gegenstände beschlagnahmen (→*Durchsuchungsbefehl*). Ist also beispielsweise zu befürchten, dass der geflohene Bankräuber in seiner Wohnung Beweismittel vernichtet, darf sie die Wohnung sofort stürmen und durchsuchen. Sie muss nicht erst eine richterliche Anordnung einholen, wenn dies zu viel Zeit beanspruchen würde.

Bei Interesse siehe hierzu z. B.:
§ 98 StPO (Strafprozessordnung), »Anordnung der Beschlagnahme«
§ 104 StPO, »Nächtliche Hausdurchsuchung«

Geschworene

Irrtum:
Im Strafprozess gibt es Geschworene.

Richtig ist:
Geschworene gab es in Deutschland nur zwischen 1848 und 1924.

Zu den großen Klassikern der Filmgeschichte gehört sicher der Hollywoodstreifen »Die 12 Geschworenen« mit dem jungen Henry Fonda in der Hauptrolle. 12 Männer müssen einstimmig darüber befinden, ob der Angeklagte von einem amerikanischen Gericht des Mordes an seinem Vater schuldig zu sprechen ist. Nachdem zunächst alle außer Fonda für »schuldig« sind, kippt einer nach dem anderen um, bis schließlich das einstimmige Urteil »nicht schuldig« lautet.

Wer von einem Strafprozess vor einem deutschen Schwurgericht ähnlich dramatische Szenen erwartet, wird enttäuscht werden. Schwurgerichte gibt es zwar noch: Sie sind zuständig für die Verhandlung von Kapitalverbrechen wie Mord, Totschlag, Körperverletzung mit Todesfolge oder Geiselnahme mit Todesfolge. Der Name »Schwurgericht« ist heute jedoch etwas irreführend. Denn »Geschworene« findet man dort heute nicht mehr.

Zwischen 1848 und 1924 gab es an deutschen Schwurgerichten, ähnlich wie in England und den USA, tatsächlich einmal Geschworene. Sie allein hatten über die Schuld des Angeklagten zu befinden. Auch heute wirken in vielen Strafprozessen – nicht nur bei einem Schwurgericht – immer noch Laienrichter mit. Diese heißen jedoch Schöffen und können nicht mehr unabhängig von einem oder mehreren Berufsrichtern über Schuld oder Unschuld des Angeklagten entscheiden. Anders als die 12 Geschworenen sitzen sie dafür nicht nur als passive Zuschauer im Gerichtssaal, sondern haben grundsätzlich die gleichen Rechte wie Berufsrichter. Sie können dem Angeklagten zum Beispiel Fragen stellen und so die Verhandlung aktiv mitgestalten.

Bei Interesse siehe hierzu:
§ 30 GVG (Gerichtsverfassungsgesetz), »Befugnisse der Schöffen«
§ 240 Abs.2 StPO (Strafprozessordnung), »Fragerecht«

Hammer auf dem Richterpult

Irrtum:
Richter haben einen Hammer, mit dem sie auf ihr Pult schlagen.

Richtig ist:
»Richterhämmer« sind in Deutschland nicht üblich.

In amerikanischen Filmen haben Richter immer einen kleinen Holzhammer, mit dem sie auf ihr Pult schlagen und Dinge rufen wie: »Ruhe – oder ich lasse den Saal räumen!«

Selbst in deutschen Gerichtsshows konnte man vereinzelt Richter sehen, die sich dieses Utensils bedienten. Die effektvollen Hämmerchen dürften ihnen wohl von ihrer jeweiligen Fernseh-Produktionsfirma aufgenötigt worden sein. Denn dass sie auch in ihrem wirklichen Leben als echte Richter in echten Gerichtssälen mit Hämmern auf Richterbänke einschlagen, darf bezweifelt werden.

Handwerker und Auktionatoren mögen hierzulande Hämmer benutzen. »Richterhämmer« dagegen sind zwar sicherlich eine sehr praktische Erfindung. In Deutschland sind sie aber genauso wenig üblich wie etwa hölzerne Namensschildchen am Richterpult – ein weiteres, zweifellos ebenso nützliches Detail, das sich die Macher deutscher Gerichtsshows aus amerikanischen Kriminalfilmen abgeguckt haben. Da wirkt es geradezu tröstlich, dass man wenigstens noch nicht auf die Idee gekommen ist, deutschen Fernsehrichtern lange weiße Lockenperücken aufzusetzen.

Der Hammer von Fernsehrichterin Barbara Salesch wurde mittlerweile übrigens für einen guten Zweck versteigert.[28] Ein neues Hämmerchen hat sie danach offenbar nicht wieder angefordert.

Kreuzverhör

Irrtum:
Zeugen müssen vor Gericht ins Kreuzverhör zwischen Staatsanwalt und Verteidigung.

Richtig ist:
Kreuzverhöre kommen in deutschen Strafprozessen praktisch nicht vor.

Ein weiteres beliebtes Showelement, das sich deutsche Drehbuchautoren gern aus amerikanischen Filmen abgucken, ist das »Kreuzverhör« im Strafprozess: Der Zeuge wird nacheinander von Staatsanwalt und Verteidigung verhört. Dabei versucht in der Regel eine der beiden Seiten, ihn in Widersprüche zu verwickeln und so seine Glaubwürdigkeit zu erschüttern.

Wer in die deutsche Strafprozessordnung blickt, wird einen § 239 StPO finden, der die Möglichkeit von Kreuzverhören auch in deutschen Strafprozessen vorsieht. In der Praxis hat sich diese Vorschrift jedoch nicht durchgesetzt. Kreuzverhöre kommen im deutschen Prozessalltag nicht vor. Sie passen schlicht nicht in die Struktur des deutschen Strafprozesses.[29] Denn anders als in den USA sind Strafprozesse in Deutschland keine Auseinandersetzung zwischen Staatsanwaltschaft und Verteidigung (→*Aushandeln von Strafen*). Die Prozessleitung liegt vielmehr allein beim Richter. Er hört den Prozessbeteiligten nicht nur passiv zu, sondern muss selbst herausfinden, ob der Angeklagte schuldig ist oder nicht. Deshalb ist auch die Zeugenvernehmung in Deutschland Sache des Gerichts.

In der Praxis kommt es höchstens vor, dass Staatsanwaltschaft und Verteidigung dem Zeugen nach der Vernehmung durch den Richter auch noch einige Fragen stellen dürfen. Ein regelrechtes Kreuzverhör gibt es dagegen nicht. Und Zeugen unter 16 Jahren dürfen nur ausnahmsweise von Staatsanwaltschaft oder Verteidigung direkt befragt werden. In der Regel müssen diese ihre Fragen dem Gericht mitteilen, der Richter selbst stellt sie dann dem minderjährigen Zeugen.

Bei Interesse siehe hierzu:
§ 239 StPO (Strafprozessordnung), »Kreuzverhör«
§ 241 a StPO, »Vernehmung von Zeugen«

Miranda-Warnung

Irrtum:
Wer verhaftet wird, dem muss der Polizist seine verfassungsgemäßen Rechte vorlesen.

Richtig ist:
Die so genannte Miranda-Warnung gibt es nur in den USA.

Jeder kennt diese Szene aus unzähligen amerikanischen Filmen: Der Verbrecher liegt auf dem Kofferraumdeckel des Fluchtautos, und der Polizist, der ihm gerade die Handschellen anlegt, betet ihm seine verfassungsmäßigen Rechte vor – die so genannte Miranda-Warnung:

> *»Sie haben das Recht, zu schweigen. Alles, was Sie sagen, kann und wird vor Gericht gegen Sie verwendet werden. Sie haben das Recht, mit einem Rechtsanwalt zu sprechen und einen Rechtsanwalt zu jeder Befragung hinzuzuziehen. Wenn Sie sich keinen Rechtsanwalt leisten können, wird Ihnen ein Rechtsanwalt auf Staatskosten gestellt. Haben Sie verstanden?«*

Weil diese Szene so schön effektvoll ist, kann man manchmal auch in deutschen Krimis erleben, wie Polizisten einen Festgenommenen darüber aufklären, dass alles, was er nun sage, vor Gericht gegen ihn verwendet werden könne. Wer jedoch im wahren Leben schon einmal festgenommen wurde, wird enttäuscht festgestellt haben, dass man als Tatverdächtiger hierzulande keine derart spektakuläre Show geboten bekommt.

Auch deutsche Polizisten müssen einen Tatverdächtigen über seine Rechte belehren, bevor sie ihn das erste Mal vernehmen. Sie müssen ihm sagen, welche Tat ihm zur Last gelegt wird; dass es ihm freisteht, ob er sich zu der Sache äußert, und dass er einen Strafverteidiger hinzuziehen darf. Da die Vernehmung aber in der Regel erst auf der Wache stattfindet, besteht kein Grund, ihn hierüber schon bei der Festnahme aufzuklären. Auch lesen deutsche Polizisten dem Beschuldigten nicht irgendeinen standardisierten Spruch nach Art der Miranda-Warnung vor. Sie haben vielmehr die Freiheit, mit welchen Worten sie ihn belehren.

In den USA wird die Miranda-Warnung dagegen seit 1966 jedem Tatverdächtigen vor der Festnahme in meist sehr ähnlichem Wortlaut vorgetragen. Sie ist benannt nach Ernesto Miranda, einem mexikanischen Einwanderer, der im Jahre 1963 wegen der Entführung und Vergewaltigung einer jungen Frau festgenommen wurde. Er gestand das Verbrechen in der polizeilichen Vernehmung, ohne dass man ihm zuvor gesagt hatte, dass er schweigen und einen Rechtsanwalt kontaktieren dürfe. Ernesto Miranda wurde aufgrund seines Geständnisses von einem Gericht in Phoenix/Arizona zu 20 Jahren Gefängnis verurteilt.

Mirandas Strafverteidiger zog gegen dieses Urteil bis vor das höchste Gericht der USA, das US Supreme Court. Er war der Auffassung, das Geständnis seines Mandanten hätte vor Gericht nicht verwertet werden dürfen. Denn – so argumentierte er – alle verfassungsmäßigen Rechte nützten einem Bürger nichts, wenn er sie nicht kenne und nicht auf sie hingewiesen werde. Das Supreme Court sah es genauso. Im Jahre 1966 hob es die Verurteilung auf und verwies den Fall zur erneuten Verhandlung zurück an die erste Instanz.

Dort durfte das Geständnis nicht mehr als Beweismittel für die Verurteilung verwertet werden. Viel genützt hat dies dem Angeklagten letztlich allerdings nicht. Denn er hatte unvorsichtigerweise seiner Exfreundin von der Tat erzählt. Aufgrund ihrer Zeugenaussage und anderer Beweismittel verurteilte ihn das Gericht erneut – diesmal zu einer 11-jährigen Gefängnisstrafe.

Ernesto Miranda wurde 1972 auf Bewährung entlassen und vier Jahre später in einer Bar im Streit erstochen. Die Polizei las dem mutmaßlichen Täter selbstverständlich die Miranda-Warnung vor. Der Verdächtige entschied sich daraufhin, zu dem Tatvorwurf zu schweigen. Da man ihm die Tat ohne Geständnis nicht nachweisen konnte, musste er wieder auf freien Fuß gesetzt werden. Weder er noch irgendjemand anders wurde jemals wegen der Tötung von Ernesto Miranda verurteilt.

Bei Interesse siehe hierzu:
§ 136 StPO (Strafprozessordnung), »Erste Vernehmung«

Pflichtverteidiger

Irrtum:
Wer sich keinen Strafverteidiger leisten kann, bekommt einen Pflichtverteidiger.

Richtig ist:
Ob einem Beschuldigten ein Pflichtverteidiger gestellt wird oder nicht, hängt nicht davon ab, ob er sich einen Wahlverteidiger leisten könnte.

Vielfach wird angenommen, dass jeder Beschuldigte in einem Strafverfahren einen Pflichtverteidiger gestellt bekommt, wenn er kein Geld für einen eigenen Anwalt hat. Diese Vermutung ist gleich in zweierlei Hinsicht falsch:

Zum Ersten ist es völlig gleichgültig, ob ein Beschuldigter sich einen Verteidiger leisten kann oder nicht. Auch Multimillionäre erhalten einen Pflichtverteidiger, wenn sie – aus welchen Gründen auch immer – selbst keinen Anwalt beauftragen und ein Fall der so genannten notwendigen Verteidigung vorliegt.

Umgekehrt haben selbst vollkommen mittellose Beschuldigte nur dann Anspruch auf einen Pflichtverteidiger, wenn ein Fall der »notwendigen Verteidigung« gegeben ist.

Eine »notwendige Verteidigung« liegt zum Beispiel vor, wenn dem Beschuldigten nicht nur ein *Vergehen,* sondern ein härter zu bestrafendes *Verbrechen* vorgeworfen wird. Auch wenn wegen der Tat ein Berufsverbot auf dem Spiel steht oder der Beschuldigte zur Begutachtung in der Psychiatrie untergebracht werden soll, muss ein Pflichtverteidiger bestellt werden. In anderen Fällen, in denen der Beschuldigte sich nicht selbst verteidigen kann, steht es im Ermessen des Gerichts, ob ein Pflichtverteidiger bestellt wird oder nicht.

Einen Pflichtverteidiger bekommt also nicht derjenige, der sich keinen Verteidiger nach seiner Wahl leisten kann, sondern derjenige, der ihn wirklich braucht, weil für ihn im Strafverfahren eine Menge auf dem Spiel steht. Wer zum ersten Mal in seinem Leben wegen wiederholter Beförderungserschleichung (→*Schwarzfahren strafbar?*) angeklagt wird, braucht sich deshalb in aller Regel keine Hoffnung auf einen kostenlosen Pflichtverteidiger machen – auch wenn er noch so verarmt ist.

Bei Interesse siehe hierzu:
§ 140 StPO (Strafprozessordnung), »Notwendige Verteidigung«
§ 141 StPO, »Bestellung eines Verteidigers«

Polizeimütze und hoheitliche Befugnisse

Irrtum:
Ohne ihre Mütze sind Polizisten nicht im Dienst und haben keine hoheitlichen Befugnisse.

Richtig ist:
Polizisten dürfen ohne Mütze genauso viel wie mit Mütze.

Vermeintlich besonders gut informierte Bürger belehren Polizeibeamte mitunter darüber, dass sie ihnen keine Vorschriften machen dürften, solange sie nicht ihre Polizeimütze trügen. Denn ohne Mütze seien sie nicht im Dienst.

Natürlich ist das blanker Unsinn. Der Staat verleiht polizeiliche Befugnisse an Beamte und nicht an deren Mützen. Ob ein Polizist seine Mütze trägt oder nicht, ist daher völlig gleichgültig. Er hat mit oder ohne Kopfbedeckung immer die gleichen Rechte.

Wie die Legende von der Polizeimütze als Träger hoheitlicher Befugnisse entstanden ist, lässt sich nur schwer klären. Soweit ersichtlich, gab es in der deutschen Rechtsgeschichte niemals eine Regelung, wonach Polizisten ohne ihre Mütze rechtlos sind. Möglicherweise ist auch dieses Gerücht aus den USA übernommen worden. Ein Verkehrssünder aus Ohio ist jedenfalls einmal auf die Idee gekommen, gerichtlich gegen einen Strafzettel wegen zu schnellen Fahrens vorzugehen mit der Begründung, der Verkehrspolizist habe keine Mütze und damit keine ordnungsgemäße Uniform getragen. Zwar sind amerikanische Verkehrspolizisten aus Sicherheitsgründen tatsächlich angehalten, im Dienst eine klar erkennbare Uniform zu tragen. Aber auch ohne Mütze sind sie immer noch unschwer als solche zu erkennen. Der Temposünder blieb mit seiner Klage daher erfolglos. Er musste den Strafzettel bezahlen.[30]

Zeugenaussagen und ihr Wert

Irrtum:
Zeugenaussagen von Verwandten sind nichts wert und man braucht drei Zeugen, um die Aussage eines Polizisten aufzuwiegen.

Richtig ist:
Zeugenaussagen werden nicht pauschal nach der Person des Zeugen bewertet.

Häufig wird angenommen, die Zeugenaussage der Ehefrau auf dem Beifahrersitz nach einem Unfall sei nichts wert. Denn es sei mit Sicherheit anzunehmen, dass sie zugunsten ihres Mannes lügen werde. Und manche denken, um die Aussage eines Polizeibeamten aufzuwiegen, brauche man mindestens drei Zeugenaussagen von »normalsterblichen« Bürgern. Ansonsten habe man von vornherein keine Chance.

Natürlich ist es nicht so, dass der Wert einer Zeugenaussage von pauschalen Kriterien abhängt, wie zum Beispiel dem Verwandtschaftsgrad zu einer der Prozessparteien oder gar der beruflichen Stellung des Zeugen. Denn weshalb sollten Aussagen von Verwandten von vornherein weniger glaubwürdig sein als Aussagen anderer Zeugen? Auch Verwandte sind schließlich verpflichtet, als Zeugen vor Gericht die Wahrheit zu sagen. Tun sie es nicht, machen sie sich genauso strafbar wie jeder andere lügende Zeuge auch. Und selbstverständlich gibt es auch keinen Grund, der Aussage eines Polizeibeamten grundsätzlich dreimal mehr Glauben zu schenken als der Aussage eines Nichtpolizisten. Denn ein Mensch gewinnt durch seine Aufnahme in den Polizeidienst nicht automatisch eine höhere Glaubwürdigkeit, schon gar keine exakt dreimal höhere.

Vor Gericht gilt der »Grundsatz der freien Beweiswürdigung«. Der Richter ist nicht an irgendwelche formalen Rechenspielchen gebunden. Er kann und muss sich sein Urteil vielmehr unter Berücksichtigung des gesamten Inhalts der Gerichtsverhandlung bilden.

Dazu gehört, dass er die Zeugen nicht von vornherein in vorgefertigte Schubladen einsortiert, sondern sich jeden Einzelfall genau ansieht. Und im Einzelfall kann es natürlich auch einmal vorkommen, dass ein Polizist einen glaubwürdigeren Eindruck macht als andere Zeugen. Wenn die Gattin des Unfallverursachers zum Beispiel ständig und offensichtlich darum bemüht ist, ihren Mann reinzuwaschen, dann wird der Richter eher dazu neigen, der Aussage eines Polizisten zu glauben, der das Geschehen ebenfalls beobachtet hat und es viel neutraler schildert. Ein Automatismus ist das aber keineswegs. Wenn die Ehefrau eine in sich stimmige, neutrale Aussage macht, dann kann es genauso gut sein, dass der Richter nicht dem Polizisten glaubt, sondern ihr.

Bei Interesse siehe hierzu:
§ 286 ZPO (Zivilprozessordnung), »Freie Beweiswürdigung«
§ 261 StPO (Strafprozessordnung), »Freie Beweiswürdigung«

Zeugnisverweigerungsrecht

Irrtum:
Zeugenaussagen sind freiwillig. Man muss sich seine Zeugen daher suchen.

Richtig ist:
Zeugen müssen vor Gericht aussagen, sofern sie kein Zeugnisverweigerungsrecht haben.

Wenn ein Unfall passiert ist, werden die umstehenden Zeugen von den Beteiligten oft höflich gefragt, ob sie gegebenenfalls bereit wären, in einem späteren Verfahren auszusagen, was sie gesehen haben. Denn fälschlich gehen viele davon aus, Zeugenaussagen seien eine freiwillige Angelegenheit.

Solange lediglich die Polizei den Zeugen befragt, trifft dies sogar weitgehend zu. Denn gegenüber der Polizei muss man in der Regel nur Name, Geburtsdatum, Geburtsort, Wohnort und Staatsangehörigkeit angeben. Weitere Aussagen darf man in den meisten Fällen verweigern.

Vor Gericht sieht es jedoch schon ganz anders aus. Jede Partei in einem Gerichtsverfahren kann beantragen, dass bestimmte Personen als Zeugen gehört werden. Wenn das Gericht dem Antrag folgt und den Zeugen vor Gericht lädt, dann muss er dort auch erscheinen und eine vollständige und wahrheitsgemäße Zeugenaussage machen. Nur wer sich auf ein Aussage- oder Zeugnisverweigerungsrecht berufen kann, darf schweigen. Das gilt in Zivilprozessen genauso wie in Strafprozessen.

Ein Zeugnisverweigerungsrecht hat zum Beispiel, wer mit einer der Parteien verwandt oder verschwägert ist. Die übliche Frage des Richters vor einer Zeugenbefragung: »Sind Sie mit einer der Parteien verwandt oder verschwägert?« ist wohl jedem geläufig. Wer sie bejaht, wird vom Gericht belehrt, dass er nicht verpflichtet ist, eine Zeugenaussage zu machen.

Zeugnisverweigerungsrechte bestehen außerdem für bestimmte Berufsgruppen. Bei Ärzten und Rechtsanwälten gilt dies zum Beispiel für Patienten- bzw. Mandantengeheimnisse.

Außerdem darf man die Aussage verweigern, wenn man sich oder einen nahen Angehörigen ansonsten der Gefahr aussetzen würde, wegen einer Straftat oder Ordnungswidrigkeit verfolgt zu werden.

Für unser Beispiel mit dem Verkehrsunfall bedeutet all das: Es ist zwar sicher höflicher, einen Unfallzeugen freundlich darum zu bitten, sich für eine Zeugenaussage bereitzuhalten; in den meisten Fällen wird man auch nur so überhaupt seinen Namen und seine Adresse ermitteln können. Rechtlich notwendig ist das Einverständnis des Zeugen jedoch nicht. Jeder, der einen Beitrag zur Aufklärung des Unfalls leisten kann, muss vor Gericht erscheinen, wenn eine der Prozessparteien dies beantragt und das Gericht ihn lädt. Der Zeuge kann die Aussage nur verweigern, wenn eine der oben genannten Ausnahmen vorliegt.

Bei Interesse siehe hierzu:
§ 383 ZPO (Zivilprozessordnung), »Zeugnisverweigerung aus persönlichen Gründen«

§ 384 ZPO, »Zeugnisverweigerung aus sachlichen Gründen«
§ 52 StPO (Strafprozessordnung), »Zeugnisverweigerungsrecht aus persönlichen Gründen«
§ 53 StPO, »Zeugnisverweigerungsrecht aus beruflichen Gründen«
§ 55 StPO, »Aussageverweigerungsrecht«
Polizeigesetze der Länder, z. B. § 9 PolG NW, »Befragung, Auskunftspflicht«

Medien und geistiges Eigentum

Firmennamenschutz

Irrtum:
Wenn die Industrie- und Handelskammer einen neuen Firmennamen geprüft und für zulässig erklärt hat, darf man ihn benutzen.

Richtig ist:
Auch wenn die IHK einen Firmennamen für zulässig erklärt, ist er in vielen Fällen unzulässig.

Bevor ein neues Unternehmen ins Handelsregister eingetragen werden kann, prüft die örtliche Industrie- und Handelskammer (IHK) auf Antrag, ob der Firmenname zulässig ist. Nachdem die IHK den Namen freigegeben hat und die Firma ins Handelsregister eingetragen wurde, müssen viele Unternehmen dennoch unangenehme Erfahrungen wie diese machen:

Eines Tages – unter Umständen noch Jahre nach der Firmengründung – flattert plötzlich eine Abmahnung ins Haus. Absender ist ein fremdes Unternehmen, das einen ähnlichen Namen hat oder über eine ähnliche Markeneintragung verfügt. Das abgemahnte Unternehmen wird aufgefordert, die Verwendung des bisherigen Firmennamens sofort einzustellen. Außerdem soll es die Kosten des anwaltlichen Abmahnschreibens (nicht selten 1000 bis 2000 Euro) übernehmen und sich zur Zahlung von Schadensersatz und hohen Vertragsstrafen verpflichten.

Falls der abgemahnte Unternehmer diese »Unterlassungs- und Verpflichtungserklärung« nicht vollständig abgibt, ist es möglich, dass ihm innerhalb weniger Tage eine einstweilige Verfügung zugestellt wird. Darin wird ihm die weitere Nutzung des Firmennamens mit sofortiger Wirkung gerichtlich verboten.

Das Unternehmen ist dann gezwungen, sich innerhalb kürzester Zeit einen neuen Firmennamen, neues Briefpapier, neue Visitenkarten, neue Domainnamen und einen neuen Internetauftritt zu verschaffen. Produkte, auf die der alte Firmenname aufgedruckt ist, dürfen nicht mehr verkauft werden. Der neue Firmenname muss im Markt erst wieder bekannt gemacht werden.

Das geschilderte Szenario ist kein unrealistisches Schreckensgemälde, sondern ein ganz alltäglicher Fall vor deutschen Gerichten. Als Anwalt für Markenrecht hört man immer wieder die Klagen abgemahnter Unternehmen, die sich wundern, weshalb sie ihren Firmennamen nicht weiter benutzen dürfen, obwohl die IHK ihn doch freigegeben hatte. Diese Unternehmen übersehen, dass die IHK die Zulässigkeit des Firmennamens nur sehr eingeschränkt prüft. Die IHK sucht ausschließlich nach identischen Firmennamen im gleichen IHK-Bezirk. Sie prüft dagegen *keine*

- lediglich ähnlichen Namen;
- verwechslungsfähigen Markeneintragungen;
- Firmennamen in anderen IHK-Bezirken;
- Verstöße gegen das Markengesetz und das UWG (Gesetz gegen den unlauteren Wettbewerb) durch den gewählten Namen.

Obwohl die IHK darauf hinweist, dass ihre Zulässigkeitsprüfungen nicht im Entferntesten ausreichen, laufen vor allem junge Unternehmen immer wieder in diese Falle. Besonders beliebt ist bei ihnen der entschuldigende Hinweis, dass sie natürlich auch selbst über Internetsuchmaschinen recherchiert hätten, ob es die gewünschte Bezeichnung nicht schon gäbe. Dabei sei ihnen aber nichts aufgefallen.

Das mag sein und dafür gibt es auch zwei ganz einfache Erklärungen: Erstens findet man mit Google & Co. bei weitem nicht alle problematischen fremden Kennzeichnungen; zweitens ist ein Laie meist überhaupt nicht in der Lage, zu beurteilen, welche Titel, Marken-, Firmen- oder Domainnamen ihm Ärger machen könnten.

Auf das Markenrecht spezialisierte Anwälte benötigen umfangreiche Datenbanken, Software und vor allem viel Erfahrung, um problematische Kennzeichnungen Dritter aufzuspüren. Sie können den Firmengründer auch beraten, wie er seinen eigenen Firmennamen am wirkungsvollsten schützt. Denn jeder Unternehmer hat natürlich auch umgekehrt ein Interesse daran, dass seine eigenen Firmennamenrechte nicht eines Tages von anderen verletzt werden.

Wer ein Unternehmen gründet, dem sei daher dringend empfohlen, die geplanten Firmen- und Produktbezeichnungen rechtlich überprüfen zu lassen. Möglicherweise erspart er sich so viel Zeit, Ärger und Geld.

Bei Interesse siehe hierzu:
§ 18 HGB (Handelsgesetzbuch), »Firma des Kaufmanns«
§ 30 HGB, »Unterscheidbarkeit«
§ 14 MarkenG (Markengesetz), »Ausschließliches Recht des Inhabers einer Marke«
§ 15 MarkenG, »Ausschließliches Recht des Inhabers einer geschäftlichen Bezeichnung«

§ 1 UWG (Gesetz gegen den unlauteren Wettbewerb), »Generalklausel«
§ 3 UWG, »Irreführende Angaben«

GEZ und ihre Rechte

Irrtum:
Die GEZ darf in Wohnungen nach nicht angemeldeten Fernsehern und Radios suchen.

Richtig ist:
GEZ-Mitarbeiter dürfen gegen den Willen der Bewohner keine Wohnungen betreten.

Die Gebühreneinzugszentrale der öffentlich-rechtlichen Rundfunkanstalten in Köln, kurz GEZ, umranken viele Gerüchte. Viele halten die Herrschaften, die an Haustüren klingeln und sich nach nicht angemeldeten Radios und Fernsehern erkundigen, für eine Art Ersatzpolizisten, die bei Bedarf jederzeit das Recht haben, Wohnungen nach solchen Geräten zu durchsuchen. Einschüchternde »Werbe«-Spots der GEZ unterstützen diese Fehlvorstellungen geradezu.

Die wirklichen Rechte der GEZ bzw. der Landesrundfunkanstalten, für die sie arbeitet, sind klar geregelt: Solange aus Sicht der GEZ keinerlei Anhaltspunkte dafür vorliegen, dass jemand ein Radio oder einen Fernseher besitzt, hat sie bzw. die zuständige Landesrundfunkanstalt überhaupt keine Rechte gegenüber dem Bürger. Er darf sämtliche Briefe der GEZ ignorieren und muss natürlich auch keine GEZ-Kontrolleure in seine Wohnung lassen.

Etwas anders verhält es sich, wenn tatsächliche Hinweise dafür vorliegen, dass jemand ein nicht angemeldetes Radio- oder Fernsehgerät besitzt. In diesem Fall hat die Landesrundfunkanstalt einen Auskunftsanspruch gegen den Betreffenden und sogar gegen alle weiteren Personen, die mit ihm zusammenleben. Die Auskunft kann durch Zwangsgelder erzwungen werden. Auch bei den zuständigen Meldebehörden kann die Landesrundfunkanstalt unter bestimmten Umständen Auskünfte über den möglichen »Schwarzseher« einholen. Sie kann Auskunft über alle Tatsachen verlangen, die die Gebührenpflicht betreffen. Bei Abmeldung eines Rundfunkgerätes können die Landesrundfunkanstalten zusätzlich verlangen, dass ihnen der Grund der Abmeldung (zum Beispiel Haushaltsauflösung) genannt wird.

Ein fiktives Beispiel soll die Rechte der GEZ und die Pflichten der Verbraucher demonstrieren: Herr Schmitz aus Köln hat keinen Fernseher angemeldet. Solange der GEZ keine Anhaltspunkte dafür vorliegen, dass er ein Fernsehgerät besitzt, braucht er nichts zu befürchten. Eines Tages nimmt Herr Schmitz jedoch an einem Telefonquiz einer *WDR*-Fernsehsendung teil. Ein gut informierter GEZ-Mitarbeiter besucht Herrn Schmitz kurz darauf »zufällig« im Auftrag des *WDR* als der zuständigen Landesrundfunkanstalt. Vor dem Haus quillen Fernsehzeitschriften aus einem Mülleimer. Auf dem Deckel des Mülleimers steht »Schmitz, 3. Stock«. Aus Schmitzens Wohnung ertönt laut und vernehmlich die Titelmelodie der Tagesschau. Herr Schmitz bestreitet gegenüber dem misstrauisch gewordenen GEZ-Mann nichtsdestotrotz, einen Fernseher zu besitzen oder jemals besessen zu haben, und lässt ihn nicht in die Wohnung.

Und das ist sein gutes Recht! Denn der GEZ-Mitarbeiter hat grundsätzlich die gleichen Rechte (nämlich gar keine) wie jeder andere Passant, der an fremden Türen klingelt, nach unangemeldeten Fernsehern fragt und allen Ernstes auch noch Einlass in die Wohnung verlangt, um überprüfen zu können, ob die Antwort stimmt.

Der GEZ-Mann hat also keinen Anspruch darauf, die Wohnung nach einem nicht angemeldeten Fernseher zu durchsuchen. Er kann lediglich dem *WDR* die Beobachtungen schildern, die er gemacht hat. Der *WDR* kann nun seinerseits genauere Auskünfte darüber verlangen, wie sich die Feststellungen des GEZ-Außendienstmitarbeiters erklären lassen. Herr Schmitz ist verpflichtet, diese Anfrage wahrheitsgemäß zu beantworten. Denn man wird nicht bestreiten können, dass gewisse »tatsächliche Anhaltspunkte« dafür vorliegen, dass er einen unangemeldeten Fernseher besitzt. Wenn Herr Schmitz die Anfrage wahrheitswidrig beantwortet, macht er sich wegen Betrugs oder versuchten Betrugs strafbar. Der *WDR* könnte Strafanzeige erstatten, und es könnte – jedenfalls theoretisch – ein richterlicher Durchsuchungsbeschluss für die Wohnung von Herrn Schmitz ergehen. In der Praxis kommt es nach Auskunft von Ermittlungsrichtern jedoch so gut wie nie vor, dass die Durchsuchung der Wohnung eines möglichen Rundfunkgebührenbetrügers überhaupt beantragt wird.

Die rechtlichen Möglichkeiten der GEZ, unangemeldeten Fernsehern und Radios auf die Spur zu kommen, sind also sehr gering. Und auch mit einem Ammenmärchen, das sich seit Jahrzehnten hartnäckig hält, sollte ein für alle Mal aufgeräumt werden: Die GEZ besitzt natürlich *keine* Peilwagen, mit denen sie unangemeldete Fernseher und Radios aufspüren kann. Peilwagen gibt es und jeder hat sie vermutlich schon einmal gesehen. Sie gehören jedoch nicht der GEZ, sondern der Regulierungsbehörde für Telekommunikation und Post (RegTP). Und sie haben auch nicht die Aufgabe, unangemeldete Rundfunkgeräte aufzuspüren, sondern Störquellen, die Funkstörungen verursachen.

Bei Interesse siehe hierzu:
§ 3 RGebStV (Rundfunkgebührenstaatsvertrag), »Anzeigepflicht«
§ 4 RGebStV, »Beginn und Ende der Gebührenpflicht, Zahlungsweise, Auskunftsrecht«
§ 263 StGB (Strafgesetzbuch), »Betrug«

Haftungsausschluss für Links

Irrtum:
Wer einen Haftungsausschluss (Disclaimer) benutzt, muss nicht für die Inhalte verlinkter Internetseiten haften.

Richtig ist:
Es gibt keinen umfassenden Schutz durch die im Internet üblichen Standard-Disclaimer.

Ein ebenso beliebter wie sinnfreier »Haftungsausschluss«-Text, den irgendjemand einmal zusammengebastelt und ins Internet gestellt hat und den seitdem alle voneinander abschreiben, lautet etwa so:

> *»Das Landgericht Hamburg hat mit Urteil vom 12. 05. 1998 entschieden, dass man durch die Anbringung eines Links die Inhalte der gelinkten Seite mit zu*

> *verantworten hat. Dies kann laut LG Hamburg nur dadurch verhindert werden, dass man sich ausdrücklich von diesen Inhalten distanziert. Wir distanzieren uns ausdrücklich von allen Inhalten aller gelinkten Seiten auf dieser gesamten Website.«*

Vermutlich hunderttausende deutscher Internetseitenbetreiber hoffen, durch diesen pseudo-juristischen Spruch einer Haftung für jegliche Inhalte verlinkter Internetseiten zu entgehen. Dabei hat das Landgericht Hamburg in dem viel zitierten Urteil vom 12. 05. 1998 einen ganz ähnlichen Spruch gerade für *nicht* ausreichend betrachtet und den Website-Betreiber *trotz* seines Disclaimers verurteilt.

Zwar ist die Rechtsprechung zur Frage der Haftung für Links noch in Bewegung. Auch eine umfassende gesetzliche Regelung fehlt noch. Klar ist jedoch, dass man sich nicht durch einen simplen Standardtext wie den oben abgedruckten von jeglicher Haftung zum Beispiel für rechtswidrige Inhalte verlinkter Seiten distanzieren kann. Ein Disclaimer ist also kein allmächtiges »virtuelles Amulett«, das einen Website-Betreiber vor den bösen Konsequenzen beispielsweise einer ins Netz gestellten politisch extremistischen oder kinderpornographischen Linksammlung schützen kann.

Was aber kann man dann tun, um einer Haftung für seine Linksammlung zu entgehen? Man sollte auf jeden Fall folgende Regeln beachten:

- Internetseiten mit rechtlich problematischen Inhalten nicht verlinken bzw. den Link sofort entfernen, wenn man von den Inhalten erfährt.
- Jeglichen Anschein vermeiden, dass man sich die Inhalte der verlinkten Seiten zu Eigen macht.

- Frame Linking (das Öffnen von Inhalten fremder Seiten in einem Rahmen auf der eigenen Website) vermeiden.
- Gegebenenfalls auf der eigenen Internetseite dezidiert begründen, warum man sich von bestimmten konkret benannten Inhalten einer bestimmten verlinkten Website ausdrücklich distanziert.

In Zweifelsfällen sollte man auf problematische Links entweder ganz verzichten oder sich Rat dazu einholen, wie der Internetauftritt rechtlich unbedenklich gestaltet werden kann. Diese Empfehlung gilt übrigens ganz generell. Denn vor allem auf gewerblichen Internetseiten lauern noch zahlreiche weitere Haftungsrisiken, die teure Abmahnungen nach sich ziehen können.

Bei Interesse siehe hierzu:
§ 8 TDG (Teledienstegesetz), »Verantwortlichkeit – Allgemeine Grundsätze«
§ 11 TDG, »Speicherung von Informationen«

Ideenschutz

Irrtum:
Ideen kann man sich schützen lassen.

Richtig ist:
Eine Idee an sich ist grundsätzlich frei.

Anwälte für das »Recht des geistigen Eigentums« werden häufig mit Anfragen von Mandanten konfrontiert, die sich »eine Idee schützen lassen« wollen. Dieser Wunsch ist verständlich. Er ist jedoch nicht ganz so einfach umzusetzen. Denn grundsätzlich gilt: Die Gedanken sind frei und Ideen sind rechtlich nicht zu schützen! Ideen – auch gute Geschäftsideen – können nicht ohne weiteres monopolisiert werden. Denn Wettbewerb funktioniert nur dann, wenn Ideen von anderen aufgegriffen und weiter verbessert werden können.

Von diesem Grundsatz gibt es nur zwei echte Ausnahmen: Patente und Gebrauchsmuster. Neue technische Ideen können als Erfindung unter bestimmten Voraussetzungen patentiert oder als Gebrauchsmuster geschützt werden – aber eben nur *technische* Ideen, die außerdem eine bestimmte, so genannte Erfindungshöhe erreichen müssen. Simple, nahe liegende Weiterentwicklungen von schon bekannten Erfindungen können ebenso wenig geschützt werden wie nichttechnische Ideen. Patente und Gebrauchsmuster sind aber auch die einzigen Rechte, die tatsächlich eine Idee an sich schützen. Ansonsten können nur bestimmte konkrete Ausdrucksformen von Ideen rechtlichen Schutz genießen. Das gilt zum Beispiel für Designs oder urheberrechtlich geschützte Werke wie Musik- oder Theaterstücke. Es gilt außerdem für Titel, Firmennamen oder Produktmarken, die man sich für bestimmte Waren und Dienstleistungen amtlich schützen lassen kann.

Der beste Ideenschutz ist jedoch immer noch strikte Geheimhaltung. Die Idee an sich oder das für ihre Umsetzung nötige Know-how sollten so lange und so umfassend wie möglich vertraulich behandelt werden. Hierbei helfen zum Beispiel Geheimhaltungsvereinbarungen mit Personen oder Firmen, denen man gewisse Informationen offenbaren muss.

Ein fiktives Beispiel soll zeigen, wie ein junges Unternehmen sich vor Nachahmern schützen kann: Zwei Journalisten haben eine Geschäftsidee. Sie gründen in verschiedenen deutschen Städten reine Lokalredaktionen. Die dort entstehenden Nachrichten verkaufen sie an große überregionale Tageszeitungen, die nicht überall in Deutschland Lokalredaktionen unterhalten können. Auf diese Weise soll man zum Beispiel in Bonn zukünftig eine überregionale Zeitung abonnieren können, die dennoch einen Bonner Lokalteil hat. Das Unternehmen nennen sie »ALN« (Agentur für lokale Nachrichten).

Die Geschäftsidee der beiden Unternehmer beruht nicht auf einer technischen Erfindung. Sie können sie also nicht patentieren lassen. Jeder andere darf daher ebenfalls eine Agentur gründen, die Lokalnachrichten herausbringt. Ein Schutz der Geschäftsidee an sich ist nicht möglich.

Um ihren Wettbewerbsvorsprung zu halten, sollten die beiden ihre Geschäftsidee also vor allem geheim halten. Vertrauliche Geschäftsunterlagen sollten sie als vertraulich kennzeichnen und Geheimhaltungsvereinbarungen mit Personen und Unternehmen schließen, mit denen sie zusammenarbeiten.

Außerdem sollten sie sich beim Deutschen Patent- und Markenamt eine Marke »ALN« für verschiedene Waren und Dienstleistungen eintragen lassen. Mit dieser Marke schützen sie den Namen ihres Unternehmens und der von ihnen angebotenen Produkte in ganz Deutschland. Kein Trittbrettfahrer darf dann in anderen Städten eine ähnliche Agentur mit gleichem oder ähnlichem Namen gründen.

Bei Interesse siehe hierzu:
§ 1 PatG (Patentgesetz), »Voraussetzungen der Erteilung«
§ 1 GebrMG (Gebrauchsmustergesetz), »Schutz als Gebrauchsmuster«

§ 1 MarkenG (Markengesetz), »Geschützte Marken und sonstige Kennzeichen«
§ 2 UrhG (Urheberrechtsgesetz), »Geschützte Werke«
§ 1 UWG (Gesetz gegen den unlauteren Wettbewerb), »Generalklausel«
§ 3 UWG, »Irreführende Angaben«
§ 17 UWG, »Verrat von Geschäfts- oder Betriebsgeheimnissen«
§ 18 UWG, »Verwertung von Vorlagen«

Index

Irrtum:
Bücher und Filme, die auf dem Index stehen, sind verboten.

Richtig ist:
Indizierte Medien dürfen legal verkauft werden, es sei denn, ihre Verbreitung erfüllt außerdem einen Straftatbestand.

Der Film steht auf dem Index. Und deshalb ist er verboten. In etwa so stellt sich wohl die Mehrheit der Bevölkerung die Folgen einer Indizierung vor.

In Wirklichkeit ist es jedoch grundsätzlich vollkommen legal, ein Buch, einen Film oder ein Computerspiel anzubieten oder zu vertreiben, das auf dem so genannten Index steht. Die Indizierung kann die Verbreitung eines bestimmten Mediums nicht völlig verbieten.

Welchen Zweck erfüllt der Index dann? Der Index ist eine Liste, die bei der Bundesprüfstelle für jugendgefährdende Medien geführt wird. Sie enthält Materialien, die zum Beispiel pornographische oder Gewalt verherrlichende Inhalte haben. Um sicherzustellen, dass sie Kindern und Jugendlichen nicht in die Hände fallen, werden die problematischen Filme, Hefte oder Spiele indiziert. Dies hat zur Folge, dass sie Kindern und Jugendlichen nicht zugänglich gemacht werden dürfen. Indizierte Medien dürfen außerdem nur sehr eingeschränkt beworben und nicht im Versandhandel vertrieben werden. Wer gegen diese Jugendschutzbestimmungen verstößt, macht sich strafbar.

Was auf dem Index steht, ist also nicht generell verboten, sondern darf lediglich Kindern und Jugendlichen nicht zugänglich gemacht werden. Die Abgabe an Erwachsene ist dagegen erlaubt, es sei denn, die Inhalte erfüllen gleichzeitig auch Straftatbestände. Das ist unter anderem bei volksverhetzenden, kriegsverherrlichenden oder kinderpornographischen Medien der Fall. Wer solche verbreitet, kann damit rechnen, dass gegen ihn eine Geld- oder Haftstrafe verhängt wird.

Bei Interesse siehe hierzu:
§ 15 JuSchG (Jugendschutzgesetz), »Jugendgefährdende Trägermedien«
§ 86 Abs. 1 und 2 StGB (Strafgesetzbuch), »Verbreiten von Propagandamitteln verfassungswidriger Organisationen«
§ 86a StGB, »Verwenden von Kennzeichen verfassungswidriger Organisationen«
§ 130 StGB, »Volksverhetzung«
§ 131 Abs. 1 StGB, »Gewaltdarstellung«
§ 184 StGB, »Verbreitung pornographischer Schriften«

Internet und geistiges Eigentum

Irrtum:
Inhalte, die frei zugänglich ins Internet gestellt werden, dürfen benutzt und kopiert werden.

Richtig ist:
Das Urheberrecht gilt auch im Internet.

Es ist so einfach: Man entdeckt beim Surfen im Internet einen Text, ein Logo oder ein Foto, das einem gefällt, klickt ein paar Mal mit der Maustaste, und schon ist das fremde Werk kopiert. Man kann es nun ohne weiteres auf der eigenen Internetseite verwenden oder sonst nach Belieben nutzen.

So stellen es sich jedenfalls zahlreiche Internetnutzer vor. Und genau so geschieht es auch massenhaft. Denn aus irgendeinem Grund glauben viele, was im Internet für jeden zugänglich ist, könne auch frei kopiert werden. Doch diese Vorstellung ist falsch. Das Internet ist kein rechtsfreier Raum. Auch hier gilt das Urheberrecht.

Urheberrechtlich geschützt sein können zum Beispiel Texte, Musikstücke, Fotografien, Gemälde und selbst technische Zeichnungen, Pläne, Karten oder Tabellen. Etwas anderes gilt nur, wenn diese Werke – vereinfacht ausgedrückt – allzu banal sind. Dann betrachtet sie das Gesetz nicht als so genannte persönliche geistige Schöpfungen und gewährt keinen Urheberrechtsschutz. Für ein simples Allerweltsgraffiti oder einen Einkaufszettel wird der »Maler« bzw. der »Autor« zum Beispiel keinen Urheberrechtsschutz erlangen.

Ein Beispiel soll zeigen, welche Probleme man sich mit Urheberrechtsverletzungen im Internet einhandeln kann:

Eine Pension möchte auf ihrer Internetseite den Gästen eine Anfahrtsskizze zur Verfügung stellen. Der Inhaber stößt im Internet auf eine passende, originell gestaltete Karte seines Ortes. Mit wenigen Mausklicks hat er sie gespeichert und in die Internetseite der Pension integriert.

Aber selbstverständlich *darf* er sie dort nicht ohne Zustimmung des Kartenzeichners oder des sonstigen Rechteinhabers verwenden. Denn sie ist originell genug, um als eine »persönliche geistige Schöpfung« zu gelten. Sie genießt deshalb urheberrechtlichen Schutz. Wenn die Pension sie dennoch nutzt, muss sie damit rechnen, dass der Rechteinhaber ihr eine Abmahnung schickt. Die Pension muss dann entweder für den Abdruck der Karte zahlen oder sie sofort aus dem Netz nehmen. Außerdem muss sie die Anwaltskosten des Abmahnenden übernehmen.

Auch für Vorlagen aus dem Internet gilt also: Wer auf fremde Texte, Bilder, Logos oder sonstige geistigen Leistungen zurückgreifen will, sollte die Erlaubnis des Berechtigten einholen oder sicherstellen, dass er keine rechtlich geschützten Vorlagen verwendet. Das gilt vor allem, wenn er die Vorlagen für geschäftliche Zwecke nutzen will.

Bei Interesse siehe hierzu:
§ 2 UrhG (Urheberrechtsgesetz), »Geschützte Werke«

Internetdomain-Grabbing

Irrtum:
Wer sich eine Domain als Erster sichert, dem gehört sie.

Richtig ist:
»Domaingrabbing« kann fremde Rechte verletzen.

Besonders in den Kindertagen des Internets galt »Domain-Grabbing« als eine einfache Methode, schnell an viel Geld zu kommen. Mancher sicherte sich gleich hunderte von Domainnamen, die die Namen fremder Firmen, Marken oder Prominenter beinhalteten. Anschließend wurden diese Domains dann den potentiellen Interessenten zum Kauf angeboten. Es ging das Gerücht um, das Internet sei ein »rechtsfreier Raum«, alles sei dort erlaubt.

Durch zahlreiche, zum Teil Aufsehen erregende Prozesse um Domains ist vielen Menschen mittlerweile klar geworden, dass Domain-Grabbing fremde Rechte verletzen kann. Die anwaltliche Praxis zeigt jedoch, dass diese Tatsache noch nicht bis zu allen vorgedrungen ist. Denn nach wie vor sind Domainstreitigkeiten in Deutschland an der Tagesordnung. Immer noch glauben viele Leute, bei Domains gelte stets das Prinzip: »Wer zuerst kommt, mahlt zuerst.« Das stimmt jedoch nur sehr begrenzt.

Wer eine Domain registriert, sollte vorher sehr gründlich recherchieren lassen, ob er durch die Registrierung nicht fremde Rechte verletzt. Das kann zum Beispiel der Fall sein, wenn in der Domain der Name oder die Marke einer fremden Person oder Firma enthalten ist. Ein sehr bekannt gewordenes Beispiel soll zeigen, wie problematisch Domainregistrierungen sein können:

Ein Herr Shell erwarb von einem Unternehmen die Domain »shell.de«. Der deutschen Tochtergesellschaft des Mineralölunternehmens Shell gefiel das nicht. Sie klagte auf Übertragung der Domain an sie. Der Bundesgerichtshof entschied, dass der beklagte Herr Shell tatsächlich verpflichtet war, auf die Domain zu verzichten. Seine eigenen Rechte an dem Nachnamen Shell halfen ihm nichts. Die Domain »shell.de« gehört heute der Deutschen Shell GmbH.

Wer sich nicht sicher ist, ob er eine bestimmte Domain registrieren und vor allem für gewerbliche Zwecke nutzen darf, sollte also vorsichtshalber anwaltlichen Rat einholen. Auf Markenrecht spezialisierte Anwälte haben die Erfahrung und die Recherchemöglichkeiten, um Konflikte mit fremden Marken- und Namensrechtsinhabern von vornherein zu vermeiden.

Bei Interesse siehe hierzu:
§ 14 MarkenG (Markengesetz), »Ausschließliches Recht des Inhabers einer Marke«
§ 15 MarkenG, »Ausschließliches Recht des Inhabers einer geschäftlichen Bezeichnung«
§ 12 BGB (Bürgerliches Gesetzbuch), »Namensrecht«
§ 1 UWG (Gesetz gegen den unlauteren Wettbewerb), »Generalklausel«

Musikplagiat

Irrtum:
Man darf eine gewisse Anzahl von Noten, Takten oder Sekunden eines Musikstückes kopieren, ohne dass man eine Urheberrechtsverletzung begeht.

Richtig ist:
Ob Urheberrechte an einem Musikwerk verletzt werden, lässt sich nicht an der Anzahl der übernommenen Noten, Takte oder Sekunden festmachen, sondern an der Erkennbarkeit der übernommenen Melodie.

Selbst professionelle Musiker glauben häufig, dass sie eine bestimmte, gesetzlich festgelegte Anzahl von Noten, Takten oder Sekunden eines fremden Musikstückes ohne Einwilligung des Urhebers kopieren dürfen. Eine pauschale Vorgabe, wonach beispielsweise bis zu acht Noten, zwei Takte oder drei Sekunden einer Melodie stets übernommen werden dürfen, gibt es jedoch nicht. Wenn eine solche Regelung auch dem verständlichen allgemeinen Bedürfnis nach eindeutigen und einfach handhabbaren Regelungen entspräche, wäre sie dennoch unsinnig. Denn sie müsste die besonderen Umstände eines jeden Einzelfalles unberücksichtigt lassen.

Das Gesetz sieht deshalb keine starren Grenzen vor. Es fragt – sehr viel allgemeiner – danach, ob dem neueren Musikstück eine erkennbare Melodie eines anderen Werkes zugrunde liegt. Die übernommenen Tonfolgen müssen außerdem urheberrechtsschutzfähig sein, sie dürfen also nicht so banal sein, dass sie nicht mehr als so genannte »persönliche geistige Schöpfung« angesehen werden können.

Ein Beispiel soll zeigen, wie diese Grundsätze in der Praxis umgesetzt werden: Der Bundesgerichtshof hatte im Jahre 1988 darüber zu entscheiden, ob die Refrainmelodie des Stückes »Fantasy« Urheberrechte an dem älteren Titel »Wie ein Kind« verletzte. Nach Transponierung in dieselbe Tonart (e-Moll) hatten die beiden Stücke folgendes Notenbild:

»Wie ein Kind«
(Musik: Berd Plato; Quelle: BGH GRUR 1988, 810 – Fantasy)

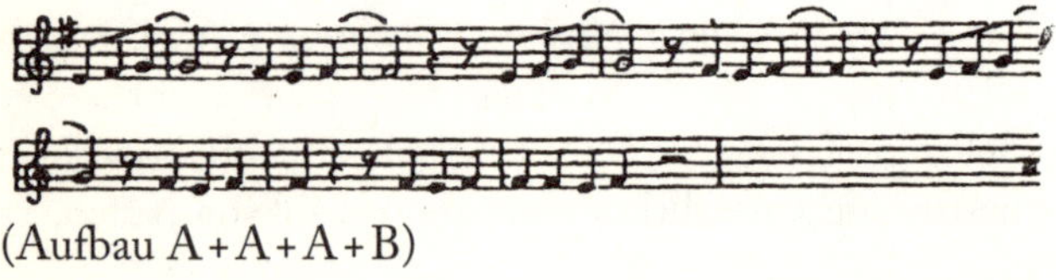

(Aufbau A + A + A + B)

»Fantasy«
(Musik: White/del Barrio; Quelle: BGH GRUR 1988, 810 – Fantasy)

(Aufbau A + A + A' + B)

Das Gericht verneinte zunächst die Urheberrechtsschutzfähigkeit des *isolierten* Motivs A, dessen Anfang in beiden Stücken vorkommt. Es folgte dem Gutachten eines Musiksachverständigen. Darin hieß es, das Motiv A enthalte eine Tonfolge einfachster Art, die sich in dem engen Bereich von drei Tönen bewege, mit der »Allerweltsfloskel« einer aufsteigenden Terz beginne und bei der das Ausklingen auf der Sekunde sich dem Hörer fast aufdränge. Gleiches gelte für die rhythmische Struktur (zweimal vorgezogene Betonung auf dem letzten Achtel eines Taktes, so genannter Off-Beat). Auch dies gehöre zum musikalischen Allgemeingut. Erst durch die zweimalige Wiederholung des Motivs A und den sich anschließenden Schlussteil B kam nach der Entscheidung des Gerichts der Tonfolge *insgesamt* der Charakter einer schutzfähigen Melodie zu.

Das Gericht verneinte allerdings eine Urheberrechtsverletzung. Denn die in beiden Titeln enthaltene Terz zu Beginn des Motivs A allein war nicht schutzfähig. Sie musste also außer Betracht bleiben. Und die übrigen Übereinstimmungen in Notenbild und Höreindruck reichten nach Auffassung des Bundesgerichtshofs nicht aus, um von der Entnahme einer erkennbaren Melodie sprechen zu können.[23] Die Unterlassungs- und Schadensersatzklage der Rechteinhaber an »Wie ein Kind« wurde daher abgewiesen.

Bei Interesse siehe hierzu:
§ 2 Abs. 2 UrhG (Urheberrechtsgesetz), »Geschützte Werke«
§ 24 UrhG, »Freie Benutzung«

Schleichwerbung

Irrtum:
Gäste einer Fernsehsendung dürfen keine Produkt- und Firmennamen nennen, weil das verbotene Schleichwerbung wäre.

Richtig ist:
Gäste von Fernsehsendungen dürfen aus eigenem Antrieb so viele Produkt- und Firmennamen nennen, wie sie wollen.

Schleichwerbung im Fernsehen ist verboten. Dieser Umstand hat sich so weit herumgesprochen, dass viele Gäste von Fernsehsendungen es ängstlich vermeiden, vor der Kamera irgendwelche Produkt- oder Firmennamen zu nennen. Denn das wäre schließlich – so glauben sie jedenfalls – verbotene Schleichwerbung. Rutscht ihnen dennoch heraus, dass sie bei BMW arbeiten und am liebsten Nutella auf ihr Brötchen schmieren, bekommen sie oft ein schlechtes Gewissen: »Oje, den Namen hätte ich jetzt gar nicht sagen dürfen, oder?« Der Moderator glaubt dann in der Regel, die Situation retten zu müssen, indem er die Zuschauer mit einer wahllosen Aufzählung anderer Markennamen nervt: »Es gibt natürlich auch noch Mercedes,

Porsche, Opel, Nutoka und Nusspli und das sind auch alles ganz hervorragende Autos und Nussnougat-Cremes.«

Die spontanen Äußerungen von Gästen in Fernsehsendungen sind selbstverständlich *keine* verbotene Schleichwerbung. Für die Moderatoren besteht deshalb auch kein Anlass, die Situation zu »retten«. Denn Schleichwerbung liegt nur vor, wenn sie

> *»vom Veranstalter (der Sendung) absichtlich zu Werbezwecken vorgesehen ist und die Allgemeinheit hinsichtlich des eigentlichen Zwecks dieser Erwähnung oder Darstellung irreführen kann.«*[24]

Wenn jedoch der Gast einer Fernsehsendung von sich aus irgendwelche Marken- oder Firmennamen erwähnt, dann ist in der Regel bereits offensichtlich, dass diese Nennung nicht vom Veranstalter der Sendung ausging. Weder die Sendungsmacher und schon gar nicht der Gast können wegen der »Werbung« also belangt werden.

Auch der Autor dieses Buches darf an dieser Stelle natürlich straflos erwähnen, dass er gerne BMW fährt und seit über 25 Jahren täglich Nutella isst. Den Verkauf von BMWs und Nutella dürfte er durch dieses Bekenntnis allerdings realistischerweise ebenso wenig ankurbeln wie irgendein Kandidat, der irgendeinem Moderator in irgendeiner Quizsendung erzählt, wo er arbeitet und was er gerne frühstückt.

Bei Interesse siehe hierzu:
§ 2 Abs. 2 Nr. 6 RStV (Rundfunkstaatsvertrag), »Begriffsbestimmungen, Schleichwerbung«
§ 7 Abs. 6 RStV, »Inhalte von Werbung und Teleshopping«

Schutz von Marken

Irrtum:
Wer sich als Erster einen Namen als Marke schützen lässt, hat bessere Rechte an diesem Namen als jeder andere.

Richtig ist:
Markenrechte sind nicht stärker als andere Rechte an einem Namen.

Es schien so einfach zu sein: Nur wenige Stunden nach dem Tod von Prinzessin Diana kam der erste »findige« Geschäftsmann auf die Idee, ihren Namen als Marke anzumelden. Andere folgten seinem Beispiel und meldeten eine Vielzahl von Marken an, die auf Prinzessin Diana Bezug nahmen. Sie alle wollten sich das exklusive Recht sichern, z.B. Unterhosen, Seife oder Parfüm unter der Marke »Lady Di« verkaufen zu dürfen.

Es hat zweifellos viele Vorteile, wenn man seinen Firmen- oder Produktnamen als Marke schützen lässt. Aber die verbreitete Vorstellung, man habe einen Namen vollkommen sicher, wenn er einmal als Marke registriert ist, ist falsch. Selbst wer als Erster auf die Idee kommt, eine bestimmte Bezeichnung als Marke schützen zu lassen, muss damit rechnen, dass die Marke wieder gelöscht wird. Denn es ist immer möglich, dass jemand anderes ältere Rechte an dieser Bezeichnung hat. Ältere Firmen-, Personen- oder Produktnamen können einer jüngeren Markenanmeldung selbst dann vorgehen, wenn sie nicht als Marke eingetragen sind. Diese Erfahrung mussten auch schon viele der Lady-Di-Marken-Besitzer machen. Die meisten Marken, die sich auf Prinzessin Diana bezogen, sind mittlerweile aus dem Register des Deutschen Patent- und Markenamtes gelöscht.

Wer eine Marke anmelden will, sollte daher auf jeden Fall gründlich recherchieren lassen, ob die Marke nicht Rechte Dritter verletzt. Auf Markenrecht spezialisierte Anwälte können dabei helfen, teure Abmahnungen durch ältere Rechteinhaber zu vermeiden.

Bei Interesse siehe hierzu:
§ 9 MarkenG (Markengesetz), »Angemeldete oder eingetragene Marken als relative Schutzhindernissse«
§ 50 Abs. 1 MarkenG, »Nichtigkeit wegen absoluter Schutzhindernisse«
§ 51 Abs. 1 MarkenG, »Nichtigkeit wegen des Bestehens älterer Rechte«

Urheberrechtsvermerk ©

Irrtum:
Ohne den Urheberrechtsvermerk mit dem Copyright-Zeichen © ist ein Werk nicht urheberrechtlich geschützt.

Richtig ist:
Urheberrechtsschutz entsteht unabhängig von Förmlichkeiten wie dem Urheberrechtsvermerk ©.

© 2004 by Ullstein Buchverlage GmbH – der Urheberrechtsvermerk vorne in diesem Buch zeigt an, wer die urheberrechtlichen Nutzungsrechte an dem Werk innehat und wann es zum ersten Mal veröffentlicht wurde. Auch unter anderen Texten, Bildern, Fotos, Noten von Musikstücken oder Internetauftritten kann man das hochgestellte kleine C im Kreis häufig sehen. Was bedeutet dieses Zeichen eigentlich und welchen Zweck erfüllt es?

Viele glauben, man müsse diesen Vermerk unter Werke setzen, an denen man Urheberrechte geltend macht. Wenn man es nicht tue, dürfe jeder das Werk frei kopieren. Doch diese Vorstellung ist falsch. Urheberrechtlicher Schutz zum Beispiel an einem Sprach-, Musik-, Film- oder Kunstwerk besteht auch ohne solche juristischen Reviermarken. Schon im Moment der Schöpfung eines Werkes ist es davor geschützt, unbefugt kopiert oder verbreitet zu werden. Es muss nicht veröffentlicht und nicht in ein öffentliches Register eingetragen sein, es muss auch keinen ©-Vermerk tragen. Der Urheberrechtsschutz am vorliegenden Buch entstand also ganz von allein in dem Moment, in dem der Autor es fertig stellte.

Anders als in fast allen anderen Ländern der Welt war der ©-Vermerk früher allerdings notwendige Voraussetzung, um Urheberrechtsschutz in den USA zu erlangen. Nur aus diesem Grund hat sich dieses Zeichen international durchgesetzt. Denn ein deutscher oder französischer Urheber war natürlich daran interessiert, dass sein Werk auch in den USA Schutz genießt. 1989 traten die USA endlich einem internationalen Abkommen bei und näherten ihr Urheberrecht dem der übrigen Welt etwas an. Seither ist das ©-Zeichen auch in den USA nicht mehr Voraussetzung für das Entstehen von Urheberrechtsschutz. Dennoch wird es nach wie vor – zum Beispiel auch im Impressum dieses Buches – verwendet. Hauptgrund dafür dürfte sein, dass das »schon immer so war«. Denn die Vorteile, die das Zeichen bringt, sind sehr begrenzt.

In erster Linie erleichtert das ©-Zeichen auch heute noch die praktische Durchsetzung von Urheberrechten in den USA.[25] Außerdem bringt es auch in Deutschland gewisse Beweiserleichterungen mit sich. Denn derjenige, der auf einem Werk als Urheber genannt ist, gilt bis zum Beweis des Gegenteils als dessen Urheber. Dabei ist es jedoch nicht zwingend vorgeschrieben, gerade das ©-Zeichen zur Urheberkennung zu verwenden. Es würde genauso ausreichen, den Namen des Urhebers ganz einfach unter die Überschrift eines Textes zu setzen.

Zwar ist der ©-Vermerk heute also nicht mehr unbedingt notwendig, völlig unnütz ist er jedoch auch nicht, vor allem dann nicht, wenn man sein Werk auch in den USA verbreiten will. Auf jeden Fall kann er nicht schaden. Und da er sich über die Jahrzehnte auch in Deutschland eingebürgert hat, wird es ihn wohl weiterhin geben.

Bei Interesse siehe hierzu:
§ 2 UrhG (Urheberrechtsgesetz), »Geschützte Werke«
§ 10 UrhG, »Vermutung der Urheberschaft«
§ 107 UrhG, »Unzulässiges Anbringen der Urheberbezeichnung«

Mieterrechte

Grillen auf dem Balkon

Irrtum:
Im Sommer darf man einmal pro Monat auf dem Balkon grillen, ohne dass die Nachbarn etwas dagegen unternehmen können.

Richtig ist:
Es gibt keine Regel, die das Grillen auf dem Balkon erlaubt, obwohl es die Nachbarn unzumutbar belästigt.

Grillen auf dem Balkon ist ähnlich wie →*Partylärm* einer der absoluten Klassiker unter den Nachbarrechtsstreitigkeiten. Und genau wie im Falle des Partylärms hält sich hartnäckig das Gerücht, dass Nachbarn jegliche Belästigungen im Zusammenhang mit solchen Grillabenden einmal im Monat (wahlweise auch ein- oder dreimal im Jahr – hier gibt es regionale Unterschiede in der Legendenbildung) zu dulden haben, egal wie viel Rauch dabei in ihr Schlafzimmer zieht.

Sosehr es zu wünschen ist, dass man ab und zu auf dem Balkon ungestört grillen darf: Das Immissionsschutzrecht verbietet nach wie vor erhebliche Belästigungen durch konzentrierten Rauch, der vom Grill direkt in die Schlaf- oder Wohnräume des Nachbarn zieht. Für wen es unzumutbar würde, das Fenster zu öffnen,[31] der kann in der Tat verlangen, dass man auf ihn Rücksicht nimmt. Und zwar das ganze Jahr über und ohne Ausnahme.

Weniger extreme Belästigungen durch Grillrauch müssen Nachbarn dagegen mittlerweile hinnehmen. Das gilt vor allem in dicht besiedelten Wohngebieten. Man kann es den Menschen, die dort leben, nicht mehr vollständig verbieten, im Freien zu grillen, selbst wenn die Nachbarn unvermeidlicherweise hiervon betroffen werden. Denn Grillen auf Balkonen und in Gärten wird mehr und mehr sozialüblich. Ein generelles Grillverbot verstieße nach einigen Gerichtsentscheidungen sogar gegen das Grundrecht auf freie Entfaltung der Persönlichkeit.

Wer also mitten in der Stadt wohnt, muss sich in jeder Hinsicht ein etwas dickeres Fell zulegen. Er kann nicht erwarten, so ruhig und ungestört zu leben wie auf dem Land. Zwar müssen die Grillfreunde Rücksicht auf ihre Nachbarn nehmen (siehe oben). Doch Rücksichtnahme ist keine Einbahnstraße. Sie bedeutet auch, anderen ihre Freiheiten zu lassen – einschließlich der Freiheit, ab und zu einen schönen Grillabend mit Freunden auf dem Balkon der innerstädtischen Etagenwohnung zu genießen.

Bei Interesse siehe hierzu:
§ 906 BGB (Bürgerliches Gesetzbuch), »Zuführung unwägbarer Stoffe«
Verschiedene immissionsschutzrechtliche Bestimmungen der einzelnen Bundesländer (soweit diese existieren), z.B. § 7 Abs. 1 LImSchG NW (Landesimmissionsschutzgesetz NRW), »Verbrennen im Freien«

Kaution »abwohnen«

Irrtum:
Die Mietkaution darf man am Ende der Mietzeit »abwohnen«.

Richtig ist:
Die Miete muss bis zum Ende der Mietzeit vollständig bezahlt werden.

Das »Abwohnen« der Mietkaution am Ende der Mietzeit ist sehr beliebt. Oft stellen Mieter zwei oder drei Monate vor Vertragsende einfach die Mietzahlungen ein und »verrechnen« sie mit der Kaution. Der Vermieter, so glauben sie, könne nichts dagegen haben, denn schließlich ist die Kaution ja dazu da, die Mietzahlungen abzusichern.

Wer so denkt, übersieht, dass die Mietkaution einen weitergehenden Zweck hat: Sie sichert *sämtliche* Ansprüche ab, die der Vermieter gegen den Mieter hat. Dazu gehören nicht nur die monatlichen Mietzahlungen, sondern zum Beispiel auch der Anspruch auf Nachzahlung von Nebenkosten. Möglicherweise stellt sich nach dem Auszug des Mieters auch heraus, dass er in der Wohnung Schäden angerichtet hat, die er ersetzen muss. Vielleicht hat er auch Schönheitsreparaturen unterlassen, die er nach dem Mietvertrag hätte vornehmen müssen. In all diesen Fällen hat der Vermieter das Recht, sich aus der Mietkaution zu bedienen.

Ob der Mieter Nebenkosten nachzahlen muss, die Wohnung beschädigt hat oder Schönheitsreparaturen unterlassen hat, zeigt sich in der Regel erst nach Ende des Mietverhältnisses. Der Vermieter hat also ein Interesse daran, dass er auch dann noch auf die Kaution zurückgreifen kann. Aus diesem Grund darf der Mieter die Kaution nicht »abwohnen«. Er muss die Miete bis zum letzten Tag des Mietverhältnisses zahlen. Erst dann wird abgerechnet und festgestellt, ob der Vermieter noch Ansprüche gegen den Mieter hat. Wer die Mietzahlungen schon vorher einstellt, riskiert, dass der Vermieter einen gerichtlichen Mahnbescheid beantragt, der für den Mieter mit zusätzlichen Kosten verbunden sein kann.

Bei Interesse siehe hierzu:
§ 551 BGB (Bürgerliches Gesetzbuch), »Begrenzung und Anlage von Mietsicherheiten«
§ 566 a BGB, »Mietsicherheit«

Kündigung von möblierten Mietwohnungen

Irrtum:
Möblierte Mietwohnungen kann der Vermieter leichter kündigen.

Richtig ist:
Für möblierte Wohnungen gelten die gleichen Kündigungsregeln wie für alle anderen Wohnungen.

In früheren Jahrzehnten war es nicht üblich, dass jeder junge Mensch, der sein Elternhaus verließ, gleich eine komplette eigene Wohnung bezog. Aus alten Filmen kennt man noch die typische Studentenbude fern der elterlichen Heimat, in der Regel ein möbliertes Zimmer in der Wohnung einer gestrengen Vermieterin, die je nach Geschlecht des Mieters jeden Damen- oder Herrenbesuch nach 22.00 Uhr strikt untersagte.

Wer als Einzelperson in solchen möblierten Zimmern wohnt, kann leichter gekündigt werden als andere Mieter. Der Vermieter braucht keinen Kündigungsgrund und kann das Zimmer spätestens am 15. eines Monats zum Ablauf desselben Monats kündigen. Denn es ist einem Mieter, der keine eigenen Möbel hat und daher ohne weiteres umziehen kann, zuzumuten, dass er sich schnell eine neue Bleibe sucht, wenn der Vermieter nicht mehr mit ihm in derselben Wohnung zusammenleben möchte.

Bei einigen Vermietern hat sich aus irgendeinem Grund jedoch der unauslöschliche Irrglaube festgesetzt, dass *jeder* möblierte Wohnraum leicht gekündigt werden kann. Selbst heute findet man deshalb immer noch Vermieter, die einige Alibimöbel in die zu vermietende Wohnung stellen in der Hoffnung, dass sie den Mieter bei Bedarf dann schneller wieder vor die Tür setzen können. In der Regel inserieren sie in der örtlichen Tageszeitung mit Chiffreanzeigen und Texten wie: »Möbliertes Appartement an ruhige, allein stehende Dame ab 40 zu vermieten. Keine Haustiere.«

Die erleichterten Kündigungsmöglichkeiten galten und gelten jedoch immer nur für Zimmer in der Wohnung des Vermieters. Ob eine in sich abgeschlossene Wohnung vom Vermieter möbliert wird oder nicht, spielt für seine Kündigungsmöglichkeiten keine Rolle. Auch die allein stehenden Damen ab 40 sollten ihre Wohnung daher selbst einrichten dürfen. Der Vermieter hat keinen Vorteil davon, wenn er ihnen irgendwelche alten Kommoden aufzwingt.

Bei Interesse siehe hierzu:
§ 549 Abs. 2 BGB (Bürgerliches Gesetzbuch), »Auf Wohnraummietverhältnisse anwendbare Vorschriften«
§ 573 c Abs. 3 BGB, »Fristen der ordentlichen Kündigung«

Nachmieter

Irrtum:
Wenn man drei Nachmieter stellt, kommt man aus dem Mietvertrag heraus.

Richtig ist:
Die »Drei-Nachmieter-Regel« gibt es nicht.

Für Mietervereine und Rechtsanwälte ist es eine wahre Sisyphusarbeit. Immer wieder müssen sie ihren Mitgliedern und Mandanten erklären, dass diese *keinen* Anspruch darauf haben, aus dem Mietvertrag entlassen zu werden, wenn sie dem Vermieter drei Nachmieter stellen. Es ist völlig unerfindlich, wer dieses Gerücht einmal in die Welt gesetzt hat und warum es sich so hartnäckig hält. Tatsache ist: Die »Drei-Nachmieter-Regel« gibt es nicht und es gab sie auch noch nie.

Wer einen unbefristeten Mietvertrag hat, kann ihn sowieso mit dreimonatiger Frist kündigen. Er muss überhaupt keinen Nachmieter stellen.

Bei befristeten Mietverträgen sieht es anders aus. Wer sich von vornherein verpflichtet, eine bestimmte Zeit lang in der Wohnung zu bleiben, kann es sich nicht ohne weiteres wieder anders überlegen. Der Vermieter ist nicht in allen Fällen gezwungen, einen befristeten Mietvertrag nach Belieben des Mieters vorzeitig aufzuheben. Dabei ist es egal, ob ihm der Mieter einen, drei oder zwanzig solvente Nachmieter stellt. Denn grundsätzlich ist es das gute Recht des Vermieters, sich nach Vertragsbeendigung selbst einen neuen Mieter zu suchen und mit ihm neue Vertragsbedingungen auszuhandeln.[32]

Wie jeder Grundsatz gilt auch dieser jedoch nicht immer. Denn Mieter und Vermieter können sich freiwillig auf eine Ersatzmieterklausel einigen. Wenn im Mietvertrag ausdrücklich festgehalten ist, dass der Mieter bei Stellung eines Nachmieters aus dem Vertrag entlassen wird, dann muss sich der Vermieter natürlich an diese Verabredung halten.

Wo dies nicht der Fall ist, hat der Mieter nur eine Chance: Er muss ein so genanntes berechtigtes Interesse an der vorzeitigen Beendigung des Mietvertrages darlegen können. Der Verbleib in der Wohnung muss für ihn eine gewisse Härte darstellen. Schwere Krankheit, berufliche Versetzung, Familienzuwachs oder unverschuldete Arbeitslosigkeit können solche schwerwiegenden Gründe sein.[33] Ein Umzug in die neu gekaufte Eigentumswohnung oder der Wunsch nach »mehr Grün für die Kinder« dürften dagegen nicht ausreichen.

Wenn ein Härtefall vorliegt, hat der Mieter nach dem Rechtsgrundsatz von »Treu und Glauben« tatsächlich das Recht, aus dem Mietvertrag entlassen zu werden, wenn er einen Nachmieter stellt, der geeignet und zumutbar ist und der den Mietvertrag uneingeschränkt übernimmt. Es reicht dann allerdings schon ein einziger akzeptabler Nachmieter. Drei müssen nicht aufgeboten werden.

Bei Interesse siehe hierzu:
§ 573 c BGB (Bürgerliches Gesetzbuch), »Fristen der ordentlichen Kündigung«
§ 242 BGB, »Leistung nach Treu und Glauben«

Partylärm

Irrtum:
Dreimal im Jahr darf man in der Wohnung hemmungslos feiern, wenn man die Party mit einem Zettel im Hausflur angekündigt hat.

Richtig ist:
Es gibt weder eine pauschale »Drei-Partys-pro-Jahr-Regel« noch eine Verpflichtung, Zettel im Hausflur auszuhängen.

Ein sehr beliebter Irrtum ist die Annahme, man dürfe pro Jahr eine bestimmte Anzahl von Partys veranstalten, ohne dass die Nachbarn gegen den dadurch entstehenden Lärm etwas tun können. Dieser Irrglaube existiert in verschiedenen Versionen: Von einer Party über drei Partys im Jahr bis hin zu einer Party im Monat, die angeblich erlaubt sein sollen.

Tatsache ist: Kein Gesetz schreibt vor, wie viele Partys man pro Jahr feiern darf. Solange die Nachbarn nicht gestört werden, ist niemand daran gehindert, sogar jeden Tag eine Party zu veranstalten. Wenn es aber vor allem zwischen 22.00 Uhr und 6.00 Uhr allzu laut wird, können die Nachbarn gegen die Lärmbelästigung vorgehen. Dem Veranstalter hilft dann auch der Einwand nichts, er habe doch schon seit mehr als einem Jahr nicht mehr gefeiert.

Auch die beliebten Zettel im Hausflur geben dem Gastgeber einer Party keinen Freibrief zu ungehemmt lautem Feiern:

»Liebe Nachbarn! Am 15. Juli feiern wir Geburtstag. Wenn es dabei etwas lauter wird, dann rufen Sie bitte

> *nicht gleich die Polizei, sondern kommen doch einfach hoch und feiern mit!«*

Solche Warnungen sind sicher nett gemeint und werden in einer funktionierenden Hausgemeinschaft ihren besänftigenden Zweck auch meist nicht verfehlen. Wenn die Bässe allerdings buchstäblich die Wände wackeln lassen, kommt ihnen keinerlei rechtliche Relevanz zu.

Zusammenfassend kann man sich also merken: Eine unzumutbare Lärmbelästigung ist und bleibt unzumutbar, egal wie oft sie stattfindet und egal ob sie vorher per Aushang angekündigt wurde oder nicht. Wenn es allzu laut wird, haben die Nachbarn daher ein Recht darauf, dass die Musik heruntergedreht wird und die fröhlichen Schlachtengesänge auf dem Balkon ein Ende haben.

Ob wegen jeder Lärmbelästigung allerdings gleich die Staatsmacht herbeigerufen werden muss, ist eine andere Frage. Polizisten haben im Allgemeinen Wichtigeres zu tun, als Partys zu sprengen. Wenn der gestörte Nachbar schon kein Interesse hat, der freundlichen Hausflurzettel-Einladung zum Mitfeiern zu folgen, und wenn er sich auch nicht vorsorglich Ohrstöpsel besorgt hat, dann wäre es sicher erst einmal angebracht, selbst bei dem Veranstalter der Party zu klingeln und um etwas mehr Ruhe zu bitten.

Bei Interesse siehe hierzu:
§ 117 OWiG (Gesetz über Ordnungswidrigkeiten), »Unzulässiger Lärm«
Immissionsschutzrechtliche Bestimmungen der einzelnen Bundesländer (soweit diese existieren), z. B. § 9 Abs. 1 LImSchG NW (Landesimmissionsschutzgesetz NRW), »Schutz der Nachtruhe«

Es ist der Nachbar, Schatz: Rufst du schon mal unseren Anwalt an?!
Wulkan

Öffentliches Recht

Ausweispflicht

Irrtum:
Man muss immer seinen Personalausweis bei sich tragen.

Richtig ist:
Man muss zwar einen Personalausweis besitzen, braucht ihn aber nicht mit sich führen.

In kaum einem deutschen Portemonnaie fehlt der Personalausweis. Denn schließlich besteht ja Ausweispflicht, und wenn man den Ausweis nicht dabei hat, begeht man eine Ordnungswidrigkeit und kann mit einem Bußgeld belegt werden. Oder etwa nicht?

Eine Ausweispflicht gibt es in Deutschland tatsächlich. Doch ihre wirkliche Bedeutung wird meist missverstanden. Ab einem Alter von 16 Jahren muss zwar jeder Deutsche einen Personalausweis oder Reisepass *besitzen*. Und er muss ihn auch *vorlegen*, wenn Behörden dies verlangen. Kein Gesetz schreibt jedoch vor, dass man seinen Ausweis ständig *dabeihaben* muss. Es genügt völlig, wenn man ihn zum Beispiel zu Hause aufbewahrt. Dort ist er möglicherweise auch besser aufgehoben. Denn jeder weiß, wie aufwendig und ärgerlich es ist, sich gestohlene oder verlorene Ausweispapiere wieder besorgen zu müssen – von der Missbrauchsgefahr durch den Dieb oder unehrlichen Finder ganz zu schweigen.

Für Personalausweise besteht also keine Mitführpflicht.

Anders ist es bei Führerscheinen. Den Führerschein muss man tatsächlich immer dabeihaben, wenn man ein Kraftfahrzeug führt. Geht er verloren, sollte man sich also schnellstmöglich bei der zuständigen Führerscheinstelle einen Ersatzführerschein besorgen. Solange der nicht vorliegt, muss man das Fahrzeug stehen lassen.

Bei Interesse siehe hierzu:
§ 1 PersAuswG (Personalausweisgesetz), »Ausweispflicht«
§ 4 Abs. 2 S. 2 FeV (Fahrerlaubnis-Verordnung), »Erlaubnispflicht und Ausweispflicht für das Führen von Kraftfahrzeugen«

Hundesteuer

Irrtum:
Die Hundesteuer wird zur Straßenreinigung verwendet und gibt dem Tierhalter deshalb ein »Verunreinigungsrecht«.

Richtig ist:
Die Hundesteuer wird nicht zweckgebunden eingesetzt und »Hundehaufen« können teuer werden.

Immer noch gibt es Zeitgenossen, die keine Skrupel haben, ihren Hund mitten auf dem Bürgersteig sein Geschäft verrichten zu lassen. Sie glauben, die Hundesteuer werde zweckgebunden zur Straßenreinigung verwendet.

Doch diese Annahme ist falsch. Die Hundesteuereinnahmen sind nicht dazu da, die städtische Straßenreinigung zu finanzieren, und sie geben dem Steuerzahler natürlich kein »Verunreinigungsrecht«. Hundesteuern werden nicht zweckgebunden eingesetzt. Sie dienen vielmehr schlicht dazu, die Einnahmen der Kommunen zu erhöhen. Wofür die Gemeinden die Hundesteuergelder einsetzen, ist völlig ihnen überlassen.

Neben dem Stopfen von Haushaltslöchern hat die Hundesteuer jedoch noch eine andere Funktion: Sie soll abschreckend wirken. Hunde sind bei Städten und Gemeinden ganz einfach nicht besonders erwünscht, denn sie machen Dreck und beißen mitunter unbescholtene Passanten.

Die Hundesteuer hat also nicht zuletzt die Aufgabe, die Zahl der Hunde in der Stadt zu begrenzen.[34] Dem Tierfreund soll die Entscheidung, sich einen Hund anzuschaffen, spürbar erschwert werden. Deshalb erhöht sich auch die Hundesteuer pro Hund in den meisten Städten, je mehr Tiere ein einzelner Hundehalter besitzt. Nach der Hundesteuersatzung der Stadt Köln kostet die Haltung eines einzigen Hundes zum Beispiel 141 Euro im Jahr. Wer zwei Hunde hält, muss für *jedes* Tier bereits 171 Euro bezahlen, also insgesamt 342 Euro. Drei oder mehr Hunde werden pro Tier sogar jährlich mit 201 Euro »bestraft«.

Unabhängig davon versteht es sich, dass Hundehalter keinerlei Anspruch darauf haben, den besten Freund des Menschen Bürgersteige und Parkanlagen verunreinigen zu lassen. Wenn es im Einzelfall einmal nicht zu verhindern war, dass der Hund sein Geschäft macht, müssen die Hinterlassenschaften sofort beseitigt werden. In anderen Ländern ist dies bereits gängige Praxis. Hundehalter in den USA haben für diese Zwecke immer ein paar Wegwerfhandschuhe aus Plastik dabei. In Deutschland beginnt dieser Trend erst zögerlich, sich durchzusetzen. Wer ihm nicht folgt, muss zum Beispiel in Köln mit Verwarnungsgeldern bis zu 35 Euro rechnen. Auf Kinderspielplätzen werden bis zu 250 Euro fällig.[35]

Bei Interesse siehe hierzu die Hundesteuersatzungen der einzelnen Städte und Gemeinden (im Anhang nicht abgedruckt).

Kirchenasyl

Irrtum:
Im »Kirchenasyl« sind abgelehnte Asylbewerber vor staatlichen Zugriffen geschützt.

Richtig ist:
Abschiebungen können auch in Kirchen vollstreckt werden.

Im Mittelalter galt die Kirche als ein heiliger Raum, der für die weltliche Gewalt unantastbar war. Auch heute noch sind Kirchen zumindest nach katholischem Verständnis geweihte Räume mit sakraler Bedeutung. Die evangelische Kirche sieht dies anders. Sie betrachtet Kirchenräume nicht als »heilig«.[36]

Ein Überbleibsel des mittelalterlichen Verständnisses von Kirchen als sakralen Räumen ist das »Kirchenasyl«. Immer wieder beherbergen Pfarrer aller Konfessionen zum Beispiel abgelehnte Asylbewerber, um so deren anstehende Abschiebung zu verhindern. Sie berufen sich auf ihr Gewissen und ihre christliche Beistandspflicht. Und nicht wenige Menschen scheinen tatsächlich nach wie vor zu glauben, dass die staatliche Macht an der Kirchentür endet. Die Vorstellung, Kirchen dürften von der

Polizei nicht zwangsweise geräumt werden, ist weit verbreitet.

Doch Kirchen sind keine rechtsfreien Räume. Wir leben in einem säkularen Staat, in dem alle Gewalt vom Volke ausgeht. Wenn die vom Volke bestimmten staatlichen Gesetze und Organe die Abschiebung zum Beispiel eines Asylbewerbers vorsehen, dann können es sich die Kirchen selbstverständlich nicht anmaßen, eigene Regeln aufzustellen und diese Abschiebung zu verhindern. Der Staat kann also kein »Kirchenasyl« anerkennen. Vielmehr haben auch die Kirchen die Entscheidungen des Staates zu respektieren; die Pfarrer müssen sich ihm gegenüber loyal verhalten.

Kirchen, in denen abzuschiebende Asylbewerber versteckt werden, dürfen deshalb selbstverständlich von der Polizei durchsucht und auch geräumt werden. In vielen Fällen ist dies bereits geschehen.

Auch Strafverfahren gegen die am Kirchenasyl beteiligten Pfarrer und Unterstützergruppen wurden in der Vergangenheit bereits eingeleitet. Denn diese machen sich je nach Fallgestaltung unter Umständen wegen Anstiftung oder Beihilfe zu ausländerrechtlichen Delikten, wegen Strafvereitelung oder wegen Widerstands gegen Vollstreckungsbeamte strafbar. Dabei können sich die Täter nicht ohne weiteres darauf berufen, dass ihr christliches Gewissen ihnen ihre Straftaten vorschreibe. Sie gehen also nicht straflos aus. In der Regel können religiös motivierte Täter jedoch wenigstens auf eine Milderung ihrer Strafe hoffen.[37]

Bei Interesse siehe hierzu:
Art. 4 GG (Grundgesetz), »Glaubens-, Gewissens- und Bekenntnisfreiheit«

§ 113 StGB (Strafgesetzbuch), »Widerstand gegen Vollstreckungsbeamte«
§ 258 StGB, »Strafvereitelung«

Notfälle im Ausland

Irrtum:
Deutsche Botschaften im Ausland helfen deutschen Staatsbürgern aus jeder Notlage.

Richtig ist:
Deutsche Botschaften leisten nur Hilfe zur Selbsthilfe.

Viele Deutsche, die im Ausland Hilfe benötigen, glauben, deutsche Botschaften und Konsulate seien eine Art Mädchen für alles. Die Mitarbeiter unserer Auslandsvertretungen berichten beispielsweise immer wieder über ausgeraubte Touristen, die von der Botschaft einen Kredit erhalten möchten, um damit ihren Urlaub fortsetzen zu können. Viele bitten auch darum, dass man ihre offenen Hotelrechnungen, Krankenhauskosten oder gar Bußgelder bezahlt. Von deutschen Konsularbeamten wird häufig sogar verlangt, dass sie Hilfe bei Übersetzungen leisten, Touristen bei Behörden oder Gerichten anwaltlich vertreten oder große Reisen unternehmen, um einem Touristen persönlich vor Ort zu helfen, der hunderte Kilometer vom Konsulat entfernt in Schwierigkeiten geraten ist.

All dies können und dürfen unsere Auslandsvertretungen jedoch nicht leisten. Denn eine Botschaft ist weder ein Kreditinstitut noch ein Rechtsanwalts-, Übersetzungs-, Versicherungs- oder Reisebüro. Es ist auch kaum einzusehen, weshalb Deutschen im Ausland ein solches, mit Steuergeldern finanziertes kostenloses »Rundum-sorglos-Paket« geboten werden sollte. Wer ins Ausland reist, muss selbst sicherstellen, dass seine Bank ihm im Notfall Geld überweisen kann. Auch steht es schließlich jedem Auslandstouristen frei, etwa eine Reisekrankenversicherung mit Rückholschutz abzuschließen.

Was Botschaften und Konsulate im Ausland für deutsche Staatsangehörige wirklich tun können, ist gesetzlich klar geregelt: In echten Katastrophenfällen – bei Naturkatastrophen, Kriegen, Revolutionen oder Ähnlichem – leisten sie jede erforderliche Hilfe. Immer wieder kommt es zum Beispiel vor, dass deutsche Staatsangehörige aus Unruhegebieten ausgeflogen werden müssen. Von einer Kostenerstattung kann das Auswärtige Amt in diesen Fällen absehen. In »bloßen« Notfällen dagegen können die deutschen Auslandsvertretungen im Allgemeinen nur Hilfe zur Selbsthilfe leisten. Sie können Angehörige über die Notlage informieren oder Kontakte zu Banken, Ärzten, Dolmetschern und Rechtsanwälten herstellen. Um alles Weitere muss sich der Betroffene selbst kümmern, denn letztlich ist jeder für sich selbst verantwortlich.

Nur wenn wirklich alle eigenen Hilfsmöglichkeiten erfolglos ausgeschöpft sind, kann die Botschaft in solchen Fällen ausnahmsweise auch finanziell helfen – damit der deutsche Staatsbürger in seine Heimat zurückkehren kann. Alle finanziellen Hilfen müssen natürlich vollständig zurückgezahlt werden. Sie sind außerdem keine Darlehen sondern öffentlich-rechtliche Sozialleistungen, ähnlich wie die Sozialhilfe. Wenn der hilfebedürftige Auslandstourist sie nicht zurückzahlen kann, müssen deshalb seine unterhaltspflichtigen Angehörigen für ihn einspringen.

Die Konsularbeamten müssen in jedem Fall darauf achten, die Rücktransportkosten so gering wie möglich zu halten. Denn immerhin verwalten sie Steuergelder. Sie finanzieren deshalb nur die günstigste zumutbare Rückkehrmöglichkeit. Der mittellose Tourist hat also nicht unbedingt einen Anspruch darauf, schnell und bequem mit dem Flugzeug zurückzureisen. Auch Busse und Bahnen bringen ihn schließlich ans Ziel. Und wer einmal 14 Stunden lang in einem unklimatisierten Zug durch Südeuropa gefahren ist, hat nicht nur viel von Land und Leuten gesehen, sondern auch ausreichend Gelegenheit gehabt, darüber nachzudenken, ob er beim nächsten Mal nicht lieber eine Auslandsreisekrankenversicherung abschließt.

Bei Interesse siehe hierzu:
§ 5 KonsG (Konsulargesetz), »Hilfeleistung an Einzelne«
§ 6 KonsG, »Hilfe in Katastrophenfällen«

Strafrecht

Beamtenbeleidigung

Irrtum:
Wer einen Polizisten beschimpft, macht sich wegen Beamtenbeleidigung strafbar.

Richtig ist:
Das Delikt der »Beamtenbeleidigung« gibt es nicht.

In der Presse war 2003 zu lesen, der Fußballspieler Stefan Effenberg habe vom Amtsgericht Braunschweig einen Strafbefehl wegen des Delikts der »Beamtenbeleidigung« erhalten. Immerhin 100 000 Euro kostete ihn danach die Beschimpfung eines Polizisten bei einer Verkehrskontrolle als »A…«. Herr Effenberg will dagegen »Schönen Abend noch!« zu dem Polizisten gesagt haben. Welche Worte er wirklich gewählt hat, sei einmal dahingestellt. Fest steht jedoch, dass er mit Sicherheit keinen Strafbefehl wegen »Beamtenbeleidigung« bekommen hat. Denn diesen Straftatbestand gibt es gar nicht.

Beamte sind Menschen wie jeder andere auch. Ihre Ehre ist nicht mehr und nicht weniger schützenswert als die von nicht beamteten Personen. Deshalb macht es auch juristisch keinen Unterschied, ob man einen Beamten, einen Bäcker oder eine Blumenhändlerin beschimpft. In allen Fällen begeht der Täter das gleiche Delikt – eine ganz gewöhnliche Beleidigung. Der Begriff der »Beamtenbeleidigung« ist daher ebenso unsinnig wie überflüssig. Wenn Herr Effenberg in seinen Strafbefehl blickt, wird er dieses

Wort dort nicht vorfinden. Er wird vielmehr nachlesen können, dass ihm schlicht »Beleidigung« vorgeworfen wurde.

Die weit verbreitete Fehleinschätzung, es sei besonders verwerflich, einen Beamten zu beleidigen, hat ihre Ursache vermutlich in dem erhöhten Respekt, der Beamten – jedenfalls früher einmal – entgegengebracht wurde. Die Beleidigung eines Beamten stellte im Mittelalter die Verletzung eines höheren »persönlichen Sonderfriedens« dar. Vor allem niedere Beamte wie Stadtknechte und Marktschauer waren bei der Ausübung ihres Amtes üblen Beschimpfungen ausgesetzt. Davor sollten sie geschützt werden. Wer sie beleidigte, wurde härter bestraft als die Beleidiger von »gewöhnlichen« Personen.[38]

Am Leben gehalten wird das Märchen von der Beamtenbeleidigung heute vielleicht auch dadurch, dass Beamte möglicherweise eher dazu neigen, Beleidigungsdelikte anzuzeigen. Polizeibeamte zum Beispiel befassen sich schon beruflich mit der Verfolgung von Straftaten. Eine Strafanzeige können sie schnell und unproblematisch am Arbeitsplatz selbst abfassen. Außerdem sind sie es heute, die sich im Dienst besonders häufig beschimpfen lassen müssen. All dies zusammengenommen mag bei ihnen zu einer erhöhten Anzeigenbereitschaft führen, wie auch Herr Effenberg erfahren durfte.

Bei Interesse siehe hierzu:
§ 185 StGB (Strafgesetzbuch), »Beleidigung«

Behinderung der Justiz

Irrtum:
Es gibt einen Straftatbestand der »Behinderung der Justiz«.

Richtig ist:
Den Begriff der »Behinderung der Justiz« gibt es im deutschen Recht nicht.

Ein deutscher TV-Kriminalbeamter belehrte kürzlich einen vermeintlichen Straftäter mit gewichtiger Miene, dass er sich gerade wegen »Behinderung der Justiz« strafbar mache, weil er seine Ermittlungsarbeit störe und Beweismittel vernichte.

Hätten der Krimiautor oder die Produktionsfirma vor den Dreharbeiten einen Juristen damit beauftragt, einmal einen kurzen Blick ins Drehbuch zu werfen, so hätten sie erfahren, dass es den Straftatbestand der »Behinderung der Justiz« in Deutschland überhaupt nicht gibt. Trotzdem nehmen zum Beispiel auch Politiker diesen Vorwurf gegenüber dem politischen Gegner häufig in den Mund. Woran liegt es, dass der Begriff der »Behinderung der Justiz« so geläufig klingt, obwohl er im deutschen Strafrecht gar nicht vorkommt?

Die Erklärung für dieses Phänomen findet sich wieder einmal jenseits des Großen Teiches. Das US-amerikanische Strafrecht kennt tatsächlich ein Kapitel mit Straftaten unter der Überschrift »Obstruction of Justice« (deutsch: »Behinderung der Justiz«). Es verbietet zum Beispiel die Beeinflussung von → *Geschworenen* oder die Behinderung von Ermittlungsmaßnahmen. In den deutsch synchronisierten Fassungen amerikanischer Film- und Fernsehproduktionen kommt dieser Begriff deshalb häufig vor. Und weil er so schön griffig und eingängig ist, haben sich viele offenbar derart an ihn gewöhnt, dass sie glauben, es gebe einen solchen Straftatbestand auch in Deutschland.

Das ist jedoch nicht der Fall. Die Vernichtung von Beweismitteln durch den Täter kann in Deutschland zum Beispiel nicht bestraft werden. Strafbar sind in Deutschland lediglich bestimmte Teilaspekte dessen, was in den USA unter »Behinderung der Justiz« fällt. Strafvereitelung und falsche Verdächtigung sind solche Beispiele. Niemand darf verhindern, dass ein anderer wegen einer rechtswidrigen Tat bestraft wird. Umgekehrt darf auch niemand einen anderen wider besseres Wissen einer rechtswidrigen Tat verdächtigen. Denn auch wenn die Strafverfolgungsorgane mit ihren Ermittlungen in eine falsche Richtung gelenkt werden, werden sie in ihrer Arbeit behindert.

Bei Interesse siehe hierzu:
§ 164 Abs. 1 StGB (Strafgesetzbuch), »Falsche Verdächtigung«
§ 258 StGB, »Strafvereitelung«
U.S. Code, Title 18, Chapter 73, »Obstruction of Justice«

Drogenkonsum strafbar?

Irrtum:
Drogenkonsum ist verboten.

Richtig ist:
Der Konsum von Betäubungsmitteln ist erlaubt.

Drogenkonsum ist nicht verboten und war es auch noch nie. Wer bisher etwas anderes geglaubt hat, der irrt. Der

Konsum selbst von harten Drogen wie Heroin und Kokain ist vollkommen legal, weil der Staat Selbstgefährdungen im Allgemeinen nicht bestraft. Das leuchtet ein. Denn wenn es in Deutschland nicht einmal strafbar ist, sich selbst zu töten (bzw. es zu versuchen), dann kann natürlich erst recht nicht belangt werden, wer seine Gesundheit und sein Leben durch kiffen und fixen »nur« gefährdet.

Strafbar ist allerdings so gut wie alles andere, was man mit Drogen tun kann. Dazu gehören zum Beispiel Anbau, Herstellung, Handel, Einfuhr, Ausfuhr, Veräußerung, Abgabe, Erwerb und Besitz illegaler Betäubungsmittel ohne schriftliche Genehmigung ihres Erwerbs. Auch jede sonstige Art, sich Drogen zu verschaffen oder sie in den Verkehr zu bringen, ist verboten.

Wenn man sich diese Liste ansieht, stellt man sich unwillkürlich die Frage, wie es möglich sein soll, eine Droge straflos zu konsumieren, wenn man sie vorher weder besessen noch sie sich verschafft haben darf.

In der Tat ist das nur in sehr wenigen Fällen möglich. Wer sich zum Beispiel einen Joint reichen lässt und ihn sofort raucht, »verschafft sich« die Zigarette nicht und besitzt sie auch nicht. Er konsumiert sie nur und ist deshalb straflos. Problematischer wird es bei den beliebten Kifferrunden, in denen Joints reihum von einem zum Nächsten weitergereicht werden. Strafbar macht sich in diesen Fällen auf jeden Fall der Gastgeber, der die Drogen angeschafft hat und sie der Runde zur Verfügung stellt. Strafbar macht sich in den meisten Fällen auch, wer den Joint nicht komplett selbst raucht, sondern ihn in der Runde weiterreicht. Wer sich besonders rechtstreu verhalten will, sollte die Weitergabe des Joints daher mit der Begründung ablehnen: »Tut mir leid, ich mache mich strafbar, wenn ich die Zigarette weiterreiche. Ich muss sie selbst zu Ende rauchen.«

Fast alle Handlungen im Zusammenhang mit illegalen Drogen können also grundsätzlich bestraft werden. Das Bundesverfassungsgericht hat allerdings entschieden, dass die Strafverfolgungsorgane grundsätzlich davon abzusehen haben, Verhaltensweisen zu verfolgen,

> *»... die ausschließlich den gelegentlichen Eigenverbrauch geringer Mengen von Cannabisprodukten vorbereiten und nicht mit einer Fremdgefährdung verbunden sind ...«*[39]

Was unter einer »geringen Menge Cannabis« zu verstehen ist, lässt sich nicht allgemein gültig sagen. Sowohl die Menge als auch die Qualität der Drogen spielen eine Rolle. Als Faustformel kann man sich jedoch merken, dass maximal drei so genannte Konsumeinheiten von insgesamt nicht mehr als sechs Gramm selbst im strengen Bayern noch als geringe Menge durchgehen – und zwar unabhängig vom THC-Wirkstoffgehalt der Droge.[40]

Aber wie gesagt: Theoretisch strafbar ist es auch, nur ein einziges Gramm Haschisch zu besitzen. Die Strafverfolgung wird dann lediglich »in der Regel« eingestellt. Das heißt aber nicht, dass die Regel keine Ausnahmen zulässt. Wer zum Beispiel immer wieder wegen Drogendelikten aufgefallen ist, kann irgendwann auch wegen des Besitzes geringer Mengen bestraft werden.

Bei Interesse siehe hierzu:
§ 29 BtMG (Betäubungsmittelgesetz), »Straftaten«

Fahrerflucht

Irrtum:
Nach einem Unfall reicht ein Zettel an der Windschutzscheibe, um nicht wegen Fahrerflucht bestraft zu werden.

Richtig ist:
Der Unfallbeteiligte muss eine angemessene Zeit auf jemanden warten, der bereit ist, seine Personalien festzustellen.

Das vom Volksmund als »Fahrerflucht« oder »Unfallflucht« bezeichnete Delikt heißt korrekt »Unerlaubtes Entfernen vom Unfallort«. Die entsprechende Vorschrift bestraft unter anderem jeden Unfallbeteiligten, der sich vom Unfallort entfernt, ohne dort eine angemessene Zeit gewartet zu haben, während der sich jemand hätte bereit finden können, seine Person, sein Fahrzeug und die Art seiner Unfallbeteiligung festzustellen.

So weit die Theorie. Aber was bedeutet das in der Praxis? Noch immer glauben viele, es genüge, wenn man nach einem Unfall mit einem parkenden Fahrzeug einfach seine Visitenkarte oder einen Zettel an der Windschutzscheibe hinterlässt, auf dem Name und Adresse festgehalten sind. Man kann es daher gar nicht oft und deutlich genug wiederholen: Ein Zettel an der Windschutzscheibe genügt *nicht*!

Wer an einem Unfall beteiligt ist, muss vielmehr auf jeden Fall eine angemessene Zeit am Unfallort warten. Was eine »angemessene Zeit« ist, lässt sich nicht allgemein gültig sagen. Es hängt zum Beispiel von der Tages- oder Nachtzeit, der Schwere des Unfalls und anderen Faktoren ab. Von wenigen Minuten (bei geringer Beschädigung des geparkten Autos des Nachbarn) bis zu mehreren Stunden (zum Beispiel bei Unfällen mit Toten) wird alles vertreten.[41] Wenn also niemand vor Ort bereit ist, die Personalien des Unfallbeteiligten festzustellen, dann sollte er so schnell wie möglich die Polizei rufen und ihr gegenüber die erforderlichen Angaben machen. Anderenfalls läuft er Gefahr, wegen unerlaubten Entfernens vom Unfallort bestraft zu werden.

Am Unfall beteiligt und damit wartepflichtig ist übrigens nicht nur der Fahrer des Unfallfahrzeugs. Vielmehr gilt jeder als Unfallbeteiligter, dessen Verhalten zur Verursachung des Unfalls beigetragen haben kann. Das kann zum Beispiel auch der Beifahrer sein, der den Fahrer vor dem Unfall abgelenkt hat. Auch ein Fußgänger, der plötzlich auf die Straße läuft und so einen Unfall provoziert, ist natürlich ein Unfallbeteiligter und muss warten.

Bei Interesse siehe hierzu:
§ 142 StGB (Strafgesetzbuch), »Unerlaubtes Entfernen vom Unfallort«
§ 34 Abs. 1 Nr. 5–7 StVO (Straßenverkehrsordnung), »Unfall«

Gefängnisausbruch strafbar?

Irrtum:
Wer aus einem Gefängnis ausbricht, macht sich strafbar.

Richtig ist:
Nur Gefangene, die gemeinsam und gewaltsam aus einem Gefängnis ausbrechen, machen sich strafbar.

Viele wird dies überraschen: Der Ausbruch aus einem Gefängnis ist nicht strafbar! Zwar darf kein Dritter einen Gefangenen aus dem Gefängnis befreien. Wenn der Gefangene jedoch selbst flieht, kann er dafür nicht belangt werden. Denn es gilt der Grundsatz der Straflosigkeit der Selbstbefreiung.

Selbst zu Kaisers Zeiten hatten Gefangene nichts zu befürchten, wenn sie aus dem Gefängnis flohen. Das Reichsgericht stellte 1880 ausdrücklich fest, dass

> *»die von einem Gefangenen mittelst seiner eigenen Thätigkeit bewirkte Befreiung seiner selbst als solche straflos ist.«*[42]

Im gestrengen Bayern wollte man nach dem Zweiten Weltkrieg mit diesem »Missstand« aufräumen. Das bayerische Gesetz Nr. 55 »zur Bestrafung der Entweichung von Gefangenen« vom 26. Oktober 1946 bedrohte Ausbrecher mit einer Mindeststrafe von drei Monaten Gefängnis.

Sechs Jahre später hatte der Bundesgerichtshof (BGH) über die Gültigkeit des bayerischen Sondergesetzes zu entscheiden. Ein Jugendlicher war zur Fürsorgeerziehung in ein Münchner Jugendheim eingewiesen worden. Nachdem er dort mehrmals ausgerissen war, wurde er schließlich im niedersächsischen Göttingen aufgegriffen und dort wegen »Gefangenenentweichung« (!) nach dem bayerischen Gesetz Nr. 55 angeklagt. Der Jugendrichter am Amtsgericht Göttingen weigerte sich jedoch, das bayerische Gesetz anzuwenden, denn in Niedersachsen war Gefangenenentweichung (zumal aus einem Jugendheim) nicht unter Strafe gestellt.

Der BGH gab dem Amtsgericht Göttingen Recht. Das

bayerische Gesetz Nr. 55 sei für ungültig zu erachten, da es dem Grundrecht der Gleichheit aller vor dem Gesetz widerspreche. Es könne nicht sein, dass die Selbstbefreiung eines »Gefangenen« nur in einem Teil der Bundesrepublik strafbar sei.[43] Der Jugendliche wurde also nicht bestraft. Ob er anschließend dennoch wieder in bayerische (Jugendheim-)Gefangenschaft geriet oder in Niedersachsen bleiben durfte, ist leider nicht überliefert.

Selbstbefreiung ist also straflos. Wer allerdings jetzt schon zum Telefon greifen möchte, um all seinen inhaftierten Bekannten und Verwandten die frohe Botschaft zu verkünden, sollte erst noch einmal innehalten und weiterlesen. Denn wie so oft gibt es natürlich auch von der Regel der Straflosigkeit der Selbstbefreiung Ausnahmen.

Zum einen können sämtliche Delikte, die in Zusammenhang mit dem Ausbruch verübt werden, verfolgt werden. Wer Gitterstäbe zersägt, begeht natürlich eine Sachbeschädigung, und wer den Wärter bewusstlos schlägt, kann selbstverständlich wegen Körperverletzung angeklagt werden.

Vor allem aber ist die so genannte Gefangenenmeuterei unter Strafe gestellt. Wenn sich gleich mehrere Gefangene zusammenrotten und mit vereinten Kräften und unter Anwendung von Gewalt ausbrechen, hört der Spaß auf. Auf die Täter warten dann zusätzliche Freiheitsstrafen von drei Monaten bis zu zehn Jahren.

Bei Interesse siehe hierzu:
§ 120 Abs. 1 StGB (Strafgesetzbuch), »Gefangenenbefreiung«
§ 121 StGB, »Gefangenenmeuterei«
§ 223 Abs. 1 StGB, »Körperverletzung«
§ 303 Abs. 1 StGB, »Sachbeschädigung«

Gemeingefährlich

Irrtum:
»Gemeingefährlich« bedeutet so viel wie »besonders gefährlich«.

Richtig ist:
Als »gemeingefährlich« werden Gefahren für die Allgemeinheit bezeichnet.

Viele juristische Fachbegriffe haben Eingang in die Umgangssprache gefunden. Auch das Wort »gemeingefährlich« ist so ein Beispiel. Es wird im Alltag sehr häufig im Sinne von »besonders gefährlich« verwendet: »Der Kerl ist doch gemeingefährlich!«

Der inflationäre Gebrauch des Wortes verdeckt dessen eigentliche Bedeutung. In den seltensten Fällen ist der Begriff »gemeingefährlich« wirklich angebracht. Denn wie der Wortlaut bereits vermuten lässt, muss eine *gemeine* Gefahr auch die All-*gemein*-heit betreffen. Sie wird definiert als eine »konkrete Gefahr für eine unbestimmte Anzahl von Menschen oder zahlreiche Sachen von mindestens insgesamt hohem Wert«.[44]

Gemeint sind damit vor allem Katastrophen wie Waldbrände, Überschwemmungen oder radioaktive Verseuchung. Wer derartige Katastrophen hervorruft, riskiert oder ausnutzt, wird in vielen Fällen deutlich härter bestraft als »gewöhnliche« Straftäter. So wird zum Beispiel aus einem Totschlag ein Mord (→*Mord und Totschlag*), wenn der Täter ein gemeingefährliches Mittel zur Tötung einsetzt; aus einem einfachen Diebstahl wird ein Diebstahl in einem besonders schweren Fall, wenn der Täter eine gemeine Gefahr für seine Tat ausnutzt.

Wer sich also wieder einmal über das »geradezu gemeingefährliche Treiben« der ungezogenen, übermütig spielenden Nachbarskinder aufregt, sollte sich darüber im Klaren sein, dass seine Worte etwas zu hart gewählt sein dürften. Denn Feuersbrünste, Flutkatastrophen und Nuklearunfälle werden die Kleinen in den meisten Fällen wohl nicht hervorrufen.

Bei Interesse siehe hierzu:
§ 211 Abs. 2 StGB (Strafgesetzbuch), »Mord«
§ 243 Abs. 1 Nr. 6 StGB, »Besonders schwerer Fall des Diebstahls«

Kuppelei

Irrtum:
Kuppelei ist heute nicht mehr strafbar.

Richtig ist:
Auch heute noch kann »Kuppelei« in bestimmten Fällen bestraft werden.

Im Jahre 1954 musste der Bundesgerichtshof (BGH) über die Rechtsfrage entscheiden, in welchen Fällen »Kuppelei gegenüber Verlobten« strafbar ist. Folgendes war geschehen:

Eine 20-jährige Frau war von ihrem Verlobten im achten Monat schwanger. Der Mann wollte sich von seiner ersten Frau scheiden lassen und seine neue Partnerin heiraten. Die Mutter der jungen Frau stand der geplanten Heirat zunächst ablehnend gegenüber. Sie stellte ihre Bedenken erst zurück, nachdem der Pfarrer ihr erklärt hatte, dass auch eine kirchliche Eheschließung möglich sein werde. Trotzdem duldete die Mutter zunächst nicht, dass der Verlobte im Zimmer ihrer Tochter übernachtete. Sie gestattete nur Besuche am Tag und gegen Abend. Erst nach der Scheidung des Mannes von seiner ersten Frau erlaubte die Mutter, dass er eine Nacht bei ihrer Tochter – also seiner zukünftigen Ehefrau – verbringen dürfe.

Die ganze Sache flog auf und die Mutter wurde wegen Kuppelei strafrechtlich verurteilt. Der Große Senat für Strafsachen des BGH bestätigte, dass das Verhalten des verlobten Paares gegen die geschlechtliche Zucht verstoßen habe. Sie hätten erst nach der Hochzeit miteinander verkehren dürfen. Das Gericht bestätigte außerdem, dass Eltern nur in unzumutbaren Ausnahmesituationen straflos ausgehen, wenn sie dulden, dass zwei Verlobte im selben Zimmer übernachten.[45]

Die Entscheidung erlangte traurige Berühmtheit als ein Paradebeispiel für die unglaublichen Moralvorstellungen der 50er Jahre. Heute sind derart haarsträubende Urteile natürlich nicht mehr möglich. Der Kuppeleitatbestand wurde im Jahre 1973 aus dem Strafgesetzbuch entfernt.

So weit ist den meisten die aktuelle Rechtslage bekannt. Denn wie wohl jeder weiß, ist das Sexualstrafrecht als Folge der so genannten sexuellen Revolution erheblich liberalisiert worden. Weit weniger bekannt ist jedoch, dass bestimmte Formen der Kuppelei auch heute noch strafbar sind, auch wenn sie nicht mehr ausdrücklich unter diesen Begriff gefasst werden.

So ist es zum Beispiel verboten, Jugendlichen unter 18 Jahren eine Wohnung zu vermieten, wenn anzunehmen ist, dass sie dort als Prostituierte arbeiten werden. Der Vermieter macht sich ansonsten wegen Ausbeutung von Prostituierten strafbar.

Noch strenger ist das Gesetz, sobald Minderjährige unter 16 Jahren betroffen sind. Wer Jugendlichen unter 16 Jahren die Gelegenheit gewährt, sexuelle Handlungen an anderen vorzunehmen, macht sich strafbar. Ein Lehrer darf einen 15-jährigen Schüler während einer Klassenfahrt also nicht im Zimmer der gleichaltrigen Freundin unterbringen. Er könnte sonst wegen der Förderung sexueller Handlungen Minderjähriger belangt werden.

Für Eltern gelten weniger strenge Regeln. Sie stehen nicht gleich mit einem Bein im Gefängnis, wenn sie ihrem minderjährigen Nachwuchs erlauben, den Freund oder die Freundin bei sich übernachten zu lassen. Denn ihnen wird ein gewisses Verantwortungsbewusstsein zugetraut.

Eltern machen sich erst dann strafbar, wenn sie durch ihre Erlaubnis ihre »Erziehungspflicht gröblich verletzen«. In der juristischen Literatur wird teilweise allen Ernstes vertreten, dass dies zum Beispiel dann der Fall sein soll, wenn sie dulden, dass ihre Kinder sich »pervers oder homosexuell betätigen« oder wenn sie der Tochter »wechselnden Geschlechtsverkehr« gestatten.[46]

Das Gesetz selbst definiert dagegen nicht genau, wann eine »gröbliche Verletzung der Erziehungspflicht« vorliegt. Und das ist wohl auch sinnvoll. Denn auf diese Weise bleibt den Gerichten ein gewisser Spielraum, ihre Rechtsprechung den sich ändernden Moralvorstellungen im Bereich der Sexualität anzupassen. Und den Eltern bleibt es erspart, regelmäßig kontrollieren zu müssen, ob ihr Nachwuchs auch ja keine »perversen« Handlungen vornimmt, sondern nur anständigen heterosexuellen Geschlechtsverkehr mit nicht zu oft wechselnden Sexualpartnern praktiziert.

Bei Interesse siehe hierzu:
§ 180 StGB (Strafgesetzbuch), »Förderung sexueller Handlungen Minderjähriger«
§ 180a Abs. 2 StGB, »Ausbeutung von Prostituierten«

Mord und Totschlag

Irrtum:
Ein Mord ist geplant, ein Totschlag geschieht im Affekt.

Richtig ist:
Die Abgrenzung zwischen einem »Mord mit Überlegung« und einem »Totschlag im Affekt« gibt es in Deutschland seit 1941 nicht mehr.

»Das war kein Totschlag, sondern Mord, denn die Tat geschah nicht im Affekt, sondern war geplant!« Nichts an diesem Satz ist richtig. Dennoch würden ihn die meisten wohl so als zutreffend unterschreiben. Es ist erstaunlich: Obwohl Mord und Totschlag zu den schlimmsten Verbrechen gehören, die unsere Rechtsordnung kennt, ist kaum jemandem der tatsächliche Unterschied zwischen den beiden Delikten klar. Stattdessen hält sich mit einer geradezu faszinierenden Hartnäckigkeit die oben zitierte falsche Abgrenzung. Sie hat sich so fest in das Bewusstsein der breiten Öffentlichkeit eingegraben, dass selbst Gerichtsreporter in ihren Berichten über Strafprozesse immer wieder fälschlicherweise behaupten, es sei in der mündlichen Verhandlung um die Frage gegangen, ob ein »geplanter Mord« oder ein »Totschlag im Affekt« vorgelegen habe – ungeachtet der Tatsache, dass diese Frage in den vergangenen Jahrzehnten mit Sicherheit in keinem deutschen Gerichtssaal diskutiert wurde.

Wie ist es zu diesem Beispiel »juristischen Aberglaubens« gekommen? Und was ist der wirkliche Unterschied zwischen Mord und Totschlag? Der Reihe nach:

Das römische Recht kannte tatsächlich eine Unterscheidung zwischen »Mord mit Überlegung« und »Totschlag im Affekt«. Auch in Deutschland gab es sie einmal, aber nur bis 1941. Dann wurde diese Abgrenzung abgeschafft, allerdings ohne dass sich dies jemals herumgesprochen hätte. Was den Mord bereits seit 1941 wirklich vom Totschlag unterscheidet, sind die so genannten Mordmerkmale. Sie sind im Strafgesetzbuch einzeln aufgeführt:

- Tötung aus Mordlust;
- Tötung zur Befriedigung des Geschlechtstriebs;
- Tötung aus Habgier;
- Tötung aus sonstigen niedrigen Beweggründen;
- heimtückische Tötung;
- grausame Tötung;
- Tötung mit gemeingefährlichen Mitteln;
- Tötung, um eine andere Straftat zu ermöglichen oder zu verdecken.

Wenn eines dieser Mordmerkmale erfüllt ist, liegt ein Mord vor, selbst wenn die Tat im Affekt geschah. Umgekehrt kann ein Totschlag genauso lange und minutiös geplant sein wie ein Mord.

Zwei Beispiele: Ein Einbrecher, der einen überraschend auftauchenden Zeugen erschießt, um zu verhindern, dass dieser ihn bei der Polizei identifiziert, begeht einen Mord, auch wenn er im Affekt handelt (»Tötung, um eine andere

Straftat zu verdecken«). Eine misshandelte Ehefrau, die ihren Mann (weder heimtückisch noch grausam) tötet, um sich nach Jahren von ihrem Peiniger zu befreien, begeht dagegen »nur« einen Totschlag, auch wenn sie die Tat seit langem geplant hatte.

Diese beiden Beispiele zeigen, dass es für die Abgrenzung von Mord und Totschlag heute keine Rolle mehr spielt, ob die Tat geplant war oder im Affekt geschah.

Bei Interesse siehe hierzu:
§ 211 StGB (Strafgesetzbuch), »Mord«
§ 212 StGB, »Totschlag«

Mundraub

Irrtum:
Wer Lebensmittel aus Hunger stiehlt, begeht nur einen straflosen Mundraub.

Richtig ist:
Der Mundraubtatbestand wurde schon 1976 abgeschafft. Der Diebstahl von Lebensmitteln war schon immer strafbar und ist es auch heute noch.

Den Kirschenklau aus Nachbars Garten oder den Ladendiebstahl aus Hunger halten viele für ein Kavaliersdelikt. »Das ist ja nur Mundraub!«, heißt es dann. Und der Dieb glaubt, er könne nicht bestraft werden. Das stimmt so nicht und hat auch noch nie gestimmt.

Früher gab es im Strafgesetzbuch tatsächlich einmal den Tatbestand des »Mundraubes«. Der Täter eines Mundraubes ging jedoch auch schon damals nicht straffrei aus. Die Strafe fiel lediglich geringer aus als bei einem gewöhnlichen Diebstahl.

Als Mundraub galt damals das Entwenden von »Nahrungs- oder Genussmitteln in geringer Menge oder von unbedeutendem Wert zum alsbaldigen Verzehr«. Diese mussten allerdings nicht unbedingt aus Hunger entwendet worden sein. Mit »Genussmitteln« waren noch nicht einmal ausschließlich Lebensmittel gemeint. Auch Zigaretten und Parfüm galten als Genussmittel, die unter den Mundraubtatbestand fielen.[47] Und Stallhasen betrachtete das Reichsgericht als Nahrungsmittel[48] – auch an ihnen konnte man also Mundraub üben. Der Diebstahl von Blumen und Torf (als Feuerungsmaterial) war dagegen nicht privilegiert.[49]

Schon Mitte der siebziger Jahre wurde der Mundraubtatbestand jedoch abgeschafft. Ob man Lebensmittel oder andere Dinge entwendet, macht seitdem keinen Unterschied mehr. In beiden Fällen wird der Täter wegen Diebstahls bestraft. Dies erscheint auch sinnvoll. Denn immerhin sind Lebensmittel heute ein Wirtschaftsgut wie jedes andere auch. Die Zeiten von Hunger und Not sind in Deutschland – hoffentlich für immer – vorbei. Es gibt also keinen Grund mehr, den Diebstahl von Lebensmitteln weniger hart zu bestrafen als den Diebstahl anderer Dinge. Darum: Aufgepasst beim Kirschenklau – »Mundraub« ist Diebstahl!

Bei Interesse siehe hierzu:
§ 242 StGB (Strafgesetzbuch), »Diebstahl«

Nötigung

Irrtum:
Wer einen anderen belästigt, »nötigt« ihn.

Richtig ist:
Nötigung setzt einen Nötigungserfolg und eine gewisse Intensität der Einwirkung voraus.

Ein Straftatbestand, der von jedermann im Munde geführt, aber von kaum jemandem in seiner Bedeutung verstanden wird, ist die Nötigung nach § 240 des Strafgesetzbuches.

Im Allgemeinen wird »Nötigung« in etwa synonym verwendet mit Begriffen wie »Belästigung«, »Ausüben von Druck« oder »auf die Nerven gehen«. Viele glauben daher, dass zum Beispiel dichtes Auffahren und Betätigen der →*Lichthupe* auf der Autobahn immer gleich eine Nötigung sei. Denn schließlich fühlt man sich durch ein solches Verhalten ja belästigt. So schnell ist der Tatbestand der Nötigung jedoch nicht erfüllt. Zwei Umstände werden zumeist verkannt:

Zum Ersten setzt eine Nötigung die Anwendung von Gewalt oder die »Drohung mit einem empfindlichen Übel« voraus. Das »übliche« Drängeln auf der Autobahn ist zwar ordnungswidrig und kann mit Geldbußen und Punkten in Flensburg geahndet werden, gilt in den meisten Fällen jedoch noch nicht als Gewaltanwendung. Die Grenze zwischen bloßer Ordnungswidrigkeit und strafbarer Nötigung ist erst dann überschritten, wenn das Drängeln eine ganz erhebliche Intensität erreicht. Dabei kommt es darauf an, wie schnell die Fahrzeuge fahren, wie dicht der Hintermann auffährt, wie lange er drängelt und wie oft er die Hupe oder Lichthupe betätigt. Denn grundsätzlich haben Hupe und Lichthupe sogar gerade die Aufgabe, den Vordermann darauf aufmerksam zu machen, dass man überholen will. Selbst wer bis zu fünf Meter herankommt, dabei hupt und mit aufgeblendetem Licht fährt, begeht nur dann eine strafbare Nötigung, wenn er den abgedrängten Vordermann auf diese Weise über eine Strecke von mehreren hundert Metern unter Druck setzt.[50] Erst dann wird eine Gewaltanwendung bejaht. Bei Abständen unter einem Meter kann auch schon eine kürzere Strecke genügen.[51]

Zweitens – und vor allem – setzt eine Nötigung voraus, dass der Täter einen *Nötigungserfolg* erzielt. Sich lediglich belästigt zu fühlen, reicht nicht aus. Der Genötigte muss durch die Nötigungshandlung vielmehr zu einem Tun, Dulden oder Unterlassen gezwungen werden. Für unser Beispiel heißt das: Gewaltanwendung in Form von erheblich zu dichtem Auffahren und viel zu intensivem Betätigen der Lichthupe stellt nur dann eine Nötigung dar, wenn der Hintermann den Genötigten tatsächlich zu einem Verhalten – zum Beispiel zu einem Spurwechsel – veranlasst. Wer sich dagegen nicht in Angst und Schrecken versetzen lässt und sein Verhalten in keiner Weise ändert (also beispielsweise nicht auf die rechte Spur wechselt), der wird auch zu nichts genötigt. Der übermäßig drängelnde Hintermann hat sich dann nur wegen *versuchter* Nötigung strafbar gemacht. Seine Tat wird daher in der Regel etwas milder geahndet. Außerdem hat er sich natürlich ordnungswidrig verhalten und muss, wie gesagt, mit einer empfindlichen Geldbuße und Punkten in Flensburg rechnen.

Bei Interesse siehe hierzu:
§ 240 StGB (Strafgesetzbuch), »Nötigung«
§ 1 StVO (Straßenverkehrsordnung), »Grundregeln«
§ 4 StVO, »Abstand«
§ 16 StVO, »Warnzeichen«

Notwehr

Irrtum:
Notwehr ist nur gegen tätliche Angriffe zulässig.

Richtig ist:
Gegen jede Form von Angriffen darf man grundsätzlich Notwehr üben.

Was unter Notwehr zu verstehen ist, glaubt jeder genau zu wissen: Notwehr liegt dann vor, wenn man sich gegen einen tätlichen Angriff auf Leib oder Leben zur Wehr setzt.

Falsch ist diese Annahme natürlich nicht. Denn in der Tat hat man gegenüber einem rechtswidrigen tätlichen Angriff das Recht zur Notwehr. Aber Notwehr ist auch noch in ganz anderen Situationen erlaubt. Es muss nicht unbedingt ein Angriff auf Leib oder Leben vorliegen, es reichen auch Angriffe zum Beispiel auf die Ehre, das Eigentum, die Freiheit oder das Hausrecht. Wer also beleidigt, bestohlen oder eingesperrt wird, darf sich notfalls mit Gewalt wehren. Wer einen anderen vergeblich auffordert, das Haus zu verlassen, darf sein Hausrecht ausüben, indem er den anderen gewaltsam vor die Tür setzt.

Wer in berechtigter Notwehr handelt, hat grundsätzlich die Möglichkeit, den Angriff mit allen erdenklichen Mitteln – bis hin zur Tötung des Angreifers – abzuwehren. Das Verteidigungsmittel muss allerdings »erforderlich und geboten« sein. Das ist nicht der Fall, wenn ein unerträgliches Missverhältnis zwischen dem angegriffenen Rechtsgut und der gewählten Verteidigung liegt. Deutsche Gerichte haben daher entschieden, dass es nicht erlaubt ist, den Diebstahl von Biergläsern durch Revolverschüsse zu vereiteln oder Selbstschussanlagen zur Abwehr von Pfirsichdiebstählen aufzustellen.[52] Es sollte also niemand auf die Idee kommen, bei der nächsten Beleidigung gleich zur Pistole zu greifen.

Das Recht zur Notwehr hat übrigens nicht nur der Angegriffene selbst. Wer einen anderen gegenüber einem Angreifer verteidigen will, hat die gleichen Rechte. Die Notwehr wird dann allerdings als »Nothilfe« bezeichnet.

Bei Interesse siehe hierzu:
§ 32 StGB (Strafgesetzbuch), »Notwehr«

Polizistenmord

Irrtum:
Es gibt ein Delikt des Polizistenmordes.

Richtig ist:
Das Strafgesetzbuch kennt unter anderem die Tatbestände Mord, Totschlag und fahrlässige Tötung, aber kein spezielles Delikt des »Polizistenmordes«.

Immer wieder kann man in der Presse Nachrichten wie diese lesen: »Mann wegen Polizistenmordes zu lebenslanger Freiheitsstrafe verurteilt.«

Viele Menschen glauben aufgrund solcher Formulierungen, bei »Polizistenmord« handele es sich um ein spezielles, im Strafgesetzbuch besonders geregeltes Delikt. Die Vorstellung, bei einem Polizistenmord werde intensiver nach dem Täter gefahndet als bei einem »gewöhnlichen« Mord, hat diesen Irrtum wohl noch zusätzlich gefördert, ebenso wie der traditionelle Autoritätsanspruch dieses Berufsstandes. Ein ähnliches Missverständnis besteht im Hinblick auf den Tatbestand der →*Beamtenbeleidigung*, den es ebenfalls nicht gibt.

Selbstverständlich macht es keinen Unterschied, ob man einen Polizisten tötet oder Angehörige eines anderen Berufsstandes. Das Leben eines jeden Menschen ist gleich viel wert. Es gibt keinen Grund, »Polizistenmörder« anders zu behandeln als jeden anderen Mörder auch. Ein spezieller Straftatbestand des »Polizistenmordes« würde daher keinen Sinn ergeben.

Bei Interesse siehe hierzu:
§ 211 StGB (Strafgesetzbuch), »Mord«
§ 212 StGB, »Totschlag«

Schwarzfahren strafbar?

Irrtum:
Fahren ohne Fahrkarte in öffentlichen Verkehrsmitteln ist immer strafbar.

Richtig ist:
»Schwarzfahrer« machen sich nur strafbar, wenn sie sich die Beförderung »erschlichen« haben.

Ein begrifflicher Irrtum sei vorab klargestellt: Das Delikt, das im Allgemeinen als »Schwarzfahren« bezeichnet wird, heißt juristisch korrekt »Erschleichen von Leistungen«. Diese Bezeichnung zeigt bereits, dass wegen »Schwarzfahrens« strafrechtlich nur belangt werden kann, wer sich die Beförderung »erschlichen« hat.

Das Merkmal des »Erschleichens« wirft ein Problem auf. Denn in den meisten öffentlichen Verkehrsmitteln finden heutzutage gar keine Zugangskontrollen mehr statt. Jeder kann ungehindert U- und S-Bahnen besteigen, unabhängig davon, ob er sich vorher eine Fahrkarte gekauft hat oder nicht. Wie also soll man sich heute überhaupt noch eine Beförderung »erschleichen«? Es ist schließlich niemand da, den man über seine Zugangsberechtigung täuschen könnte.

Einige Juristen haben aus diesem Umstand gefolgert, dass eine strafbare Beförderungserschleichung nur dann vorliegt, wenn jemand zumindest täuschungsähnliche Manipulationen vornimmt oder zum Beispiel Kontrollen umgeht.[53] Das Bundesverfassungsgericht hat anders entschieden. Es erachtet es als ausreichend, wenn »der Täter sich durch sein Verhalten mit dem Anschein der Ordnungsmäßigkeit umgibt«[54].

Das bedeutet allerdings im Umkehrschluss, dass jemand, der sein Schwarzfahren demonstrativ zur Schau stellt, kaum wegen Beförderungserschleichung bestraft werden kann. Wer also einen Button oder ein T-Shirt mit der Aufschrift »Ich bin Schwarzfahrer!« trägt und diesen Umstand schon beim Einsteigen den umstehenden Fahrgästen offen kundtut (»Guten Tag allerseits, ich werde jetzt schwarzfahren!«), bei dem wird es sehr schwierig werden, zu begründen, dass er sich die Beförderungsleistung »erschlichen« und damit strafbar gemacht hat.[55]

In diesem Zusammenhang soll mit einem weiteren Irrtum aufgeräumt werden: Die Strafe für Schwarzfahren ist keineswegs das erhöhte Beförderungsentgelt, dass der Kontrolleur vom Schwarzfahrer verlangt, wenn er erwischt wird. Bei dem erhöhten Beförderungsentgelt handelt es sich lediglich um einen zivilrechtlichen Anspruch des Verkehrsunternehmens gegen jeden, der ohne Fahrkarte in Bus oder Bahn angetroffen wird. Auch wer sich die Beförderung nicht erschlichen hat, muss dieses Entgelt bezahlen. Da er sich aber nicht strafbar gemacht hat, kann gegen ihn nicht obendrein noch eine Geld- oder gar Gefängnisstrafe verhängt werden. Er gilt also als nicht vorbestraft. Wer dagegen den Tatbestand der Leistungserschleichung verwirklicht hat, haftet nicht nur *zivil*rechtlich auf Zahlung eines erhöhten Beförderungsentgelts, sondern muss zusätzlich noch mit *straf*rechtlichen Konsequenzen rechnen, nämlich mit der Einleitung eines Strafverfahrens.

Bei Interesse siehe hierzu:
§265a StGB (Strafgesetzbuch), »Erschleichen von Leistungen«

Spannen verboten?

Irrtum:
Spannen ist verboten.

Richtig ist:
Spanner können nur in Ausnahmefällen bestraft werden.

»Spanner«, die nachts mit Ferngläsern um die Häuser schleichen oder mit Spiegeln bewaffnet in Umkleidekabinen lauern, erregen zu Recht Empörung. Das gilt vor allem für technisch besonders gut ausgerüstete Voyeure, die in Solarien, Hotelzimmern oder Damentoiletten mit Handykameras oder gar Livecams Aufnahmen von ihren arglosen Opfern machen und diese ins Internet stellen.

Wer einen Spanner »auf frischer Tat« ertappt und die Polizei verständigt, um ihn seiner Bestrafung zuzuführen, wird jedoch in vielen Fällen feststellen müssen, dass eine Bestrafung gar nicht möglich ist. Denn das heimliche Beobachten von Menschen, selbst mit technischen Hilfsmitteln wie Spiegeln, verborgenen »Gucklöchern« oder Ferngläsern erfüllt keinen Straftatbestand. Selbst das Filmen und Fotografieren der Personen und der anschließende private Konsum der Aufnahmen war lange Zeit nicht strafbar. Erst seit 2004 ist es bei Strafe verboten, unbefugt Bildaufnahmen von einer anderen Person zu machen, wenn diese sich in ihrer Wohnung oder einem anderen »gegen Einblick besonders geschützten Raum« aufhält. Gemeint sind damit z. B. Umkleide- oder Sonnenstudiokabinen. Strafbar sind die Aufnahmen allerdings nur dann, wenn durch die Aufnahmen der »höchstpersönliche Lebensbereich« der gefilmten Person verletzt wird. Vor allem die massenhafte Verbreitung von Nacktaufnahmen heimlich gefilmter Opfer im Internet soll durch dieses neue Gesetz gestoppt werden.

Schon bisher war es darüber hinaus strafbar, wenn derlei Bildaufnahmen nicht nur privat »konsumiert«, sondern weiter verbreitet oder gar öffentlich zur Schau gestellt wurden. Auch heimliche Tonaufnahmen waren bereits früher strafbar. Aus diesem Grund tun Fernsehteams, die mit versteckter Kamera drehen, nachträglich immer so, als sei der Ton während des heimlichen Drehs abgeschaltet gewesen. Die wortwörtliche Nachvertonung beruht dann angeblich nicht auf einem Tonmitschnitt, sondern auf einem »Gedächtnisprotokoll« des Kameramannes, das in der Regel allerdings von ganz verblüffender Präzision ist.

Den eher traditionell ausgerüsteten Spanner, der sich auf klassische Beobachtungshilfen wie Spiegel, Fernglas oder Guckloch beschränkt, wird man übrigens auch nach der neuen Gesetzlage künftig nicht belangen können. Solange er keine rechtsverletzenden Bild- oder Tonaufnahmen macht, handelt er nicht strafbar.

Bei Interesse siehe hierzu:
§ 201 StGB (Strafgesetzbuch), »Verletzung der Vertraulichkeit des Wortes«
§ 201 a StGB, »Verletzung des höchstpersönlichen Lebensbereichs durch Bildaufnahmen«
§ 22 KUG (Kunsturhebergesetz), »Recht am eigenen Bilde«
§ 33 KUG, »Strafvorschrift«

Üble Nachrede

Irrtum:
Wenn ich Gerüchte nur weitererzähle, kann ich mich nicht strafbar machen.

Richtig ist:
Auch das bloße Weiterverbreiten fremder Gerüchte kann als üble Nachrede gelten und strafbar sein.

Unbewiesene Gerüchte über andere weiterzuerzählen halten viele für harmlosen Tratsch. Doch die Schwelle zu einer strafbaren üblen Nachrede ist erheblich niedriger, als die meisten ahnen.

Wegen übler Nachrede macht sich strafbar, wer Tatsachen über einen anderen weiterverbreitet, die nicht bewiesen sind, die diesen jedoch verächtlich machen oder ihn im öffentlichen Ansehen herabwürdigen können.

Dabei ist man auch dann nicht vor Strafe geschützt, wenn man sich von dem Gerede distanziert und es nur unter dem Siegel der Verschwiegenheit (»Aber auf keinen Fall weitererzählen!«) verbreitet. Selbst wer ausdrücklich darauf hinweist, dass jemand anders das Gerücht in die Welt gesetzt habe und es völlig unglaubwürdig und überhaupt nicht bewiesen sei, kann sich strafbar machen. Denn auch dann trägt er ja immerhin dazu bei, dass die Geschichte weiterhin im Umlauf bleibt.[56] Die Klatschbasen dieser Welt sollten sich also darüber im Klaren sein, dass ihre Lieblingsfreizeitbeschäftigung sie irgendwann einmal vor den Strafrichter führen könnte.

Für die Medien gilt übrigens grundsätzlich nichts anderes. Die Presse hat genauso wenig ein generelles »Recht auf Tratsch« wie der Normalbürger. Allerdings können sich Zeitungen, Funk und Fernsehen in manchen Fällen auf das Grundrecht der Pressefreiheit berufen. Sie müssen die Möglichkeit haben, die Öffentlichkeit umfassend zu unterrichten. Für sie gilt daher der strafrechtliche Rechtfertigungsgrund der »Wahrnehmung berechtigter Interessen«. Unter diesen Rechtfertigungsgrund kann auch eine Berichterstattung über unbewiesene Gerüchte fallen. Dabei sind jedoch hohe Anforderungen an die journalistische Sorgfaltspflicht zu stellen. Tatsachen, die die Medien verbreiten wollen, müssen mit der nach den Umständen gebotenen Sorgfalt auf Inhalt, Herkunft und Wahrheit geprüft werden.

Diese Sorgfaltspflicht verletzte ein Journalist, der sich einmal vor dem Landgericht Hamburg für einen Artikel mit der Überschrift »Der Kneifer von Z.« verantworten musste. Er hatte in einer großen deutschen Wochenzeitschrift Folgendes geschrieben (Namen von Personen und Städten sind unkenntlich gemacht):

> *»Marie Luise W., Kanzlei-Angestellte des Amtsgerichts X., stieg die Treppe zu ihrem Bürozimmer hinauf, als sie sich plötzlich in die Kehrseite gekniffen fühlte. Eine Stimme untermalte den Angriff im rheinischen Tonfall: »Wat gibt et hier leckere Mädchen!«*
> *Fräulein W. sah sich bestürzt um, stürmte in ihren Amtsraum und klagte dort über den fremden Unhold. Zwei Bürokollegen wollten sich eben empören, als der Kneifer eintrat und sich vorstellte: Landgerichtspräsident Dr. Y., eben zur Visite bei dem ihm unterstellten Amtsgericht X. eingetroffen.*
> *So jedenfalls wird der Z.-Besuch in einem Brief geschildert, den ein Bürger von X. unlängst dem nordrhein-westfälischen Justizminister geschrieben hat. Aufgebracht fragte der Absender: »Meinen Sie, dass dieser Herr viele Beamte und Angestellte führen kann?«*[57]

Die angeblichen Verfehlungen des Landgerichtspräsidenten waren nicht erwiesen. Der Journalist wurde daher in erster Instanz wegen übler Nachrede verurteilt. Erst das Oberlandesgericht Hamburg hob die Verurteilung auf – jedoch nur, weil die Rechtsabteilung des Zeitschriftenverlages den Artikel irrtümlich für unproblematisch gehalten hatte. Der Journalist durfte nach Einschätzung des Gerichts auf die Aussage des Verlagsjuristen vertrauen. Er habe nicht wissen können, dass seine Äußerungen strafbar waren (→*Unwissenheit schützt vor Strafe nicht)*. Nur aus diesem Grund kam er letztlich mit einem Freispruch davon.

Bei Interesse siehe die Landespressegesetze der einzelnen Bundesländer, zum Beispiel:
§ 3 LPrG NW (Landespressegesetz Nordrhein-Westfalen), »Öffentliche Aufgabe der Presse«
§ 6 LPrG NW, »Sorgfaltspflicht der Presse«
§ 186 StGB (Strafgesetzbuch), »Üble Nachrede«
§ 193 StGB, »Wahrnehmung berechtigter Interessen«

Unwissenheit schützt vor Strafe nicht

Irrtum:
Unwissenheit schützt vor Strafe nicht.

Richtig ist:
In einer ganzen Reihe von Fällen schützt »Unwissenheit« sehr wohl vor Strafe.

Eine alte Volksweisheit lehrt uns: »Unwissenheit schützt vor Strafe nicht.« Doch sooft dieser Spruch auch wiederholt wird, so falsch ist er – jedenfalls in seiner Absolutheit. Denn wegen einer vorsätzlichen Straftat kann sich nur strafbar machen, wer alle relevanten Tatumstände kennt. Unwissende können also sehr wohl vor Strafe geschützt sein.

Ein Beispiel: Wer einen Stein durch eine fremde Fensterscheibe wirft, macht sich nicht wegen Sachbeschädigung strafbar, wenn er glaubte, das Fenster sei geöffnet gewesen. Denn ihm war überhaupt nicht klar, dass er eine Fensterscheibe zerstören würde. Er hatte also keinen Vorsatz. Und wer keinen Vorsatz hat, kann allenfalls wegen fahrlässiger Tatbegehung bestraft werden. Fahrlässige Sachbeschädigung ist jedoch vom Gesetz nicht mit Strafe bedroht. Der Täter muss zwar den angerichteten Schaden ersetzen, wenn er zumindest hätte erkennen *können*, dass das Fenster geschlossen war. (Hatte er diese Möglichkeit nicht, ist noch nicht einmal ein Schadensersatz fällig.) Strafrechtliche Sanktionen braucht er jedoch nicht zu befürchten. Seine Unwissenheit hat ihn also sehr wohl vor Strafe geschützt.

Das Gesetz geht mit der Privilegierung »Unwissender« sogar noch weiter. Täter, die einem so genannten »unvermeidbaren Verbotsirrtum« aufliegen, werden nicht bestraft. Ein Verbotsirrtum liegt vor, wenn der Täter zwar sämtliche relevanten Tatumstände kannte, ihm aber trotzdem nicht klar war, dass er etwas Verbotenes tut. Unvermeidbar kann ein solcher Verbotsirrtum zum Beispiel dann sein, wenn sich der Täter vor seiner Tat kompetenten Rechtsrat eingeholt hat. Wenn ein Jurist ein bestimmtes Verhalten eindeutig als rechtmäßig einstuft, kann der Ratsuchende in der Regel auf diese Auskunft vertrauen. Sein Irrtum ist unvermeidbar.

Auch hierfür ein Beispiel: Ein Bundeswehrleutnant hatte einen Unfall, bei dem er sich eine Querschnittslähmung zuzog. Gegen viele Widerstände setzte er durch, dass er trotz seiner Behinderung weiterhin als Reserveoffizier tätig sein und wieder an Wehrübungen teilnehmen durfte. Die Zeitschrift *Titanic* führte ihn daraufhin in einer Liste der »sieben peinlichsten Persönlichkeiten des Monats« auf und schrieb:

> *»Noch obszöner ist freilich die Vorstellung, dass ein Querschnittsgelähmter im Rollstuhl zu einer Wehr-*

> *übung einrückt. Nicht weil er müsste – nein, er wollte unbedingt. (...) M. freut sich nun ›unheimlich‹ aufs Kriegspielen. ›Dein Kopf ist doch völlig o.k.‹, will er sich gesagt haben, ›warum solltest du der Bundeswehr nicht weiterhin als Reserveoffizier nützlich sein?‹ Eine müßige Frage, da schon die Voraussetzung offenbar falsch ist.«*[58]

Das Amtsgericht Frankfurt a.M. sah in diesem Text eine Beleidigung, da er die geistigen Fähigkeiten des Soldaten in Zweifel zog. Es bestrafte den Autor dennoch nicht. Es billigte ihm vielmehr einen unvermeidbaren Verbotsirrtum zu, der die Beleidigung entschuldigte. Denn eine Juristin des *Titanic*-Verlages hatte den Text vor der Veröffentlichung geprüft und für zulässig befunden. Auf ihre – falsche – Aussage durfte der *Titanic*-Journalist vertrauen, so das Amtsgericht.[59]

In vielen Fällen sind Verbotsirrtümer dagegen natürlich vermeidbar. Selbstverständlich kann niemand ein Kilo Drogen importieren und anschließend behaupten, er habe nicht gewusst, dass das strafbar ist. Selbst wenn der Richter ihm diesen Irrtum abnimmt, wird er den Importeur bestrafen. Denn ein solcher Verbotsirrtum war ganz sicher vermeidbar.

Bei Interesse siehe hierzu:
§ 16 StGB (Strafgesetzbuch), »Irrtum über Tatumstände«
§ 17 StGB, »Verbotsirrtum«

Wechselgeld unterschlagen

Irrtum:
Wer zu viel erhaltenes Wechselgeld behält, macht sich strafbar.

Richtig ist:
Im Regelfall ist es nicht strafbar, zu viel herausgegebenes Wechselgeld zu behalten.

Manch einer fühlt sich als Dieb oder Betrüger, wenn er die Kassiererin im Supermarkt nicht darauf aufmerksam macht, dass sie ihm zu viel Wechselgeld herausgegeben hat. Und zweifellos hat er Recht damit, dass er sich unmoralisch verhält. Ob er wegen seiner Tat allerdings auch juristisch belangt werden kann, ist eine ganz andere Frage.

Ein Dieb ist er zunächst einmal ganz sicher nicht. Denn einen Diebstahl begeht nur, wer einem anderen etwas gegen dessen Willen wegnimmt. Die Kassiererin gibt das Geld jedoch freiwillig heraus. Sie irrt sich lediglich über die korrekte Höhe des Wechselgeldes.

Auch ein Betrug liegt in aller Regel nicht vor. Wenn sich die Kassiererin schlicht verrechnet hat, trifft den Kunden keine Schuld an ihrem Irrtum. Zu einem Betrug gehört immer eine Täuschung. Ein Käufer, der lediglich einen Irrtum der Kassiererin ausnutzt, täuscht diese jedoch nicht. Da er nicht verpflichtet ist, sie auf ihren Fehler aufmerksam zu machen, hat er sich auch nicht wegen Betrugs strafbar gemacht.

Etwas anderes gilt nur, wenn die Kassiererin ihn zum Beispiel fragt, ob ihre Berechnung stimmt. Wer dann lügt und den Irrtum der Kassiererin aufrechterhält, indem er ihr bewusst eine falsche Antwort gibt, der macht sich unter Umständen wegen Betrugs strafbar. Er geht nur dann straffrei aus, wenn seine Antwort gar keinen Einfluss darauf hatte, ob die Kassiererin das errechnete Wechselgeld auszahlt oder nicht.[60]

Die zuletzt geschilderte Fallkonstellation wird in der Praxis freilich selten vorkommen. In aller Regel kann man daher davon ausgehen, dass es nicht strafbar ist, zu viel herausgegebenes Wechselgeld zu behalten. Ob es fair ist, muss jeder für sich entscheiden.

Bei Interesse siehe hierzu:
§ 242 StGB (Strafgesetzbuch), »Diebstahl«
§ 263 StGB, »Betrug«

Zechprellerei strafbar?

Irrtum:
Wer ein Restaurant verlässt, ohne zu bezahlen, begeht »Zechprellerei« und macht sich stets strafbar – es sei denn, er hat vorher drei Mal nach der Rechnung gefragt oder eine halbe Stunde auf diese gewartet.

Richtig ist:
Den Straftatbestand der Zechprellerei gibt es überhaupt nicht. Man muss auch nicht drei Mal nach der Rechnung fragen oder eine halbe Stunde darauf warten.

Wenn ein Restaurant- oder Kneipengast seine Rechnung nicht bezahlen kann oder will, hat der Wirt natürlich die Möglichkeit, ihn auf Zahlung zu verklagen. Der Gast wird dann gerichtlich dazu gezwungen, die Rechnung zu begleichen. Viele Wirte begnügen sich jedoch nicht damit, eine zivilrechtliche Zahlungsklage anzudrohen. Häufig rufen sie gleich nach der Polizei. Sie verlangen nicht nur ihr Geld, sondern drohen dem Gast außerdem noch mit einer Strafanzeige wegen »Zechprellerei«. So versuchen sie, zusätzlichen Druck auf ihn auszuüben. Tatsache ist jedoch: Ein Straftatbestand der Zechprellerei existiert in Deutschland nicht.

Und das ist auch sinnvoll. Denn warum sollte es immer gleich strafbar sein, ausgerechnet eine Restaurant-, Kneipen- oder Hotelrechnung nicht zu bezahlen? Schließlich käme auch niemand auf den Gedanken, dass es eine Straftat sei, Telefon- oder Handwerkerrechnungen nicht zu begleichen. Oder hat schon einmal jemand was von »Telefonrechnungsprellerei« gehört?

Gastronomen werden es nicht gern hören, aber sie haben gegenüber anderen Unternehmen oder Personen, die Rechnungen stellen, keine Sonderrechte. Es ist nicht die Aufgabe der Strafjustiz, ihnen beim Eintreiben ihrer Forderungen zu helfen.

Heißt das, man kann in Deutschland niemals bestraft werden, wenn man ein Restaurant verlässt, ohne zu zahlen? Ganz so einfach ist es natürlich nicht. Wer schon bei der Bestellung weiß, dass er die Rechnung nicht bezahlen kann oder will, der begeht einen Betrug. Denn er täuscht dem Gastwirt seine Zahlungsbereitschaft oder Zahlungsfähigkeit nur vor. Wer ein Restaurant also verlässt, ohne zu bezahlen, muss zwar nicht »drei Mal nach der Rechnung fragen« oder »eine halbe Stunde auf sie warten«, um straffrei auszugehen. Er sollte aber eine glaubhafte Erklärung dafür haben, warum er ursprünglich angeblich bezahlen wollte, es dann aber doch nicht getan hat. Wer sein Verhalten nicht erklären kann, muss damit rechnen, dass er bestraft wird – zwar nicht wegen »Zechprellerei«, aber wegen Betruges.

Viel gastronomenfreundlicher ist man übrigens in der Schweiz. Das Schweizerische Strafgesetzbuch kennt tatsächlich den Straftatbestand der Zechprellerei. Wer dort ein Restaurant verlässt, ohne zu bezahlen, kann sich selbst dann strafbar machen, wenn er bei der Bestellung eigentlich noch bezahlen wollte. Bei unseren eidgenössischen Nachbarn macht es strafrechtlich also wirklich einen Unterschied, ob man eine Restaurantrechnung nicht bezahlt oder ob man lediglich eine Telefonrechnung nicht begleicht.

Bei Interesse siehe hierzu:
§ 263 StGB (Strafgesetzbuch), »Betrug«
Art. 149 Schweizerisches StGB, »Zechprellerei«

Straßenverkehr

Abschließen des Autos

Irrtum:
Ob ich mein geparktes Auto oder Motorrad abschließe oder nicht, ist meine Privatsache.

Richtig ist:
Geparkte Kraftfahrzeuge müssen gegen unbefugte Benutzung gesichert werden.

Ein Auto oder Motorrad schließt man ab, um es vor Diebstahl zu schützen. Ob man das Fahrzeug unverschlossen stehen lässt und so das Diebstahlsrisiko eingeht oder ob man es sichert, ist also jedem selbst überlassen – könnte man meinen.

So ist es aber nicht. Führer eines Kraftfahrzeugs sind verpflichtet, alle vorgeschriebenen und vorhandenen Sicherungen zu betätigen, wenn sie ihr Fahrzeug auf einer jedermann zugänglichen Fläche unbewacht abstellen.[61] Die Beobachtung des Fahrzeugs beispielsweise aus dem Friseurladen während des Haareschneidens gilt dabei nicht als Bewachung.[62]

Nur wenigen ist diese Regelung bekannt. Sie wurde in die Straßenverkehrsordnung aufgenommen, weil es eben nicht nur den Fahrer etwas angeht, wenn sein Fahrzeug gestohlen wird. Es muss vielmehr auch im Interesse der Allgemeinheit verhindert werden, dass Personen im Straßenverkehr herumfahren, die zum Beispiel alkoholisiert sind oder gar keine Fahrerlaubnis besitzen.

Aus diesem Grund kann nachlässigen Fahrern, die ihr Kfz ungesichert stehen lassen, ein Bußgeld auferlegt werden. Das Fahrzeug kann unter Umständen sogar kostenpflichtig abgeschleppt werden.[63] Außerdem muss der Halter für Schäden haften, die ein Dieb bei seiner Schwarzfahrt anrichtet, falls das Fahrzeug durch sein Verschulden nicht ausreichend gesichert war.

Bei Interesse siehe hierzu:
§ 14 Abs. 2 StVO (Straßenverkehrsordnung), »Sorgfaltspflichten beim Ein- und Aussteigen«
§ 7 Abs. 3 StVG (Straßenverkehrsgesetz), »Haftung des Fahrzeughalters«

Arztausfahrt

Irrtum:
In der Straßenverkehrsordnung gibt es den Begriff der »Arztausfahrt«.

Richtig ist:
Ausfahrt ist Ausfahrt.

Der Autor dieses Buches gibt zu, dass er für die Aufnahme dieses Irrtums rein persönliche Motive hat. An der Garagenausfahrt meines früheren Nachbarn in Köln prangt noch heute unübersehbar ein Schild mit der Aufschrift: »Arztausfahrt! Tag und Nacht freihalten! Auch gegenüber!«

Wer dort auch nur eine Minute hält (zugegebenermaßen im absoluten Haltverbot), wird augenblicklich auf diesen Umstand hingewiesen. Ein Fenster öffnet sich und man vernimmt die empörte Mahnung: »Dies ist eine Arztausfahrt!« Wer angesichts dieser Mitteilung nicht sogleich in Ehrfurcht erstarrt, der ist versucht, etwa zu entgegnen: »Angenehm. Ich bin ein Ingenieurssohn und dies ist ein Rechtsanwaltsauto. Ich lade etwas aus und bin sofort wieder weg.«

Ausfahrt ist Ausfahrt und Haltverbot ist Haltverbot. Der Straßenverkehrsordnung ist es völlig egal, welcher Tätigkeit ein zugeparkter Garagenbesitzer nachgeht. Für Ärzte gelten also keine Sonderregeln. Den Begriff der »Arztausfahrt« gibt es im deutschen Recht nicht.

Selbstverständlich kann Falschparken Menschenleben kosten. Vor allem können falsch geparkte Fahrzeuge Rettungswege versperren. Das gilt aber überall und nicht nur vor den Häusern von Ärzten; ob diese nun Bereitschaftsdienste haben oder nicht. Haltverbote sollten daher generell befolgt werden. Es gibt keine Haltverbote erster und zweiter Klasse und auch keine Ausfahrtenbesitzer erster und zweiter Klasse.

Fahrzeugbrief, Eigentümer und Halter

Irrtum:
Wer im Fahrzeugbrief steht, ist Eigentümer bzw. Halter des Fahrzeugs.

Richtig ist:
Der Fahrzeugbrief sagt weder etwas über den Halter noch über den Eigentümer des Fahrzeugs aus.

Wer im Fahrzeugbrief steht, dem gehört das Auto. So denken jedenfalls viele. Andere glauben, die im Brief genannte Person sei vielmehr der Fahrzeughalter. Beide Erklärungen sind jedoch falsch. Der Fahrzeugbrief erfüllt ganz andere Funktionen. Es stellen sich also gleich drei Fragen:

- Woran sieht man, wer der Eigentümer eines Fahrzeugs ist?
- Woran sieht man, wer der Halter ist?
- Und welchen Zweck hat der Fahrzeugbrief in Wirklichkeit?

Der Reihe nach: Um Eigentümer eines Fahrzeugs zu werden, muss man nicht im Fahrzeugbrief eingetragen sein oder den Fahrzeugbrief im Besitz haben. Ein Fahrzeug kann ganz formlos, zum Beispiel per Handschlag und Schlüsselübergabe, verkauft und übereignet werden (→*Schriftform von Verträgen*). Allerdings muss der Verkäufer dem Käufer den Fahrzeugbrief anschließend aushändigen. Diese Verpflichtung ist wahrscheinlich der Grund für den weit verbreiteten Irrtum, die Person, die im Fahrzeugbrief steht oder ihn besitzt, sei der Eigentümer.

Halter eines Fahrzeugs ist nach der gängigen Definition derjenige, der es für eigene Rechnung in Gebrauch hat und die Verfügungsgewalt darüber besitzt. Im Fahrzeugbrief muss er dazu nicht stehen. Halter kann deshalb auch jemand sein, der sich das Auto nur geliehen hat. Sogar ein Autodieb kann im Extremfall Halter des gestohlenen Fahrzeugs sein, nämlich dann, wenn er es längere Zeit für sich nutzt und daher als Einziger die Verfügungsgewalt darüber besitzt.[64]

Wer im Fahrzeugbrief steht oder ihn besitzt, muss demnach weder Eigentümer noch Halter des Fahrzeugs sein. Welchen Zweck hat der Fahrzeugbrief dann?

Im Wesentlichen hat er zwei Funktionen. Zum einen beurkundet er, dass für das betreffende Fahrzeug eine Betriebserlaubnis besteht. Zum anderen dient der Brief als Nachweis dafür, dass sein Inhaber über das Fahrzeug verfügen darf.

Diese Doppelfunktion wird besonders deutlich, wenn man ein Fahrzeug ummelden will. Denn man muss der Zulassungsstelle sowohl die Verfügungsbefugnis als auch die Betriebserlaubnis nachweisen, wenn man neue Kennzeichen haben möchte. Wenn man den Fahrzeugbrief nicht vorlegen kann, wird man daher keine neuen Kennzeichen bekommen und darf mit dem Fahrzeug nicht weiterfahren.

Bei Interesse siehe hierzu:
§ 23 Abs. 1 S. 3 StVZO (Straßenverkehrszulassungsordnung), »Zuteilung der amtlichen Kennzeichen«
§ 27 Abs. 3 StVZO, »Meldepflichten der Eigentümer und Halter von Kraftfahrzeugen oder Anhängern«

Geschwindigkeitsbegrenzungen nach Einmündungen

Irrtum:
Wenn eine Geschwindigkeitsbegrenzung nach einer Einmündung nicht durch ein weiteres Verkehrsschild wiederholt wird, gilt sie nicht mehr.

Richtig ist:
Einmündungen heben Geschwindigkeitsbegrenzungen nicht auf.

Viele Autofahrer glauben, eine Geschwindigkeitsbegrenzung gelte nach einer Kreuzung oder Einmündung nicht mehr, wenn sie dahinter nicht durch ein neues Schild wiederholt werde. Dies trifft jedoch nicht zu. Es gibt vielmehr nur drei Möglichkeiten, eine Geschwindigkeitsbegrenzung zu beenden:

- Schon zu Beginn der geschwindigkeitsbegrenzten Strecke kann ein Schild von vornherein ihre Länge (z. B. 800 Meter) angeben.
- Wenn die Geschwindigkeitsbegrenzung zusammen mit einem Schild angeordnet wird, das auf eine bestimmte Gefahr hinweist, gilt sie an dem Punkt als aufgehoben, wo klar ist, dass die Gefahr von da an nicht mehr besteht.
- Das Zeichen 276 der Straßenverkehrsordnung (durchgestrichene Geschwindigkeitsbegrenzung) zeigt das Ende der Verbotsstrecke an.

Eine Einmündung beendet ein Tempolimit also nicht. Das gilt auch für die Fahrzeuge, die von der Einmündung aus auf die Straße mit der Geschwindigkeitsbegrenzung abbiegen. Auch sie müssen sich an die zulässige Höchstgeschwindigkeit halten, obwohl sie sie überhaupt nicht kennen können. Ob sie im Falle eines Verstoßes gegen das Tempolimit allerdings eine Geldbuße auferlegt bekommen, ist eine andere Frage (→ *Unwissenheit schützt vor Strafe nicht*).

Für alle anderen Streckenverbote gilt übrigens das Gleiche. Auch ein Überholverbot ist nicht aufgehoben, wenn es nach einer Einmündung nicht wiederholt wird.

Haltverbot, eingeschränktes

Irrtum:
Im »Parkverbot« (eingeschränktes Haltverbot) darf ich maximal drei Minuten halten.

Richtig ist:
Zum Ein- und Aussteigen und für Ladegeschäfte gibt es im eingeschränkten Haltverbot keine zeitliche Begrenzung.

»Im Parkverbot darf man nur zum Be- und Entladen anhalten und dann auch nur maximal drei Minuten lang stehen bleiben.« So glauben jedenfalls viele. Tatsache ist, dass an diesem Satz wirklich alles falsch ist.

Mit der Begrifflichkeit fängt es schon an. Das im Volksmund »Parkverbot« genannte Zeichen 286 der Straßenverkehrsordnung (rot umfasster blauer Kreis mit einem diagonalen roten Strich von oben links nach unten rechts) heißt richtig »eingeschränktes Haltverbot« – und zwar ohne »e« zwischen »Halt« und »verbot«.

Wie das Schild korrekt zu bezeichnen ist und ob man es mit oder ohne »e« schreibt, mag zugegebenermaßen von untergeordneter Wichtigkeit sein. Was es bedeutet, sollte aber jedem Autofahrer klar sein. Dass man im eingeschränkten Haltverbot nur maximal drei Minuten stehen darf, um ein- oder auszuladen, ist ein immer wieder gehörtes Missverständnis.

Tatsächlich darf man im eingeschränkten Haltverbot aus jedem beliebigen Grund anhalten. Wer also neben dem Zeichen Nr. 286 stoppt, um die schöne Natur zu bewundern, eine schnelle Mahlzeit einzunehmen oder die CD zu wechseln, der darf dies tun. Er muss allerdings nach drei Minuten weiterfahren. Wer dagegen das Fahrzeug be- oder entladen will, für den gilt die Dreiminutenregel nicht. Zwar müssen Ladevorgänge ohne Verzögerung durchgeführt werden; man sollte also zwischendurch nicht gerade Mittag essen gehen. Wenn dieses Gebot zur Eile beachtet wird, ist es jedoch überhaupt kein Problem, wenn der Ladevorgang länger als drei Minuten dauert.

Nichts anderes gilt beim Ein- und Aussteigen: Natürlich muss ein Fahrzeug nicht nach drei Minuten weiterfahren, wenn es einmal etwas länger dauert, bis z.B. ein Rollstuhlfahrer oder eine feuchtfröhliche Busladung schwankender Kegelbrüder sicher ein- oder ausgestiegen ist.

Bei Interesse siehe hierzu:
§ 41 Abs. 2, Zeichen 286 StVO (Straßenverkehrsordnung), »Vorschriftszeichen, Eingeschränktes Haltverbot«

Lichthupe

Irrtum:
Man darf die Lichthupe nicht benutzen, um auf der Autobahn den Vordermann zu einem Wechsel auf die rechte Fahrspur zu veranlassen.

Richtig ist:
Außerhalb geschlossener Ortschaften ist es sogar eine Hauptaufgabe der Lichthupe, Überholabsichten anzukündigen.

Die Lichthupe ist ein Warnzeichen. Sie darf verwendet werden, wenn ein Fahrer sich oder einen anderen gefährdet sieht. Viele benutzen die Lichthupe jedoch auch zu einem anderen Zweck. Auf der Autobahn kündigen schnellere Fahrzeuge ihre Überholabsicht an, indem sie einige Male kurz aufblenden. Das vorausfahrende Fahrzeug wird damit aufgefordert, von der linken auf die rechte Spur zu wechseln.

Nun hat jeder schon einmal irgendwo gelesen, dass Drängeln auf der Autobahn als →*Nötigung* bestraft werden kann. Bestärkt durch dieses rudimentäre verkehrsstrafrechtliche Hintergrundwissen, reagieren viele recht allergisch, wenn der Hintermann, es wagt, ihnen per Lichthupe mitzuteilen, dass sie zu langsam fahren. Um dem vermeintlichen Rowdy eine Lektion in Verkehrserziehung zu erteilen, bleiben sie dann absichtlich noch etwas länger auf der linken Spur und überholen auch noch den allerletzten LKW, bis sie sich endlich – ganz gemächlich – nach rechts bequemen.

Was die wenigsten wissen: Es ist keineswegs verboten, Hupe und Lichthupe zu benutzen, um langsamere Fahrzeuge von der linken Spur herunterzukomplimentieren. Es ist sogar eine wesentliche Aufgabe von Hupe und Lichthupe, Überholabsichten anzukündigen. Das Gesetz gestattet ausdrücklich die Verwendung von Schall- und Leuchtzeichen, wenn ein Fahrer außerhalb geschlossener Ortschaften überholen will. Hupe und Lichthupe dürfen allerdings immer nur kurz und stoßweise und insgesamt nicht länger als einige Sekunden betätigt werden. Denn das reicht, um den Vordermann darauf aufmerksam zu machen, dass man überholen will. Wer Hupe oder Lichthupe dagegen übertrieben oft und lange betätigt oder gar zudem zu dicht auffährt, verlässt den Bereich des rechtlich Zulässigen und verhält sich zumindest ordnungswidrig. In besonders extremen Fällen kann der grundsätzlich erlaubte Gebrauch dieser Warninstrumente auch als Nötigung oder versuchte Nötigung bestraft werden.

Bei Interesse siehe hierzu:
§ 5 Abs. 5 StVO (Straßenverkehrsordnung), »Überholen«
§ 16 Abs. 1 StVO, »Warnzeichen«
§ 240 StGB (Strafgesetzbuch), »Nötigung«

Mindestgeschwindigkeit auf Autobahnen

Irrtum:
Auf der Autobahn gilt eine Mindestgeschwindigkeit von 60 km/h.

Richtig ist:
Weder für Autobahnen noch für sonstige Straßen gilt eine generelle Mindestgeschwindigkeit.

Der häufig gehörte Irrtum, wonach auf Autobahnen eine Mindestgeschwindigkeit von 60 km/h gelte, beruht auf einem Missverständnis. Autobahnen dürfen zwar in der Tat nur von Kraftfahrzeugen benutzt werden, deren durch die Bauart bestimmte Höchstgeschwindigkeit mehr als 60 km/h beträgt. Das heißt aber nicht, dass sie dort auch mindestens 60 km/h schnell fahren *müssen*. Die Straßenverkehrsordnung schreibt lediglich vor, dass Kraftfahrzeuge nicht ohne triftigen Grund so langsam fahren dürfen, dass sie den Verkehrsfluss behindern. Diese Regel gilt übrigens nicht nur auf Autobahnen, sondern auf allen Straßen.

Ein triftiger Grund für langsames Fahren liegt zum

Beispiel dann vor, wenn ein voll beladenes Fahrzeug ganz einfach nicht schneller fahren kann. Auch ein kranker oder verletzter Beifahrer, der auf einer schlechten Straße vor Erschütterungen bewahrt werden muss, sowie natürlich ungünstige Verkehrslagen oder schlechte Wetterbedingungen können dazu führen, dass man nicht nur langsam fahren darf, sondern es möglicherweise sogar *muss.*

Bei Interesse siehe hierzu:
§ 3 Abs. 2 StVO (Straßenverkehrsordnung), »Geschwindigkeit«
§ 18 Abs. 1 StVO, »Autobahnen und Kraftfahrstraßen«

Parken auf dem Gehweg

Irrtum:
In engen Straßen ist es gestattet, mit zwei Rädern auf dem Gehweg zu parken.

Richtig ist:
Parken auf dem Gehweg ist nur erlaubt, wo es ausdrücklich durch ein Verkehrsschild zugelassen ist.

Immer wieder kann man vor allem in engen Straßen parkende Autos sehen, die mit zwei Rädern auf dem Gehweg stehen. Viele glauben, diese Form des Parkens sei erlaubt, wenn auf der Fahrbahn nicht genug Platz ist, um ein Fahrzeug abzustellen.

Doch das stimmt nicht. Nur wo ein entsprechendes Verkehrsschild das Parken auf dem Gehweg ausdrücklich erlaubt, darf man sein Fahrzeug auch so abstellen.[65] Überall sonst muss man auf der Fahrbahn parken. Ist dort dafür nicht genug Platz, weil die Straße zu eng ist, dann darf man überhaupt nicht parken, sondern muss weiterfahren.

Bei Interesse siehe hierzu:
§ 2 Abs. 1 StVO (Straßenverkehrsordnung), »Straßenbenutzung durch Fahrzeuge«
§ 12 Abs. 1 Nr. 1, Abs. 4a StVO, »Halten und Parken«

Rechts überholen bei Stau

Irrtum:
Motorräder dürfen bei Stau auf der Autobahn zwischen den Kolonnen hindurchfahren.

Richtig ist:
Auch für Motorradfahrer und auch bei Stau gilt das Rechtsüberholverbot.

Motorradfahrer schildern gerne, dass sie beim Fahren ein »Gefühl der Freiheit« empfinden. Mit manch einem von ihnen scheint der »Freiheitsdrang« jedoch mitunter ein wenig durchzugehen. Jedenfalls geschieht es immer wieder, dass Motorradfahrer sich bei Stau oder zäh fließendem Verkehr zwischen den Fahrzeugschlangen hindurchschlängeln und so die vor ihnen stehenden oder langsam fahrenden Fahrzeuge auf derselben Spur rechts überholen.

Diese Freiheit gewährt ihnen die Straßenverkehrsordnung jedoch nicht. Denn das Rechtsüberholverbot gilt für alle Fahrzeuge, also auch für Motorräder. Wenn der Verkehr so dicht ist, dass sich Schlangen gebildet haben, darf man zwar auch rechts überholen. Das gilt jedoch nur, wenn der Überholende auch einen freien Fahrstreifen zur Verfügung hat. Ist das nicht der Fall, müssen auch Motorradfahrer geduldig in der Schlange warten. Sie dürfen den Vordermann auf keinen Fall auf dessen Spur rechts überholen.

Es liegt letztlich im eigenen Interesse der Motorradfahrer, dass sie sich auch bei Stau an das Rechtsüberholverbot halten. Denn das Hindurchfahren zwischen Kolonnen ist außerordentlich gefährlich. Auch für Motorräder kann es bereits dann sehr eng werden, wenn die überholten Fahrzeuge sich innerhalb ihrer Spur nach rechts oder links bewegen.

Noch gefährlicher wird es natürlich, wenn vorausfahrende Fahrzeuge die Spur sogar wechseln. Kommt es in derartigen Situationen zu einem Unfall mit einem Motorrad, das gerade unerlaubt zu überholen versucht, haftet der Motorradfahrer – sofern er den Zusammenstoß überlebt – allein für den gesamten Schaden. Denn das vorausfahrende Fahrzeug muss keinesfalls damit rechnen, dass sich von hinten Motorräder nähern, die unerlaubt überholen wollen.[66]

Bei Interesse siehe hierzu:
§ 5 Abs. 1 StVO (Straßenverkehrsordnung), »Überholen«
§ 7 Abs. 2, 2a StVO, »Benutzung von Fahrstreifen durch Kraftfahrzeuge«

Reißverschlussverfahren

Irrtum:
Wenn eine Fahrspur wegfällt, müssen sich alle Fahrzeuge so früh wie möglich auf den benachbarten freien Fahrstreifen einordnen.

Richtig ist:
Das Reißverschlussverfahren erfordert, dass alle Fahrzeuge so nah wie möglich an das Hindernis heranfahren und erst dann auf die frei bleibende Spur wechseln.

Es scheint ein vollkommen hoffnungsloses Unterfangen zu sein. Allen Aufklärungsbemühungen zum Trotz versteht der überwiegende Teil der deutschen Autofahrer nach wie vor weder den Sinn noch die Funktionsweise des berühmten Reißverschlusssystems.

Wo eine Schlange ist, da muss man sich hinten anstellen – nach diesem völlig unsinnigen Prinzip verfährt leider immer noch die Mehrheit der Verkehrsteilnehmer, wenn eine Fahrspur wegfällt, quasi nach dem Motto: »Was am Sparkassenschalter richtig ist, kann im Straßenverkehr nicht verkehrt sein.«

Schon hunderte von Metern vor dem Hindernis bildet sich so auf der frei bleibenden Spur eine gigantische Schlange, während der Platz auf der wegfallenden Spur überhaupt nicht genutzt wird. Nur vereinzelt fahren einige Autos an dem Stau vorbei und ordnen sich – vorschriftsmäßig – erst kurz vor dem Hindernis auf die frei bleibende Fahrspur ein.

Diese Fahrer haben das Reißverschlusssystem verstanden. Nicht verstanden haben es dagegen all diejenigen Zeitgenossen, die sich scheinbar brav schon einen halben

Kilometer zu früh hinten anstellen und auf diese Weise den Verkehr unnötig behindern. Denn natürlich ist es sinnvoller, wenn auch die wegfallende Fahrspur so lange wie möglich, das heißt bis kurz vor dem Hindernis, genutzt wird. Der Stau könnte auf diese Weise erheblich verkürzt werden. Stattdessen werden diejenigen Autofahrer, die sich korrekt verhalten, als rücksichtslose Vordrängler betrachtet. Gerne geben einige besonders motivierte »Verkehrserzieher« in diesen Fällen noch einmal extra viel Gas, um das überholende Fahrzeug kurz vor dem Hindernis nur ja nicht hereinzulassen. Dabei sind sie es selbst, die durch ihr Verhalten gegen die Straßenverkehrsordnung verstoßen. Denn diese schreibt eindeutig vor, dass den am Weiterfahren gehinderten Fahrzeugen der Wechsel des Fahrstreifens zu ermöglichen ist, und zwar im Reißverschlussverfahren: Jedes Auto auf der rechten Spur muss also eines von der linken hereinlassen.

Bei Interesse siehe hierzu:
§ 7 Abs. 4 StVO (Straßenverkehrsordnung), »Benutzung von Fahrstreifen durch Kraftfahrzeuge«

Trunkenheit im Straßenverkehr

Irrtum:
Nur betrunkene Kraftfahrer riskieren ihren Führerschein.

Richtig ist:
Auch betrunkene Fahrradfahrer, Rollstuhlfahrer und sogar Fußgänger können ihren Führerschein verlieren.

Dass betrunkene Autofahrer ihren Führerschein riskieren, weiß wohl jeder. Vor allem Fahrradfahrer und Fußgänger fühlen sich dagegen meist sicher. Sie kommen in der Regel gar nicht auf den Gedanken, dass auch ihnen die Fahrerlaubnis entzogen werden kann, wenn sie betrunken am Straßenverkehr teilnehmen. Genau das kann ihnen aber passieren!

Ein betrunkener Fahrradfahrer muss ab 1,6 Promille damit rechnen, dass die Führerscheinstelle ihn zum berühmten »Idiotentest« (der so genannten medizinisch-psychologischen Untersuchung, kurz MPU) schickt. Der Führerschein wird ihm entzogen, wenn die Untersuchung zu dem Ergebnis kommt, dass er sich in betrunkenem Zustand nicht genügend im Griff hat, so dass sich die Tat wiederholen könnte.

Aber selbst Fußgänger laufen Gefahr, dass man ihnen die Fahrerlaubnis entzieht, wenn Anhaltspunkte dafür vorliegen, dass sie ein Alkoholproblem haben. Ein Beispiel soll dies zeigen:

Ein Taxifahrer war in 33 Jahren Dienstzeit nicht ein einziges Mal alkoholisiert am Steuer aufgegriffen worden. 1995 erschien er jedoch als Fußgänger sturzbetrunken auf einer Polizeiwache. Mehr als fünf Jahre später – am Rosenmontag 2001 – fand man ihn erneut in ebenfalls stark angeheitertem Zustand auf einem Bürgersteig liegen. Er hatte mehr als zwei Promille Alkohol im Blut. Diese beiden Vorfälle reichten aus, um von ihm die Teilnahme an einer MPU zu verlangen. Die Führerscheinstelle argumentierte, dass der Mann stark an Alkohol gewöhnt sein müsse, sonst hätte er diesen Promillewert überhaupt nicht erreichen können. Die Kosten der MPU sollte er selbst tragen. Der Mann weigerte sich jedoch, die sehr teure Untersuchung vornehmen zu lassen, und verlor schon allein aufgrund dieser Weigerung seine Fahrerlaubnis. Er klagte gegen diese Entscheidung und unterlag auch vor Gericht.

Jeder, dem es auch schon passiert ist, dass er als Fußgänger innerhalb von fünfeinhalb Jahren zweimal betrunken war – davon einmal im Karneval (!) –, sollte sich also zukünftig sehr in Acht nehmen. Nur allzu leicht kann man sich mit einem derart »maßlosen« Lebenswandel böse Konsequenzen einhandeln.

Bei Interesse siehe hierzu:
§ 2 Abs. 2 Nr. 3 StVG (Straßenverkehrsgesetz), »Fahrerlaubnis und Führerschein«
§ 3 Abs. 1 FeV (Fahrerlaubnis-Verordnung), »Einschränkung und Entziehung der Zulassung«

Anmerkungen

1 Vgl. *Stefan Machura:* Rechtsfilme und Rechtsalltag, www.ruhr-uni-bochum.de/rsozlog/PD%20Dr_%20%20 Machura/RORFI.pdf.
2 *Otto Palandt, Walter Weidenkaff:* BGB (Bürgerliches Gesetzbuch). 63. Aufl. München 2004, § 534, Rn. 2f.
3 OLG (Oberlandesgericht) Köln, NJW (Neue Juristische Wochenschrift), 1982, S. 390
4 *Palandt/Weidenkaff,* BGB, § 529, Rn. 2
5 OLG Brandenburg, Urteil vom 25. 06. 2003 (Az.: 7 U 36/03)
6 *Peter Ulmer, Hans E. Brandner, Horst Diether Hensen:* AGB-Gesetz. 9. Aufl. Köln 2001, Anh. §§ 9–11, Rn. 385
7 Ebd.
8 Ebd.
9 *Ulmer/Brandner/Hensen,* AGB-Gesetz, § 2, Rn. 44
10 BGH (Bundesgerichtshof), NJW 1994, 55; BGH, NJW 1997, 3380
11 *Walter Krämer, Götz Trenkler:* Das Beste aus dem Lexikon der populären Irrtümer. München 2004, S. 359
12 *Herbert Tröndle, Thomas Fischer:* StGB (Strafgesetzbuch und Nebengesetze). 51. Aufl. München 2003, § 266, Rn. 4
13 *Palandt/Weidenkaff,* BGB, § 601, Rn. 1 i. V. m. *Otto Palandt, Peter Bassenge:* BGB. 63. Aufl. München 2004, § 994, Rn. 3
14 BGH, NJW 1996, 2574; BGH, NJW 1994, 188
15 AG (Amtsgericht) Recklinghausen, NJW-RR (Rechtsprechungsreport) 1989, 1329
16 Ausführlich: *Gregor Thüsing:* »Das Verbot der Diskriminie-

rung wegen Teilzeit oder Befristung nach § 4 TzBfG«, ZfA (Zeitschrift für Arbeitsrecht) 2002, S. 249–273

17 *Ulrich Preis:* ErfK (Erfurter Kommentar zum Arbeitsrecht). 4. Aufl. München 2004, § 1 KSchG, Rn. 233

18 LAG (Landesarbeitsgericht) Berlin (Az.: 9 Sa 67/97)

19 ArbG (Arbeitsgericht) Frankfurt a. M. (Az.: 9 Ca 45/01)

20 *Ulrich Preis:* Der Arbeitsvertrag. Köln 2002, II N 10, Rn. 3 ff.

21 *Preis,* Der Arbeitsvertrag, m. w. Nachw. aus Literatur und Rechtsprechung

22 *Otto Palandt, Wolfgang Edenhofer:* BGB. 63. Aufl. München 2004, § 2247, Rn. 6 m. w. Nachw.

23 BGH, GRUR (Gewerblicher Rechtsschutz und Urheberrecht) 1988, 810, 811

24 Vgl. § 2 Abs. 2 Nr. 6 Rundfunkstaatsvertrag.

25 Vgl. *Markus Junker:* Grundwissen Urheberrecht II, http://remus.jura.uni-sb.de/urheberrecht/gw02.html#1bcc.

26 Absolventen sämtlicher Fachrichtungen können in England und Wales zum Richteramt zugelassen werden, wenn sie bestimmte theoretische und praktische juristische Erfahrungen vorweisen können.

27 *Lutz Meyer-Goßner:* StPO (Strafprozessordnung). 46. Aufl. München 2002, Einl. Rn. 119 e

28 Vgl. www.dkhw.de/index.html?a=/spenden/einschulung-mcc.html.

29 *Tröndle/Fischer*, StGB, § 239, Rn.1; *Claus Roxin:* Strafverfahrensrecht. 25. Aufl. München 1999, § 42 D III 2

30 Westlake v. Krebs, 2002-Ohio-7073 (www.sconet.state.oh.us/rod/documents/8/2002/2002-ohio-7073.doc)

31 *Hans-Theodor Soergel, Jürgen F. Baur:* BGB. 13. Aufl. Stuttgart 1999, § 906, Rn. 99

32 OLG Hamburg, NJW-RR 1987, 657

33 Vgl. BGH, NJW 2003, 1246; *Palandt/Weidenkaff,* BGB, § 537, Rn. 9 m. w. Nachw.

34 Vgl. z. B. www.stadt-koeln.de/bol/steuern/produkte/00914/index.html.

35 Vgl. www.stadt-koeln.de/bol/tiere/hunde/produkte/04239/#kot.

36 Vgl. www.kirchenasyl.de.

37 Vgl. *Ralf Höcker:* Das Grundrecht der Gewissensfreiheit und seine Auswirkungen im Strafrecht. Frankfurt a.M. 2000, S. 90, 111.

38 *Rudolf His:* Das Strafrecht des deutschen Mittelalters, 2. Teil: Die einzelnen Verbrechen. Aalen 1964, S. 121f.

39 BVerfGE (Amtliche Sammlung der Entscheidungen des Bundesverfassungsgerichts) 90, 145

40 Nachw. bei *Harald H. Körner:* BtMG (Betäubungsmittelgesetz). 5. Aufl. München 2001, § 29, Rn. 1657

41 *Tröndle/Fischer,* StGB, § 142, Rn. 31

42 RGSt. (Amtliche Sammlung der Entscheidungen des Reichsgerichts in Strafsachen) 3, 140

43 BGHSt. (Amtliche Sammlung der Entscheidungen des Bundesgerichtshofs in Strafsachen) 4, 396, 402

44 *Tröndle/Fischer,* StGB, § 243, Rn. 21

45 BGHSt. 6, 46

46 *Eduard Dreher, Herbert Tröndle:* StGB. 48. Aufl. München 1998, § 180, Rn. 13. Die amüsante Kommentierung *Tröndles* wurde von seinem Nachfolgeautor *Fischer* ab der 49. Auflage 1999 dann den Sittlichkeitsvorstellungen der Gegenwart angepasst.

47 *Eduard Kohlrausch, Richard Lange:* StGB. 43. Aufl. Berlin 1961, § 370

48 RG (Reichsgericht), JW (Juristische Wochenschrift) 1911, 855

49 *Kohlrausch/Lange,* StGB, § 370

50 BayObLG (Bayerisches Oberstes Landesgericht), VRS (Verkehrsrechtssammlung) 79, 15; OLG Celle, VRS 38, 431; OLG Hamm, DAR (Deutsches Autorecht) 74, 76; OLG Karlsruhe, VRS 43, 105; OLG Köln, VRS 61, 425

51 OLG Köln, VRS 67, 224

52 RGSt. 23, 116 (Biergläser); OLG Braunschweig, MDR

(Monatsschrift für deutsches Recht) 47, 205 (Selbstschussanlagen)

53 Ausführlich: *Ulrike Hinrichs:* »Die verfassungsrechtlichen Grenzen der Auslegung des Tatbestandsmerkmals ›Erschleichen‹ in § 265a I Alt. 3 StGB (›Schwarzfahren‹)«, NJW 2001, 932

54 BVerfG (Bundesverfassungsgericht), NJW 1998, 1135

55 *Hinrichs,* NJW 2001, 932, 935

56 *Tröndle/Fischer,* StGB, § 186, Rn. 9 m. Nachw. aus der Rspr.

57 OLG Hamburg, NJW 1967, 213

58 Zit. n. AG Frankfurt, NJW 1989, 1745, 1746

59 AG Frankfurt, NJW 1989, 1745, 1746

60 OLG Köln, NJW 1987, 2527

61 BGH, VM (Verkehrsrechtliche Mitteilungen) 1970, 15

62 OLG Schleswig, VM 1966, 56, 64

63 *Peter Hentschel:* Straßenverkehrsrecht. 37. Aufl. München 2003, § 14 StVO, Rn. 14

64 KG (Kammergericht Berlin), VersR (Versicherungsrecht) 1989, 905, 906

65 *Hentschel,* Straßenverkehrsrecht, § 12 StVO, Rn. 55

66 *Hentschel,* Straßenverkehrsrecht, § 5 StVO, Rn. 64 m. w. Nachw. für eine Alleinhaftung bei Kollision mit einem aus der linken Kolonne ausscherenden Fahrzeug

Gesetzestexte

Nicht alle Paragraphen und Artikel sind vollständig zitiert. Es wurden zum Teil lediglich diejenigen Absätze aufgenommen, die für das Verständnis der im Buch behandelten Probleme besonders wichtig sind. Soweit landesrechtliche Vorschriften greifen, konnten an dieser Stelle nur die gesetzlichen Bestimmungen im Land Nordrhein-Westfalen dargestellt werden. In der Regel existieren in den übrigen Bundesländern jedoch identische Gesetze.

AO (Abgabenordnung)

§ 30 a Schutz von Bankkunden

(1) Bei der Ermittlung des Sachverhalts (§ 88) haben die Finanzbehörden auf das Vertrauensverhältnis zwischen den Kreditinstituten und deren Kunden besonders Rücksicht zu nehmen.

(2) Die Finanzbehörden dürfen von den Kreditinstituten zum Zweck der allgemeinen Überwachung die einmalige oder periodische Mitteilung von Konten bestimmter Art oder bestimmter Höhe nicht verlangen.

(3) Die Guthabenkonten oder Depots, bei deren Errichtung eine Legitimationsprüfung nach § 154 Abs. 2 vorgenommen worden ist, dürfen anlässlich der Außenprüfung bei einem Kreditinstitut nicht zwecks Nachprüfung der ordnungsmäßigen Versteuerung festgestellt oder abgeschrieben werden. Die Ausschreibung von Kontrollmitteilungen soll insoweit unterbleiben.

(4) In Vordrucken für Steuererklärungen soll die Angabe der Nummern von Konten und Depots, die der Steuerpflichtige bei Kreditinstituten unterhält, nicht verlangt werden, soweit nicht steuermindernde Ausgaben oder Vergünstigungen geltend gemacht werden oder die Abwicklung des Zahlungsverkehrs mit dem Finanzamt dies bedingt.
(5) Für Auskunftsersuchen an Kreditinstitute gilt § 93. Ist die Person des Steuerpflichtigen bekannt und gegen ihn kein Verfahren wegen einer Steuerstraftat oder einer Steuerordnungswidrigkeit eingeleitet, soll auch im Verfahren nach § 208 Abs. 1 Satz 1 ein Kreditinstitut erst um Auskunft und Vorlage von Urkunden gebeten werden, wenn ein Auskunftsersuchen an den Steuerpflichtigen nicht zum Ziele führt oder keinen Erfolg verspricht.

ArbZG (Arbeitszeitgesetz)

§ 3 Arbeitszeit der Arbeitnehmer

Die werktägliche Arbeitszeit der Arbeitnehmer darf acht Stunden nicht überschreiten. Sie kann auf bis zu zehn Stunden nur verlängert werden, wenn innerhalb von sechs Kalendermonaten oder innerhalb von 24 Wochen im Durchschnitt acht Stunden werktäglich nicht überschritten werden.

BB (Beförderungsbedingungen für Personen durch die Unternehmen der Deutschen Bahn AG)

Ziffer 2.4 Beförderung

Ein Anspruch auf Beförderung besteht nur bei Vorlage einer gültigen Fahrkarte. Die auf der Fahrkarte enthaltenen Angaben sind für die Beförderung maßgebend. Eine Fahrkarte für eine höhere Produktklasse berechtigt, soweit keine Zugbindung besteht, auch zur Beförderung in einer niedrigeren Produktklasse.

Eine Fahrkarte der 1. Wagenklasse gilt auch für die 2. Wagenklasse.

BetrVG (Betriebsverfassungsgesetz)

§ 102 Mitbestimmung bei Kündigungen

(1) Der Betriebsrat ist vor jeder Kündigung zu hören. Der Arbeitgeber hat ihm die Gründe für die Kündigung mitzuteilen. Eine ohne Anhörung des Betriebsrats ausgesprochene Kündigung ist unwirksam.

BGB (Bürgerliches Gesetzbuch)

§ 12 Namensrecht

Wird das Recht zum Gebrauch eines Namens dem Berechtigten von einem anderen bestritten oder wird das Interesse des Berechtigten dadurch verletzt, dass ein anderer unbefugt den gleichen Namen gebraucht, so kann der Berechtigte von dem anderen Beseitigung der Beeinträchtigung verlangen. Sind weitere Beeinträchtigungen zu besorgen, so kann er auf Unterlassung klagen.

§ 90a Tiere

Tiere sind keine Sachen. Sie werden durch besondere Gesetze geschützt. Auf sie sind die für Sachen geltenden Vorschriften entsprechend anzuwenden, soweit nicht etwas anderes bestimmt ist.

§ 126 Gesetzliche Schriftform

(1) Ist durch Gesetz schriftliche Form vorgeschrieben, so muss die Urkunde von dem Aussteller eigenhändig durch Namensunterschrift oder mittels notariell beglaubigten Handzeichens unterzeichnet werden.

(2) Bei einem Vertrag muss die Unterzeichnung der Parteien auf derselben Urkunde erfolgen. Werden über den Vertrag mehrere gleichlautende Urkunden aufgenommen, so genügt es, wenn jede Partei die für die andere Partei bestimmte Urkunde unterzeichnet.
(3) Die schriftliche Form kann durch die elektronische Form ersetzt werden, wenn sich nicht aus dem Gesetz ein anderes ergibt.
(4) Die schriftliche Form wird durch die notarielle Beurkundung ersetzt.

§ 127 Gewillkürte Schriftform
(1) Die Vorschriften des § 126, des § 126 a oder des § 126 b gelten im Zweifel auch für die durch Rechtsgeschäft bestimmte Form.

§ 241 a Unbestellte Leistungen
(1) Durch die Lieferung unbestellter Sachen oder durch die Erbringung unbestellter sonstiger Leistungen durch einen Unternehmer an einen Verbraucher wird ein Anspruch gegen diesen nicht begründet.
(2) Gesetzliche Ansprüche sind nicht ausgeschlossen, wenn die Leistung nicht für den Empfänger bestimmt war oder in der irrigen Vorstellung einer Bestellung erfolgte und der Empfänger dies erkannt hat oder bei Anwendung der im Verkehr erforderlichen Sorgfalt hätte erkennen können.
(3) Eine unbestellte Leistung liegt nicht vor, wenn dem Verbraucher statt der bestellten eine nach Qualität und Preis gleichwertige Leistung angeboten und er darauf hingewiesen wird, dass er zur Annahme nicht verpflichtet ist und die Kosten der Rücksendung nicht zu tragen hat.

§ 242 Leistung nach Treu und Glauben
Der Schuldner ist verpflichtet, die Leistung so zu bewirken, wie Treu und Glauben mit Rücksicht auf die Verkehrssitte es erfordern.

§ 271 Leistungszeit

(1) Ist eine Zeit für die Leistung weder bestimmt noch aus den Umständen zu entnehmen, so kann der Gläubiger die Leistung sofort verlangen, der Schuldner sie sofort bewirken.

(2) Ist eine Zeit bestimmt, so ist im Zweifel anzunehmen, dass der Gläubiger die Leistung nicht vor dieser Zeit verlangen, der Schuldner aber sie vorher bewirken kann.

§ 276 Verantwortlichkeit des Schuldners

(1) Der Schuldner hat Vorsatz und Fahrlässigkeit zu vertreten, wenn eine strengere oder mildere Haftung weder bestimmt noch aus dem sonstigen Inhalt des Schuldverhältnisses, insbesondere aus der Übernahme einer Garantie oder eines Beschaffungsrisikos, zu entnehmen ist. Die Vorschriften der §§ 827 und 828 finden entsprechende Anwendung.

(2) Fahrlässig handelt, wer die im Verkehr erforderliche Sorgfalt außer Acht lässt.

§ 305 Einbeziehung Allgemeiner Geschäftsbedingungen in den Vertrag

(1) Allgemeine Geschäftsbedingungen sind alle für eine Vielzahl von Verträgen vorformulierten Vertragsbedingungen, die eine Vertragspartei (Verwender) der anderen Vertragspartei bei Abschluss eines Vertrags stellt. Gleichgültig ist, ob die Bestimmungen einen äußerlich gesonderten Bestandteil des Vertrags bilden oder in die Vertragsurkunde selbst aufgenommen werden, welchen Umfang sie haben, in welcher Schriftart sie verfasst sind und welche Form der Vertrag hat. Allgemeine Geschäftsbedingungen liegen nicht vor, soweit die Vertragsbedingungen zwischen den Vertragsparteien im Einzelnen ausgehandelt sind.

(2) Allgemeine Geschäftsbedingungen werden nur dann Bestandteil eines Vertrags, wenn der Verwender bei Vertragsschluss

1. die andere Vertragspartei ausdrücklich oder, wenn ein ausdrücklicher Hinweis wegen der Art des Vertragsschlusses

nur unter unverhältnismäßigen Schwierigkeiten möglich ist, durch deutlich sichtbaren Aushang am Orte des Vertragsschlusses auf sie hinweist und

2. der anderen Vertragspartei die Möglichkeit verschafft, in zumutbarer Weise, die auch eine für den Verwender erkennbare körperliche Behinderung der anderen Vertragspartei angemessen berücksichtigt, von ihrem Inhalt Kenntnis zu nehmen,

und wenn die andere Vertragspartei mit ihrer Geltung einverstanden ist.

§ 307 Inhaltskontrolle

(1) Bestimmungen in Allgemeinen Geschäftsbedingungen sind unwirksam, wenn sie den Vertragspartner des Verwenders entgegen den Geboten von Treu und Glauben unangemessen benachteiligen. Eine unangemessene Benachteiligung kann sich auch daraus ergeben, dass die Bestimmung nicht klar und verständlich ist.

(2) Eine unangemessene Benachteiligung ist im Zweifel anzunehmen, wenn eine Bestimmung

1. mit wesentlichen Grundgedanken der gesetzlichen Regelung, von der abgewichen wird, nicht zu vereinbaren ist oder

2. wesentliche Rechte oder Pflichten, die sich aus der Natur des Vertrags ergeben, so einschränkt, dass die Erreichung des Vertragszwecks gefährdet ist.

§ 309 Klauselverbote ohne Wertungsmöglichkeit

Auch soweit eine Abweichung von den gesetzlichen Vorschriften zulässig ist, ist in Allgemeinen Geschäftsbedingungen unwirksam

5. (Pauschalierung von Schadensersatzansprüchen)

die Vereinbarung eines pauschalierten Anspruchs des Verwenders auf Schadensersatz oder Ersatz einer Wertminderung, wenn

a) die Pauschale den in den geregelten Fällen nach dem gewöhnlichen Lauf der Dinge zu erwartenden Schaden oder die gewöhnlich eintretende Wertminderung übersteigt oder

b) dem anderen Vertragsteil nicht ausdrücklich der Nachweis gestattet wird, ein Schaden oder eine Wertminderung sei überhaupt nicht entstanden oder wesentlich niedriger als die Pauschale.

§ 312 Widerrufsrecht bei Haustürgeschäften

(1) Bei einem Vertrag zwischen einem Unternehmer und einem Verbraucher, der eine entgeltliche Leistung zum Gegenstand hat und zu dessen Abschluss der Verbraucher

1. durch mündliche Verhandlungen an seinem Arbeitsplatz oder im Bereich einer Privatwohnung,
2. anlässlich einer vom Unternehmer oder von einem Dritten zumindest auch im Interesse des Unternehmers durchgeführten Freizeitveranstaltung oder
3. im Anschluss an ein überraschendes Ansprechen in Verkehrsmitteln oder im Bereich öffentlich zugänglicher Verkehrsflächen

bestimmt worden ist (Haustürgeschäft), steht dem Verbraucher ein Widerrufsrecht gemäß § 355 zu. Dem Verbraucher kann anstelle des Widerrufsrechts ein Rückgaberecht nach § 356 eingeräumt werden, wenn zwischen dem Verbraucher und dem Unternehmer im Zusammenhang mit diesem oder einem späteren Geschäft auch eine ständige Verbindung aufrechterhalten werden soll.

(2) Die erforderliche Belehrung über das Widerrufs- oder Rückgaberecht muss auf die Rechtsfolgen des § 357 Abs. 1 und 3 hinweisen.

(3) Das Widerrufs- oder Rückgaberecht besteht unbeschadet anderer Vorschriften nicht bei Versicherungsverträgen oder wenn

1. im Falle von Absatz 1 Nr. 1 die mündlichen Verhand-

lungen, auf denen der Abschluss des Vertrags beruht, auf vorhergehende Bestellung des Verbrauchers geführt worden sind oder
2. die Leistung bei Abschluss der Verhandlungen sofort erbracht und bezahlt wird und das Entgelt 40 Euro nicht übersteigt oder
3. die Willenserklärung des Verbrauchers von einem Notar beurkundet worden ist.

§ 312d Widerrufs- und Rückgaberecht bei Fernabsatzverträgen

(1) Dem Verbraucher steht bei einem Fernabsatzvertrag ein Widerrufsrecht nach § 355 zu. Anstelle des Widerrufsrechts kann dem Verbraucher bei Verträgen über die Lieferung von Waren ein Rückgaberecht nach § 356 eingeräumt werden.
(2) Die Widerrufsfrist beginnt abweichend von § 355 Abs. 2 Satz 1 nicht vor Erfüllung der Informationspflichten gemäß § 312c Abs. 2, bei der Lieferung von Waren nicht vor dem Tage ihres Eingangs beim Empfänger, bei der wiederkehrenden Lieferung gleichartiger Waren nicht vor dem Tage des Eingangs der ersten Teillieferung und bei Dienstleistungen nicht vor dem Tage des Vertragsschlusses.
(3) Das Widerrufsrecht erlischt bei einer Dienstleistung auch, wenn der Unternehmer mit der Ausführung der Dienstleistung mit ausdrücklicher Zustimmung des Verbrauchers vor Ende der Widerrufsfrist begonnen hat oder der Verbraucher diese selbst veranlasst hat.
(4) Das Widerrufsrecht besteht, soweit nicht ein anderes bestimmt ist, nicht bei Fernabsatzverträgen
1. zur Lieferung von Waren, die nach Kundenspezifikation angefertigt werden oder eindeutig auf die persönlichen Bedürfnisse zugeschnitten sind oder die auf Grund ihrer Beschaffenheit nicht für eine Rücksendung geeignet sind oder schnell verderben können oder deren Verfalldatum überschritten würde,

2. zur Lieferung von Audio- oder Videoaufzeichnungen oder von Software, sofern die gelieferten Datenträger vom Verbraucher entsiegelt worden sind,
3. zur Lieferung von Zeitungen, Zeitschriften und Illustrierten,
4. zur Erbringung von Wett- und Lotterie-Dienstleistungen oder
5. die in der Form von Versteigerungen (§ 156) geschlossen werden.

(5) Das Widerrufsrecht besteht ferner nicht bei Fernabsatzverträgen, bei denen dem Verbraucher bereits auf Grund der §§ 499 bis 507 ein Widerrufs- oder Rückgaberecht nach den §§ 355 oder 356 zusteht. Bei solchen Verträgen gilt Absatz 2 entsprechend.

§ 355 Widerrufsrecht bei Verbraucherverträgen

(1) Wird einem Verbraucher durch Gesetz ein Widerrufsrecht nach dieser Vorschrift eingeräumt, so ist er an seine auf den Abschluss des Vertrags gerichtete Willenserklärung nicht mehr gebunden, wenn er sie fristgerecht widerrufen hat. Der Widerruf muss keine Begründung enthalten und ist in Textform oder durch Rücksendung der Sache innerhalb von zwei Wochen gegenüber dem Unternehmer zu erklären; zur Fristwahrung genügt die rechtzeitige Absendung.

(2) Die Frist beginnt mit dem Zeitpunkt, zu dem dem Verbraucher eine deutlich gestaltete Belehrung über sein Widerrufsrecht, die ihm entsprechend den Erfordernissen des eingesetzten Kommunikationsmittels seine Rechte deutlich macht, in Textform mitgeteilt worden ist, die auch Namen und Anschrift desjenigen, gegenüber dem der Widerruf zu erklären ist, und einen Hinweis auf den Fristbeginn und die Regelung des Absatzes 1 Satz 2 enthält. Wird die Belehrung nach Vertragsschluss mitgeteilt, beträgt die Frist abweichend von Absatz 1 Satz 2 einen Monat. Ist der Vertrag schriftlich abzuschließen, so beginnt die Frist nicht zu laufen, bevor dem Verbraucher auch

eine Vertragsurkunde, der schriftliche Antrag des Verbrauchers oder eine Abschrift der Vertragsurkunde oder des Antrags zur Verfügung gestellt werden. Ist der Fristbeginn streitig, so trifft die Beweislast den Unternehmer.
(3) Das Widerrufsrecht erlischt spätestens sechs Monate nach Vertragsschluss. Bei der Lieferung von Waren beginnt die Frist nicht vor dem Tag ihres Eingangs beim Empfänger. Abweichend von Satz 1 erlischt das Widerrufsrecht nicht, wenn der Verbraucher nicht ordnungsgemäß über sein Widerrufsrecht belehrt worden ist.

§ 433 Vertragstypische Pflichten beim Kaufvertrag
(1) Durch den Kaufvertrag wird der Verkäufer einer Sache verpflichtet, dem Käufer die Sache zu übergeben und das Eigentum an der Sache zu verschaffen. Der Verkäufer hat dem Käufer die Sache frei von Sach- und Rechtsmängeln zu verschaffen.
(2) Der Käufer ist verpflichtet, dem Verkäufer den vereinbarten Kaufpreis zu zahlen und die gekaufte Sache abzunehmen.

§ 437 Rechte des Käufers bei Mängeln
Ist die Sache mangelhaft, kann der Käufer, wenn die Voraussetzungen der folgenden Vorschriften vorliegen und soweit nicht ein anderes bestimmt ist,

1. nach § 439 Nacherfüllung verlangen,
2. nach den §§ 440, 323 und 326 Abs. 5 von dem Vertrag zurücktreten oder nach § 441 den Kaufpreis mindern und
3. nach den §§ 440, 280, 281, 283 und 311a Schadensersatz oder nach § 284 Ersatz vergeblicher Aufwendungen verlangen.

§ 439 Nacherfüllung
(1) Der Käufer kann als Nacherfüllung nach seiner Wahl die Beseitigung des Mangels oder die Lieferung einer mangelfreien Sache verlangen.
(2) Der Verkäufer hat die zum Zwecke der Nacherfüllung er-

forderlichen Aufwendungen, insbesondere Transport-, Wege-, Arbeits- und Materialkosten, zu tragen.
(3) Der Verkäufer kann die vom Käufer gewählte Art der Nacherfüllung unbeschadet des § 275 Abs. 2 und 3 verweigern, wenn sie nur mit unverhältnismäßigen Kosten möglich ist. Dabei sind insbesondere der Wert der Sache in mangelfreiem Zustand, die Bedeutung des Mangels und die Frage zu berücksichtigen, ob auf die andere Art der Nacherfüllung ohne erhebliche Nachteile für den Käufer zurückgegriffen werden könnte. Der Anspruch des Käufers beschränkt sich in diesem Fall auf die andere Art der Nacherfüllung; das Recht des Verkäufers, auch diese unter den Voraussetzungen des Satzes 1 zu verweigern, bleibt unberührt.
(4) Liefert der Verkäufer zum Zwecke der Nacherfüllung eine mangelfreie Sache, so kann er vom Käufer Rückgewähr der mangelhaften Sache nach Maßgabe der §§ 346 bis 348 verlangen.

§ 440 Besondere Bestimmungen für Rücktritt und Schadensersatz

Außer in den Fällen des § 281 Abs. 2 und des § 323 Abs. 2 bedarf es der Fristsetzung auch dann nicht, wenn der Verkäufer beide Arten der Nacherfüllung gemäß § 439 Abs. 3 verweigert oder wenn die dem Käufer zustehende Art der Nacherfüllung fehlgeschlagen oder ihm unzumutbar ist. Eine Nachbesserung gilt nach dem erfolglosen zweiten Versuch als fehlgeschlagen, wenn sich nicht insbesondere aus der Art der Sache oder des Mangels oder den sonstigen Umständen etwas anderes ergibt.

§ 441 Minderung

(1) Statt zurückzutreten, kann der Käufer den Kaufpreis durch Erklärung gegenüber dem Verkäufer mindern. Der Ausschlussgrund des § 323 Abs. 5 Satz 2 findet keine Anwendung.
(2) Sind auf der Seite des Käufers oder auf der Seite des Verkäufers mehrere beteiligt, so kann die Minderung nur von allen oder gegen alle erklärt werden.

(3) Bei der Minderung ist der Kaufpreis in dem Verhältnis herabzusetzen, in welchem zur Zeit des Vertragsschlusses der Wert der Sache in mangelfreiem Zustand zu dem wirklichen Wert gestanden haben würde. Die Minderung ist, soweit erforderlich, durch Schätzung zu ermitteln.
(4) Hat der Käufer mehr als den geminderten Kaufpreis gezahlt, so ist der Mehrbetrag vom Verkäufer zu erstatten. § 346 Abs. 1 und § 347 Abs. 1 finden entsprechende Anwendung.

§ 446 Gefahr- und Lastenübergang
Mit der Übergabe der verkauften Sache geht die Gefahr des zufälligen Untergangs und der zufälligen Verschlechterung auf den Käufer über. Von der Übergabe an gebühren dem Käufer die Nutzungen und trägt er die Lasten der Sache. Der Übergabe steht es gleich, wenn der Käufer im Verzug der Annahme ist.

§ 484 Schriftform bei Teilzeit-Wohnrechteverträgen
(1) Der Teilzeit-Wohnrechtevertrag bedarf der schriftlichen Form, soweit nicht in anderen Vorschriften eine strengere Form vorgeschrieben ist. Der Abschluss des Vertrags in elektronischer Form ist ausgeschlossen. Die in dem in § 482 bezeichneten, dem Verbraucher ausgehändigten Prospekt enthaltenen Angaben werden Inhalt des Vertrags, soweit die Parteien nicht ausdrücklich und unter Hinweis auf die Abweichung vom Prospekt eine abweichende Vereinbarung treffen. Solche Änderungen müssen dem Verbraucher vor Abschluss des Vertrags mitgeteilt werden. Unbeschadet der Geltung der Prospektangaben nach Satz 3 muss die Vertragsurkunde die in der in § 482 Abs. 2 bezeichneten Rechtsverordnung bestimmten Angaben enthalten.

§ 485 Widerrufsrecht bei Teilzeit-Wohnrechteverträgen
(1) Dem Verbraucher steht bei einem Teilzeit-Wohnrechtevertrag ein Widerrufsrecht nach § 355 zu.

§ 492 Schriftform, Vertragsinhalt

(1) Verbraucherdarlehensverträge sind, soweit nicht eine strengere Form vorgeschrieben ist, schriftlich abzuschließen. Der Abschluss des Vertrags in elektronischer Form ist ausgeschlossen. Der Schriftform ist genügt, wenn Antrag und Annahme durch die Vertragsparteien jeweils getrennt schriftlich erklärt werden. Die Erklärung des Darlehensgebers bedarf keiner Unterzeichnung, wenn sie mit Hilfe einer automatischen Einrichtung erstellt wird. Die vom Darlehensnehmer zu unterzeichnende Vertragserklärung muss angeben:

1. den Nettodarlehensbetrag, gegebenenfalls die Höchstgrenze des Darlehens,
2. den Gesamtbetrag aller vom Darlehensnehmer zur Tilgung des Darlehens sowie zur Zahlung der Zinsen und sonstigen Kosten zu entrichtenden Teilzahlungen, wenn der Gesamtbetrag bei Abschluss des Verbraucherdarlehensvertrags für die gesamte Laufzeit der Höhe nach feststeht, bei Darlehen mit veränderlichen Bedingungen, die in Teilzahlungen getilgt werden, einen Gesamtbetrag auf der Grundlage der bei Abschluss des Vertrags maßgeblichen Darlehensbedingungen,
3. die Art und Weise der Rückzahlung des Darlehens oder, wenn eine Vereinbarung hierüber nicht vorgesehen ist, die Regelung der Vertragsbeendigung,
4. den Zinssatz und alle sonstigen Kosten des Darlehens, die, soweit ihre Höhe bekannt ist, im Einzelnen zu bezeichnen, im Übrigen dem Grunde nach anzugeben sind, einschließlich etwaiger vom Darlehensnehmer zu tragender Vermittlungskosten,
5. den effektiven Jahreszins oder, wenn eine Änderung des Zinssatzes oder anderer preisbestimmender Faktoren vorbehalten ist, den anfänglichen effektiven Jahreszins; zusammen mit dem anfänglichen effektiven Jahreszins ist auch anzugeben, unter welchen Voraussetzungen preisbestimmende Faktoren geändert werden können und auf welchen

Zeitraum Belastungen, die sich aus einer nicht vollständigen Auszahlung oder aus einem Zuschlag zu dem Darlehen ergeben, bei der Berechnung des effektiven Jahreszinses verrechnet werden,

6. die Kosten einer Restschuld- oder sonstigen Versicherung, die im Zusammenhang mit dem Verbraucherdarlehensvertrag abgeschlossen wird,

7. zu bestellende Sicherheiten.

(1 a) Abweichend von Absatz 1 Satz 5 Nr. 2 ist kein Gesamtbetrag anzugeben bei Darlehen, bei denen die Inanspruchnahme bis zu einer Höchstgrenze freigestellt ist, sowie bei Immobiliardarlehensverträgen. Immobiliardarlehensverträge sind Verbraucherdarlehensverträge, bei denen die Zurverfügungstellung des Darlehens von der Sicherung durch ein Grundpfandrecht abhängig gemacht wird und zu Bedingungen erfolgt, die für grundpfandrechtlich abgesicherte Darlehensverträge und deren Zwischenfinanzierung üblich sind; der Sicherung durch ein Grundpfandrecht steht es gleich, wenn von einer Sicherung gemäß § 7 Abs. 3 bis 5 des Gesetzes über Bausparkassen abgesehen wird.

§ 495 Widerrufsrecht bei Verbraucherdarlehensvertrag

(1) Dem Darlehensnehmer steht bei einem Verbraucherdarlehensvertrag ein Widerrufsrecht nach § 355 zu.

(2) Absatz 1 findet keine Anwendung auf die in § 493 Abs. 1 Satz 1 genannten Verbraucherdarlehensverträge, wenn der Darlehensnehmer nach dem Vertrag das Darlehen jederzeit ohne Einhaltung einer Kündigungsfrist und ohne zusätzliche Kosten zurückzahlen kann.

§ 502 Erforderliche Angaben, Rechtsfolgen von Formmängeln bei Teilzahlungsgeschäften

(1) Die vom Verbraucher zu unterzeichnende Vertragserklärung muss bei Teilzahlungsgeschäften angeben

1. den Barzahlungspreis,

2. den Teilzahlungspreis (Gesamtbetrag von Anzahlung und allen vom Verbraucher zu entrichtenden Teilzahlungen einschließlich Zinsen und sonstiger Kosten),
3. Betrag, Zahl und Fälligkeit der einzelnen Teilzahlungen,
4. den effektiven Jahreszins,
5. die Kosten einer Versicherung, die im Zusammenhang mit dem Teilzahlungsgeschäft abgeschlossen wird,
6. die Vereinbarung eines Eigentumsvorbehalts oder einer anderen zu bestellenden Sicherheit.

Der Angabe eines Barzahlungspreises und eines effektiven Jahreszinses bedarf es nicht, wenn der Unternehmer nur gegen Teilzahlungen Sachen liefert oder Leistungen erbringt.

(2) Die Erfordernisse des Absatzes 1, des § 492 Abs. 1 Satz 1 bis 4 und des § 492 Abs. 3 gelten nicht für Teilzahlungsgeschäfte im Fernabsatz, wenn die in Absatz 1 Satz 1 Nr. 1 bis 5 bezeichneten Angaben mit Ausnahme des Betrags der einzelnen Teilzahlungen dem Verbraucher so rechtzeitig in Textform mitgeteilt sind, dass er die Angaben vor dem Abschluss des Vertrags eingehend zur Kenntnis nehmen kann.

(3) Das Teilzahlungsgeschäft ist nichtig, wenn die Schriftform des § 492 Abs. 1 Satz 1 bis 4 nicht eingehalten ist oder wenn eine der im Absatz 1 Satz 1 Nr. 1 bis 5 vorgeschriebenen Angaben fehlt. Ungeachtet eines Mangels nach Satz 1 wird das Teilzahlungsgeschäft gültig, wenn dem Verbraucher die Sache übergeben oder die Leistung erbracht wird. Jedoch ist der Barzahlungspreis höchstens mit dem gesetzlichen Zinssatz zu verzinsen, wenn die Angabe des Teilzahlungspreises oder des effektiven Jahreszinses fehlt. Ist ein Barzahlungspreis nicht genannt, so gilt im Zweifel der Marktpreis als Barzahlungspreis. Die Bestellung von Sicherheiten kann bei fehlenden Angaben hierüber nicht gefordert werden. Ist der effektive oder der anfängliche effektive Jahreszins zu niedrig angegeben, so vermindert sich der Teilzahlungspreis um den Prozentsatz, um den der effektive oder anfängliche effektive Jahreszins zu niedrig angegeben ist.

§ 528 Rückforderung wegen Verarmung des Schenkers

(1) Soweit der Schenker nach der Vollziehung der Schenkung außerstande ist, seinen angemessenen Unterhalt zu bestreiten und die ihm seinen Verwandten, seinem Ehegatten, seinem Lebenspartner oder seinem früheren Ehegatten oder Lebenspartner gegenüber gesetzlich obliegende Unterhaltspflicht zu erfüllen, kann er von dem Beschenkten die Herausgabe des Geschenkes nach den Vorschriften über die Herausgabe einer ungerechtfertigten Bereicherung fordern. Der Beschenkte kann die Herausgabe durch Zahlung des für den Unterhalt erforderlichen Betrags abwenden. Auf die Verpflichtung des Beschenkten findet die Vorschrift des § 760 sowie die für die Unterhaltspflicht der Verwandten geltende Vorschrift des § 1613 und im Falle des Todes des Schenkers auch die Vorschrift des § 1615 entsprechende Anwendung.

(2) Unter mehreren Beschenkten haftet der früher Beschenkte nur insoweit, als der später Beschenkte nicht verpflichtet ist.

§ 529 Ausschluss des Rückforderungsanspruchs

(1) Der Anspruch auf Herausgabe des Geschenkes ist ausgeschlossen, wenn der Schenker seine Bedürftigkeit vorsätzlich oder durch grobe Fahrlässigkeit herbeigeführt hat oder wenn zur Zeit des Eintritts seiner Bedürftigkeit seit der Leistung des geschenkten Gegenstandes zehn Jahre verstrichen sind.

(2) Das Gleiche gilt, soweit der Beschenkte bei Berücksichtigung seiner sonstigen Verpflichtungen außerstande ist, das Geschenk herauszugeben, ohne dass sein standesmäßiger Unterhalt oder die Erfüllung der ihm kraft Gesetzes obliegenden Unterhaltspflichten gefährdet wird.

§ 530 Widerruf der Schenkung

(1) Eine Schenkung kann widerrufen werden, wenn sich der Beschenkte durch eine schwere Verfehlung gegen den Schenker oder einen nahen Angehörigen des Schenkers groben Undanks schuldig macht.

(2) Dem Erben des Schenkers steht das Recht des Widerrufs nur zu, wenn der Beschenkte vorsätzlich und widerrechtlich den Schenker getötet oder am Widerruf gehindert hat.

§ 534 Pflicht- und Anstandsschenkungen

Schenkungen, durch die einer sittlichen Pflicht oder einer auf den Anstand zu nehmenden Rücksicht entsprochen wird, unterliegen nicht der Rückforderung und dem Widerruf.

§ 549 Auf Wohnraummietverhältnisse anwendbare Vorschriften

(2) Die Vorschriften über die Mieterhöhung (§§ 557 bis 561) und über den Mieterschutz bei Beendigung des Mietverhältnisses sowie bei der Begründung von Wohnungseigentum (§ 568 Abs. 2, §§ 573, 573a, 573d Abs. 1, §§ 574 bis 575, 575a Abs. 1 und §§ 577, 577a) gelten nicht für Mietverhältnisse über

2. Wohnraum, der Teil der vom Vermieter selbst bewohnten Wohnung ist und den der Vermieter überwiegend mit Einrichtungsgegenständen auszustatten hat, sofern der Wohnraum dem Mieter nicht zum dauernden Gebrauch mit seiner Familie oder mit Personen überlassen ist, mit denen er einen auf Dauer angelegten gemeinsamen Haushalt führt.

§ 551 Begrenzung und Anlage von Mietsicherheiten

(1) Hat der Mieter dem Vermieter für die Erfüllung seiner Pflichten Sicherheit zu leisten, so darf diese vorbehaltlich des Absatzes 3 Satz 4 höchstens das Dreifache der auf einen Monat entfallenden Miete ohne die als Pauschale oder als Vorauszahlung ausgewiesenen Betriebskosten betragen.
(2) Ist als Sicherheit eine Geldsumme bereitzustellen, so ist der Mieter zu drei gleichen monatlichen Teilzahlungen berechtigt. Die erste Teilzahlung ist zu Beginn des Mietverhältnisses fällig.
(3) Der Vermieter hat eine ihm als Sicherheit überlassene Geldsumme bei einem Kreditinstitut zu dem für Spareinlagen mit

dreimonatiger Kündigungsfrist üblichen Zinssatz anzulegen. Die Vertragsparteien können eine andere Anlageform vereinbaren. In beiden Fällen muss die Anlage vom Vermögen des Vermieters getrennt erfolgen und stehen die Erträge dem Mieter zu. Sie erhöhen die Sicherheit. Bei Wohnraum in einem Studenten- oder Jugendwohnheim besteht für den Vermieter keine Pflicht, die Sicherheitsleistung zu verzinsen.

§ 566 a Mietsicherheit

Hat der Mieter des veräußerten Wohnraums dem Vermieter für die Erfüllung seiner Pflichten Sicherheit geleistet, so tritt der Erwerber in die dadurch begründeten Rechte und Pflichten ein. Kann bei Beendigung des Mietverhältnisses der Mieter die Sicherheit von dem Erwerber nicht erlangen, so ist der Vermieter weiterhin zur Rückgewähr verpflichtet.

§ 573 c Fristen der ordentlichen Kündigung

(3) Bei Wohnraum nach § 549 Abs. 2 Nr. 2 ist die Kündigung spätestens am 15. eines Monats zum Ablauf dieses Monats zulässig.

(4) Eine zum Nachteil des Mieters von Absatz 1 oder 3 abweichende Vereinbarung ist unwirksam.

§ 601 Erhaltungskosten, Ersatz anderer Verwendungen

(1) Der Entleiher hat die gewöhnlichen Kosten der Erhaltung der geliehenen Sache, bei der Leihe eines Tieres insbesondere die Fütterungskosten, zu tragen.

(2) Die Verpflichtung des Verleihers zum Ersatz anderer Verwendungen bestimmt sich nach den Vorschriften über die Geschäftsführung ohne Auftrag. Der Entleiher ist berechtigt, eine Einrichtung, mit der er die Sache versehen hat, wegzunehmen.

§ 602 Abnutzung der Sache

Veränderungen oder Verschlechterungen der geliehenen Sache,

die durch den vertragsmäßigen Gebrauch herbeigeführt werden, hat der Entleiher nicht zu vertreten.

§ 661 a Gewinnzusagen
Ein Unternehmer, der Gewinnzusagen oder vergleichbare Mitteilungen an Verbraucher sendet und durch die Gestaltung dieser Zusendungen den Eindruck erweckt, dass der Verbraucher einen Preis gewonnen hat, hat dem Verbraucher diesen Preis zu leisten.

§ 690 Haftung bei unentgeltlicher Verwahrung
Wird die Aufbewahrung unentgeltlich übernommen, so hat der Verwahrer nur für diejenige Sorgfalt einzustehen, welche er in eigenen Angelegenheiten anzuwenden pflegt.

§ 766 Schriftform der Bürgschaftserklärung
Zur Gültigkeit des Bürgschaftsvertrags ist schriftliche Erteilung der Bürgschaftserklärung erforderlich. Die Erteilung der Bürgschaftserklärung in elektronischer Form ist ausgeschlossen. Soweit der Bürge die Hauptverbindlichkeit erfüllt, wird der Mangel der Form geheilt.

§ 828 Haftung Minderjähriger
(1) Wer nicht das siebente Lebensjahr vollendet hat, ist für einen Schaden, den er einem anderen zufügt, nicht verantwortlich.
(2) Wer das siebente, aber nicht das zehnte Lebensjahr vollendet hat, ist für den Schaden, den er bei einem Unfall mit einem Kraftfahrzeug, einer Schienenbahn oder einer Schwebebahn einem anderen zufügt, nicht verantwortlich. Dies gilt nicht, wenn er die Verletzung vorsätzlich herbeigeführt hat.
(3) Wer das 18. Lebensjahr noch nicht vollendet hat, ist, sofern seine Verantwortlichkeit nicht nach Absatz 1 oder 2 ausgeschlossen ist, für den Schaden, den er einem anderen zufügt, nicht verantwortlich, wenn er bei der Begehung der schädigen-

den Handlung nicht die zur Erkenntnis der Verantwortlichkeit erforderliche Einsicht hat.

§ 832 Haftung des Aufsichtspflichtigen

(1) Wer kraft Gesetzes zur Führung der Aufsicht über eine Person verpflichtet ist, die wegen Minderjährigkeit oder wegen ihres geistigen oder körperlichen Zustands der Beaufsichtigung bedarf, ist zum Ersatz des Schadens verpflichtet, den diese Person einem Dritten widerrechtlich zufügt. Die Ersatzpflicht tritt nicht ein, wenn er seiner Aufsichtspflicht genügt oder wenn der Schaden auch bei gehöriger Aufsichtsführung entstanden sein würde.

(2) Die gleiche Verantwortlichkeit trifft denjenigen, welcher die Führung der Aufsicht durch Vertrag übernimmt.

§ 906 Zuführung unwägbarer Stoffe

(1) Der Eigentümer eines Grundstücks kann die Zuführung von Gasen, Dämpfen, Gerüchen, Rauch, Ruß, Wärme, Geräusch, Erschütterungen und ähnliche von einem anderen Grundstück ausgehende Einwirkungen insoweit nicht verbieten, als die Einwirkung die Benutzung seines Grundstücks nicht oder nur unwesentlich beeinträchtigt. Eine unwesentliche Beeinträchtigung liegt in der Regel vor, wenn die in Gesetzen oder Rechtsverordnungen festgelegten Grenz- oder Richtwerte von den nach diesen Vorschriften ermittelten und bewerteten Einwirkungen nicht überschritten werden. Gleiches gilt für Werte in allgemeinen Verwaltungsvorschriften, die nach § 48 des Bundes-Immissionsschutzgesetzes erlassen worden sind und den Stand der Technik wiedergeben.

(2) Das Gleiche gilt insoweit, als eine wesentliche Beeinträchtigung durch eine ortsübliche Benutzung des anderen Grundstücks herbeigeführt wird und nicht durch Maßnahmen verhindert werden kann, die Benutzern dieser Art wirtschaftlich zumutbar sind. Hat der Eigentümer hiernach eine Einwirkung zu dulden, so kann er von dem Benutzer des anderen Grundstücks

einen angemessenen Ausgleich in Geld verlangen, wenn die Einwirkung eine ortsübliche Benutzung seines Grundstücks oder dessen Ertrag über das zumutbare Maß hinaus beeinträchtigt.

§ 929 Einigung und Übergabe

Zur Übertragung des Eigentums an einer beweglichen Sache ist erforderlich, dass der Eigentümer die Sache dem Erwerber übergibt und beide darüber einig sind, dass das Eigentum übergehen soll. Ist der Erwerber im Besitz der Sache, so genügt die Einigung über den Übergang des Eigentums.

§ 1363 Zugewinngemeinschaft

(1) Die Ehegatten leben im Güterstand der Zugewinngemeinschaft, wenn sie nicht durch Ehevertrag etwas anderes vereinbaren.

(2) Das Vermögen des Mannes und das Vermögen der Frau werden nicht gemeinschaftliches Vermögen der Ehegatten; dies gilt auch für Vermögen, das ein Ehegatte nach der Eheschließung erwirbt. Der Zugewinn, den die Ehegatten in der Ehe erzielen, wird jedoch ausgeglichen, wenn die Zugewinngemeinschaft endet.

§ 1414 Eintritt der Gütertrennung

Schließen die Ehegatten den gesetzlichen Güterstand aus oder heben sie ihn auf, so tritt Gütertrennung ein, falls sich nicht aus dem Ehevertrag etwas anderes ergibt. Das Gleiche gilt, wenn der Ausgleich des Zugewinns oder der Versorgungsausgleich ausgeschlossen oder die Gütergemeinschaft aufgehoben wird.

§ 1416 Gesamtgut

(1) Das Vermögen des Mannes und das Vermögen der Frau werden durch die Gütergemeinschaft gemeinschaftliches Vermögen beider Ehegatten (Gesamtgut). Zu dem Gesamtgut gehört auch das Vermögen, das der Mann oder die Frau während der Gütergemeinschaft erwirbt.

(2) Die einzelnen Gegenstände werden gemeinschaftlich; sie brauchen nicht durch Rechtsgeschäft übertragen zu werden.
(3) Wird ein Recht gemeinschaftlich, das im Grundbuch eingetragen ist oder in das Grundbuch eingetragen werden kann, so kann jeder Ehegatte von dem anderen verlangen, dass er zur Berichtigung des Grundbuchs mitwirke. Entsprechendes gilt, wenn ein Recht gemeinschaftlich wird, das im Schiffsregister oder im Schiffsbauregister eingetragen ist.

§ 1437 Gesamtgutsverbindlichkeiten; persönliche Haftung
(1) Aus dem Gesamtgut können die Gläubiger des Ehegatten, der das Gesamtgut verwaltet, und, soweit sich aus den §§ 1438 bis 1440 nichts anderes ergibt, auch die Gläubiger des anderen Ehegatten Befriedigung verlangen (Gesamtgutsverbindlichkeiten).
(2) Der Ehegatte, der das Gesamtgut verwaltet, haftet für die Verbindlichkeiten des anderen Ehegatten, die Gesamtgutsverbindlichkeiten sind, auch persönlich als Gesamtschuldner. Die Haftung erlischt mit der Beendigung der Gütergemeinschaft, wenn die Verbindlichkeiten im Verhältnis der Ehegatten zueinander dem anderen Ehegatten zur Last fallen.

§ 1923 Erbfähigkeit
(1) Erbe kann nur werden, wer zur Zeit des Erbfalls lebt.
(2) Wer zur Zeit des Erbfalls noch nicht lebte, aber bereits gezeugt war, gilt als vor dem Erbfall geboren.

§ 1940 Auflage
Der Erblasser kann durch Testament den Erben oder einen Vermächtnisnehmer zu einer Leistung verpflichten, ohne einem anderen ein Recht auf die Leistung zuzuwenden (Auflage).

§ 2247 Eigenhändiges Testament
(1) Der Erblasser kann ein Testament durch eine eigenhändig geschriebene und unterschriebene Erklärung errichten.

(2) Der Erblasser soll in der Erklärung angeben, zu welcher Zeit (Tag, Monat und Jahr) und an welchem Orte er sie niedergeschrieben hat.
(3) Die Unterschrift soll den Vornamen und den Familiennamen des Erblassers enthalten. Unterschreibt der Erblasser in anderer Weise und reicht diese Unterzeichnung zur Feststellung der Urheberschaft des Erblassers und der Ernstlichkeit seiner Erklärung aus, so steht eine solche Unterzeichnung der Gültigkeit des Testaments nicht entgegen.
(4) Wer minderjährig ist oder Geschriebenes nicht zu lesen vermag, kann ein Testament nicht nach obigen Vorschriften errichten.
(5) Enthält ein nach Absatz 1 errichtetes Testament keine Angabe über die Zeit der Errichtung und ergeben sich hieraus Zweifel über seine Gültigkeit, so ist das Testament nur dann als gültig anzusehen, wenn sich die notwendigen Feststellungen über die Zeit der Errichtung anderweit treffen lassen. Dasselbe gilt entsprechend für ein Testament, das keine Angabe über den Ort der Errichtung enthält.

§ 2249 Nottestament vor dem Bürgermeister

(1) Ist zu besorgen, dass der Erblasser früher sterben werde, als die Errichtung eines Testaments vor einem Notar möglich ist, so kann er das Testament zur Niederschrift des Bürgermeisters der Gemeinde, in der er sich aufhält, errichten. Der Bürgermeister muss zu der Beurkundung zwei Zeugen zuziehen. Als Zeuge kann nicht zugezogen werden, wer in dem zu beurkundenden Testament bedacht oder zum Testamentsvollstrecker ernannt wird; die Vorschriften der §§ 7 und 27 des Beurkundungsgesetzes gelten entsprechend. Für die Errichtung gelten die Vorschriften der §§ 2232, 2233 sowie die Vorschriften der §§ 2, 4, 5 Abs. 1, §§ 6 bis 10, 11 Abs. 1 Satz 2, Abs. 2, § 13 Abs. 1, 3, §§ 16, 17, 23, 24, 26 Abs. 1 Nr. 3, 4, Abs. 2, §§ 27, 28, 30, 32, 34, 35 des Beurkundungsgesetzes; der Bürgermeister tritt an die Stelle des Notars. Die Niederschrift muss auch von den Zeugen

unterschrieben werden. Vermag der Erblasser nach seinen Angaben oder nach der Überzeugung des Bürgermeisters seinen Namen nicht zu schreiben, so wird die Unterschrift des Erblassers durch die Feststellung dieser Angabe oder Überzeugung in der Niederschrift ersetzt.

§ 2250 Nottestament vor drei Zeugen

(1) Wer sich an einem Orte aufhält, der infolge außerordentlicher Umstände dergestalt abgesperrt ist, dass die Errichtung eines Testaments vor einem Notar nicht möglich oder erheblich erschwert ist, kann das Testament in der durch § 2249 bestimmten Form oder durch mündliche Erklärung vor drei Zeugen errichten.

(2) Wer sich in so naher Todesgefahr befindet, dass voraussichtlich auch die Errichtung eines Testaments nach § 2249 nicht mehr möglich ist, kann das Testament durch mündliche Erklärung vor drei Zeugen errichten.

§ 2251 Nottestament auf See

Wer sich während einer Seereise an Bord eines deutschen Schiffes außerhalb eines inländischen Hafens befindet, kann ein Testament durch mündliche Erklärung vor drei Zeugen nach § 2250 Abs. 3 errichten.

§ 2252 Gültigkeitsdauer der Nottestamente

(1) Ein nach § 2249, § 2250 oder § 2251 errichtetes Testament gilt als nicht errichtet, wenn seit der Errichtung drei Monate verstrichen sind und der Erblasser noch lebt.

(2) Beginn und Lauf der Frist sind gehemmt, solange der Erblasser außerstande ist, ein Testament vor einem Notar zu errichten.

(3) Tritt im Falle des § 2251 der Erblasser vor dem Ablauf der Frist eine neue Seereise an, so wird die Frist mit der Wirkung unterbrochen, dass nach Beendigung der neuen Reise die volle Frist von neuem zu laufen beginnt.

BRAO (Bundesrechtsanwaltsordnung)

§ 43a Grundpflichten des Rechtsanwalts

(4) Der Rechtsanwalt darf keine widerstreitenden Interessen vertreten.

BtMG (Betäubungsmittelgesetz)

§ 29 Straftaten

(1) Mit Freiheitsstrafe bis zu fünf Jahren oder mit Geldstrafe wird bestraft, wer

1. Betäubungsmittel unerlaubt anbaut, herstellt, mit ihnen Handel treibt, sie, ohne Handel zu treiben, einführt, ausführt, veräußert, abgibt, sonst in den Verkehr bringt, erwirbt oder sich in sonstiger Weise verschafft,
2. eine ausgenommene Zubereitung (§ 2 Abs. 1 Nr. 3) ohne Erlaubnis nach § 3 Abs. 1 Nr. 2 herstellt,
3. Betäubungsmittel besitzt, ohne zugleich im Besitz einer schriftlichen Erlaubnis für den Erwerb zu sein,
4. (weggefallen)
5. entgegen § 11 Abs. 1 Satz 2 Betäubungsmittel durchführt,
6. entgegen § 13 Abs. 1 Betäubungsmittel
   a) verschreibt,
   b) verabreicht oder zum unmittelbaren Verbrauch überlässt,
7. entgegen § 13 Abs. 2 Betäubungsmittel in einer Apotheke oder tierärztlichen Hausapotheke abgibt,
8. entgegen § 14 Abs. 5 für Betäubungsmittel wirbt,
9. unrichtige oder unvollständige Angaben macht, um für sich oder einen anderen oder für ein Tier die Verschreibung eines Betäubungsmittels zu erlangen,
10. einem anderen eine Gelegenheit zum unbefugten Erwerb oder zur unbefugten Abgabe von Betäubungsmitteln

verschafft oder gewährt, eine solche Gelegenheit öffentlich oder eigennützig mitteilt oder einen anderen zum unbefugten Verbrauch von Betäubungsmitteln verleitet,

11. ohne Erlaubnis nach § 10a einem anderen eine Gelegenheit zum unbefugten Verbrauch von Betäubungsmitteln verschafft oder gewährt, oder wer eine außerhalb einer Einrichtung nach § 10a bestehende Gelegenheit zu einem solchen Verbrauch eigennützig oder öffentlich mitteilt,

12. öffentlich, in einer Versammlung oder durch Verbreiten von Schriften (§ 11 Abs. 3 des Strafgesetzbuches) dazu auffordert, Betäubungsmittel zu verbrauchen, die nicht zulässigerweise verschrieben worden sind,

13. Geldmittel oder andere Vermögensgegenstände einem anderen für eine rechtswidrige Tat nach Nummern 1, 5, 6, 7, 10, 11 oder 12 bereitstellt,

14. einer Rechtsverordnung nach § 11 Abs. 2 Satz 2 Nr. 1 oder § 13 Abs. 3 Satz 2 Nr. 1 oder 5 zuwiderhandelt, soweit sie für einen bestimmten Tatbestand auf diese Strafvorschrift verweist.

Die Abgabe von sterilen Einmalspritzen an Betäubungsmittelabhängige und die öffentliche Information darüber sind kein Verschaffen und kein öffentliches Mitteilen einer Gelegenheit zum Verbrauch nach Satz 1 Nr. 11.

(2) In den Fällen des Absatzes 1 Satz 1 Nr. 1, 2, 5 oder 6 Buchstabe b ist der Versuch strafbar.

(3) In besonders schweren Fällen ist die Strafe Freiheitsstrafe nicht unter einem Jahr. Ein besonders schwerer Fall liegt in der Regel vor, wenn der Täter

1. in den Fällen des Absatzes 1 Satz 1 Nr. 1, 5, 6, 10, 11 oder 13 gewerbsmäßig handelt,

2. durch eine der in Absatz 1 Satz 1 Nr. 1, 6 oder 7 bezeichneten Handlungen die Gesundheit mehrerer Menschen gefährdet.

(4) Handelt der Täter in den Fällen des Absatzes 1 Satz 1 Nr. 1,

2, 5, 6 Buchstabe b, Nr. 10 oder 11 fahrlässig, so ist die Strafe Freiheitsstrafe bis zu einem Jahr oder Geldstrafe.
(5) Das Gericht kann von einer Bestrafung nach den Absätzen 1, 2 und 4 absehen, wenn der Täter die Betäubungsmittel lediglich zum Eigenverbrauch in geringer Menge anbaut, herstellt, einführt, ausführt, durchführt, erwirbt, sich in sonstiger Weise verschafft oder besitzt.
(6) Die Vorschriften des Absatzes 1 Satz 1 Nr. 1 sind, soweit sie das Handeltreiben, Abgeben oder Veräußern betreffen, auch anzuwenden, wenn sich die Handlung auf Stoffe oder Zubereitungen bezieht, die nicht Betäubungsmittel sind, aber als solche ausgegeben werden.

BUrlG (Bundesurlaubsgesetz)

§ 8 Erwerbstätigkeit während des Urlaubs

Während des Urlaubs darf der Arbeitnehmer keine dem Urlaubszweck widersprechende Erwerbstätigkeit leisten.

FeV (Fahrerlaubnisverordnung)

§ 3 Einschränkung und Entziehung der Zulassung

(1) Erweist sich jemand als ungeeignet oder nur noch bedingt geeignet zum Führen von Fahrzeugen oder Tieren, hat die Fahrerlaubnisbehörde ihm das Führen zu untersagen, zu beschränken oder die erforderlichen Auflagen anzuordnen.

§ 4 Erlaubnispflicht und Ausweispflicht für das Führen von Kraftfahrzeugen

(2) Die Fahrerlaubnis ist durch eine amtliche Bescheinigung (Führerschein) nachzuweisen. Der Führerschein ist beim Führen von Kraftfahrzeugen mitzuführen und zuständigen Personen auf Verlangen zur Prüfung auszuhändigen.

GebrMG (Gebrauchsmustergesetz)

§ 1 Schutz als Gebrauchsmuster

(1) Als Gebrauchsmuster werden Erfindungen geschützt, die neu sind, auf einem erfinderischen Schritt beruhen und gewerblich anwendbar sind.

(2) Als Gegenstand eines Gebrauchsmusters im Sinne des Absatzes 1 werden insbesondere nicht angesehen:

1. Entdeckungen sowie wissenschaftliche Theorien und mathematische Methoden;
2. ästhetische Formschöpfungen;
3. Pläne, Regeln und Verfahren für gedankliche Tätigkeiten, für Spiele oder für geschäftliche Tätigkeiten sowie Programme für Datenverarbeitungsanlagen;
4. die Wiedergabe von Informationen.

(3) Absatz 2 steht dem Schutz als Gebrauchsmuster nur insoweit entgegen, als für die genannten Gegenstände oder Tätigkeiten als solche Schutz begehrt wird.

GG (Grundgesetz)

Art. 4 Glaubens-, Gewissens- und Bekenntnisfreiheit

(1) Die Freiheit des Glaubens, des Gewissens und die Freiheit des religiösen und weltanschaulichen Bekenntnisses sind unverletzlich.

(2) Die ungestörte Religionsausübung wird gewährleistet.

(3) Niemand darf gegen sein Gewissen zum Kriegsdienst mit der Waffe gezwungen werden. Das Nähere regelt ein Bundesgesetz.

Art. 13 Unverletzlichkeit der Wohnung

(1) Die Wohnung ist unverletzlich.

(2) Durchsuchungen dürfen nur durch den Richter, bei Gefahr im Verzuge auch durch die in den Gesetzen vorgesehenen ande-

ren Organe angeordnet und nur in der dort vorgeschriebenen Form durchgeführt werden.

GVG (Gerichtsverfassungsgesetz)

§ 30 Befugnisse der Schöffen

(1) Insoweit das Gesetz nicht Ausnahmen bestimmt, üben die Schöffen während der Hauptverhandlung das Richteramt in vollem Umfang und mit gleichem Stimmrecht wie die Richter beim Amtsgericht aus und nehmen auch an den im Laufe einer Hauptverhandlung zu erlassenden Entscheidungen teil, die in keiner Beziehung zu der Urteilsfällung stehen und die auch ohne mündliche Verhandlung erlassen werden können.
(2) Die außerhalb der Hauptverhandlung erforderlichen Entscheidungen werden von dem Richter beim Amtsgericht erlassen.

HGB (Handelsgesetzbuch)

§ 17 Handelsfirma, Begriff

(1) Die Firma eines Kaufmanns ist der Name, unter dem er seine Geschäfte betreibt und die Unterschrift abgibt.
(2) Ein Kaufmann kann unter seiner Firma klagen und verklagt werden.

§ 18 Firma des Kaufmanns

(1) Die Firma muss zur Kennzeichnung des Kaufmanns geeignet sein und Unterscheidungskraft besitzen.
(2) Die Firma darf keine Angaben enthalten, die geeignet sind, über geschäftliche Verhältnisse, die für die angesprochenen Verkehrskreise wesentlich sind, irrezuführen. Im Verfahren vor dem Registergericht wird die Eignung zur Irreführung nur berücksichtigt, wenn sie ersichtlich ist.

§ 30 Unterscheidbarkeit

(1) Jede neue Firma muss sich von allen an demselben Ort oder in derselben Gemeinde bereits bestehenden und in das Handelsregister oder in das Genossenschaftsregister eingetragenen Firmen deutlich unterscheiden.
(2) Hat ein Kaufmann mit einem bereits eingetragenen Kaufmann die gleichen Vornamen und den gleichen Familiennamen und will auch er sich dieser Namen als seiner Firma bedienen, so muss er der Firma einen Zusatz beifügen, durch den sie sich von der bereits eingetragenen Firma deutlich unterscheidet.
(3) Besteht an dem Ort oder in der Gemeinde, wo eine Zweigniederlassung errichtet wird, bereits eine gleiche eingetragene Firma, so muss der Firma für die Zweigniederlassung ein der Vorschrift des Absatzes 2 entsprechender Zusatz beigefügt werden.
(4) Durch die Landesregierungen kann bestimmt werden, dass benachbarte Orte oder Gemeinden als ein Ort oder als eine Gemeinde im Sinne dieser Vorschriften anzusehen sind.

InsO (Insolvenzordnung)

§ 287 Antrag des Schuldners

(1) Die Restschuldbefreiung setzt einen Antrag des Schuldners voraus, der mit seinem Antrag auf Eröffnung des Insolvenzverfahrens verbunden werden soll. Wird er nicht mit diesem verbunden, so ist er innerhalb von zwei Wochen nach dem Hinweis gemäß § 20 Abs. 2 zu stellen.
(2) Dem Antrag ist die Erklärung beizufügen, dass der Schuldner seine pfändbaren Forderungen auf Bezüge aus einem Dienstverhältnis oder an deren Stelle tretende laufende Bezüge für die Zeit von sechs Jahren nach der Eröffnung des Insolvenzverfahrens an einen vom Gericht zu bestimmenden Treuhänder abtritt. Hatte der Schuldner diese Forderungen bereits vorher an einen Dritten abgetreten oder verpfändet, so ist in der Erklärung darauf hinzuweisen.

§ 290 Versagung der Restschuldbefreiung

(1) In dem Beschluss ist die Restschuldbefreiung zu versagen, wenn dies im Schlusstermin von einem Insolvenzgläubiger beantragt worden ist und wenn

1. der Schuldner wegen einer Straftat nach den §§ 283 bis 283c des Strafgesetzbuchs rechtskräftig verurteilt worden ist,
2. der Schuldner in den letzten drei Jahren vor dem Antrag auf Eröffnung des Insolvenzverfahrens oder nach diesem Antrag vorsätzlich oder grob fahrlässig schriftlich unrichtige oder unvollständige Angaben über seine wirtschaftlichen Verhältnisse gemacht hat, um einen Kredit zu erhalten, Leistungen aus öffentlichen Mitteln zu beziehen oder Leistungen an öffentliche Kassen zu vermeiden,
3. in den letzten zehn Jahren vor dem Antrag auf Eröffnung des Insolvenzverfahrens oder nach diesem Antrag dem Schuldner Restschuldbefreiung erteilt oder nach § 296 oder § 297 versagt worden ist,
4. der Schuldner im letzten Jahr vor dem Antrag auf Eröffnung des Insolvenzverfahrens oder nach diesem Antrag vorsätzlich oder grob fahrlässig die Befriedigung der Insolvenzgläubiger dadurch beeinträchtigt hat, dass er unangemessene Verbindlichkeiten begründet oder Vermögen verschwendet oder ohne Aussicht auf eine Besserung seiner wirtschaftlichen Lage die Eröffnung des Insolvenzverfahrens verzögert hat,
5. der Schuldner während des Insolvenzverfahrens Auskunfts- oder Mitwirkungspflichten nach diesem Gesetz vorsätzlich oder grob fahrlässig verletzt hat oder
6. der Schuldner in den nach § 305 Abs. 1 Nr. 3 vorzulegenden Verzeichnissen seines Vermögens und seines Einkommens, seiner Gläubiger und der gegen ihn gerichteten Forderungen vorsätzlich oder grob fahrlässig unrichtige oder unvollständige Angaben gemacht hat.

§ 295 Obliegenheiten des Schuldners

(1) Dem Schuldner obliegt es, während der Laufzeit der Abtretungserklärung

1. eine angemessene Erwerbstätigkeit auszuüben und, wenn er ohne Beschäftigung ist, sich um eine solche zu bemühen und keine zumutbare Tätigkeit abzulehnen;
2. Vermögen, das er von Todes wegen oder mit Rücksicht auf ein künftiges Erbrecht erwirbt, zur Hälfte des Wertes an den Treuhänder herauszugeben;
3. jeden Wechsel des Wohnsitzes oder der Beschäftigungsstelle unverzüglich dem Insolvenzgericht und dem Treuhänder anzuzeigen, keine von der Abtretungserklärung erfassten Bezüge und kein von Nummer 2 erfasstes Vermögen zu verheimlichen und dem Gericht und dem Treuhänder auf Verlangen Auskunft über seine Erwerbstätigkeit oder seine Bemühungen um eine solche sowie über seine Bezüge und sein Vermögen zu erteilen;
4. Zahlungen zur Befriedigung der Insolvenzgläubiger nur an den Treuhänder zu leisten und keinem Insolvenzgläubiger einen Sondervorteil zu verschaffen.

(2) Soweit der Schuldner eine selbständige Tätigkeit ausübt, obliegt es ihm, die Insolvenzgläubiger durch Zahlungen an den Treuhänder so zu stellen, wie wenn er ein angemessenes Dienstverhältnis eingegangen wäre.

JuSchG (Jugendschutzgesetz)

§ 15 Jugendgefährdende Trägermedien

(1) Trägermedien, deren Aufnahme in die Liste jugendgefährdender Medien nach § 24 Abs. 3 Satz 1 bekannt gemacht ist, dürfen nicht

1. einem Kind oder einer jugendlichen Person angeboten, überlassen oder sonst zugänglich gemacht werden,
2. an einem Ort, der Kindern oder Jugendlichen zugänglich

ist oder von ihnen eingesehen werden kann, ausgestellt, angeschlagen, vorgeführt oder sonst zugänglich gemacht werden,

3. im Einzelhandel außerhalb von Geschäftsräumen, in Kiosken oder anderen Verkaufsstellen, die Kunden nicht zu betreten pflegen, im Versandhandel oder in gewerblichen Leihbüchereien oder Lesezirkeln einer anderen Person angeboten oder überlassen werden,

4. im Wege gewerblicher Vermietung oder vergleichbarer gewerblicher Gewährung des Gebrauchs, ausgenommen in Ladengeschäften, die Kindern und Jugendlichen nicht zugänglich sind und von ihnen nicht eingesehen werden können, einer anderen Person angeboten oder überlassen werden,

5. im Wege des Versandhandels eingeführt werden,

6. öffentlich an einem Ort, der Kindern oder Jugendlichen zugänglich ist oder von ihnen eingesehen werden kann, oder durch Verbreiten von Träger- oder Telemedien außerhalb des Geschäftsverkehrs mit dem einschlägigen Handel angeboten, angekündigt oder angepriesen werden,

7. hergestellt, bezogen, geliefert, vorrätig gehalten oder eingeführt werden, um sie oder aus ihnen gewonnene Stücke im Sinne der Nummern 1 bis 6 zu verwenden oder einer anderen Person eine solche Verwendung zu ermöglichen.

(2) Den Beschränkungen des Absatzes 1 unterliegen, ohne dass es einer Aufnahme in die Liste und einer Bekanntmachung bedarf, schwer jugendgefährdende Trägermedien, die

1. einen der in § 86, § 130, § 130a, § 131 oder § 184 des Strafgesetzbuches bezeichneten Inhalte haben,

2. den Krieg verherrlichen,

3. Menschen, die sterben oder schweren körperlichen oder seelischen Leiden ausgesetzt sind oder waren, in einer die Menschenwürde verletzenden Weise darstellen und ein tatsächliches Geschehen wiedergeben, ohne dass ein überwiegendes berechtigtes Interesse gerade an dieser Form der Berichterstattung vorliegt,

4. Kinder oder Jugendliche in unnatürlicher, geschlechtsbetonter Körperhaltung darstellen oder
5. offensichtlich geeignet sind, die Entwicklung von Kindern oder Jugendlichen oder ihre Erziehung zu einer eigenverantwortlichen und gemeinschaftsfähigen Persönlichkeit schwer zu gefährden.

(3) Den Beschränkungen des Absatzes 1 unterliegen auch, ohne dass es einer Aufnahme in die Liste und einer Bekanntmachung bedarf, Trägermedien, die mit einem Trägermedium, dessen Aufnahme in die Liste bekannt gemacht ist, ganz oder im Wesentlichen inhaltsgleich sind.
(4) Die Liste der jugendgefährdenden Medien darf nicht zum Zweck der geschäftlichen Werbung abgedruckt oder veröffentlicht werden.
(5) Bei geschäftlicher Werbung darf nicht darauf hingewiesen werden, dass ein Verfahren zur Aufnahme des Trägermediums oder eines inhaltsgleichen Telemediums in die Liste anhängig ist oder gewesen ist.
(6) Soweit die Lieferung erfolgen darf, haben Gewerbetreibende vor Abgabe an den Handel die Händler auf die Vertriebsbeschränkungen des Absatzes 1 Nr. 1 bis 6 hinzuweisen.

KonsG (Konsulargesetz)

§ 5 Hilfeleistung an Einzelne

(1) Die Konsularbeamten sollen Deutschen, die in ihrem Konsularbezirk hilfsbedürftig sind, die erforderliche Hilfe leisten, wenn die Notlage auf andere Weise nicht behoben werden kann. Dies gilt nicht für Deutsche, die ihren gewöhnlichen Aufenthalt in einem ausländischen Staat haben, wenn sie gleichzeitig die Staatsangehörigkeit dieses Staates besitzen und auch ihr Vater oder ihre Mutter sie besitzt oder besessen hat, sowie für ihre Abkömmlinge; diesen Personen können die Konsularbeamten

jedoch Hilfe gewähren, soweit es im Einzelfall der Billigkeit entspricht.
(2) Soweit es im Einzelfall der Billigkeit entspricht, können die Konsularbeamten Hilfe auch nichtdeutschen Familienangehörigen von Deutschen gewähren, wenn sie mit diesen in Haushaltsgemeinschaft leben oder längere Zeit gelebt haben.
(3) Art, Form und Maß der Hilfe richten sich nach den besonderen Verhältnissen im Empfangsstaat unter Berücksichtigung der notwendigen Lebensbedürfnisse eines dort lebenden Deutschen. Die Hilfe kann auch in der Gewährung von Rechtsschutz bestehen.
(4) Wenn es sich empfiehlt, können die Konsularbeamten die Hilfe auch dadurch leisten, dass sie dem Hilfesuchenden die Reise an den Ort des gewöhnlichen Aufenthalts oder an einen anderen Ort ermöglichen.
(5) Der Empfänger ist zum Ersatz der Auslagen verpflichtet. Die Ersatzpflicht trifft neben ihm auch seine Verwandten und seinen Ehegatten im Rahmen ihrer Unterhaltspflicht. Die Verpflichtung zum Ersatz geht auf die Erben über. Die Haftung der Erben beschränkt sich auf den Nachlass.
(6) Dauert die Notlage eines Hilfeempfängers, der seinen gewöhnlichen Aufenthalt im Ausland hat oder der im Ausland in Untersuchungshaft ist oder eine Freiheitsstrafe verbüßt, länger als zwei Monate, so ist vom Eintritt der Hilfsbedürftigkeit an Hilfe nach dem Bundessozialhilfegesetz oder in entsprechender Anwendung dieses Gesetzes zu gewähren. Absatz 4 bleibt unberührt.
(7) Die Hilfeleistung kann abgelehnt werden, wenn festgestellt wird, dass der Hilfesuchende frühere Hilfen missbraucht hat, es sei denn, dass er im Falle der Ablehnung einen ernsten Nachteil an Leib, Leben oder Gesundheit erleiden würde.

§ 6 Hilfe in Katastrophenfällen

(1) Wenn im Konsularbezirk Naturkatastrophen, kriegerische oder revolutionäre Verwicklungen oder vergleichbare Ereignisse,

die der Bevölkerung oder Teilen von ihnen Schaden zufügen, eintreten oder einzutreten drohen, sollen die Konsularbeamten die erforderlichen Maßnahmen treffen, um den Geschädigten oder den Bedrohten, soweit sie Deutsche sind, Hilfe und Schutz zu gewähren. Dies gilt auch für Abkömmlinge von Deutschen und für nichtdeutsche Familienangehörige von Deutschen, wenn sie mit diesen in Haushaltsgemeinschaft leben oder längere Zeit gelebt haben.
(2) § 5 Abs. 5 gilt entsprechend. Soweit die Entwicklung der Lage im Konsularbezirk, die persönlichen Verhältnisse des Hilfs- oder Schutzbedürftigen oder sonstige besondere Umstände es erfordern, kann von der Geltendmachung der Ansprüche auf Auslagenersatz abgesehen werden.
(3) Um in den in Absatz 1 genannten Fällen sofort wirksam helfen zu können, sollen die Konsularbeamten eine Liste der in ihrem Konsularbezirk ansässigen Deutschen und anderer Schutzbefohlener sowie ihrer Familienangehörigen erstellen und auf dem Laufenden halten.

KSchG (Kündigungsschutzgesetz)

§ 1 Sozial ungerechtfertigte Kündigungen

(1) Die Kündigung des Arbeitsverhältnisses gegenüber einem Arbeitnehmer, dessen Arbeitsverhältnis in demselben Betrieb oder Unternehmen ohne Unterbrechung länger als sechs Monate bestanden hat, ist rechtsunwirksam, wenn sie sozial ungerechtfertigt ist.
(2) Sozial ungerechtfertigt ist die Kündigung, wenn sie nicht durch Gründe, die in der Person oder in dem Verhalten des Arbeitnehmers liegen, oder durch dringende betriebliche Erfordernisse, die einer Weiterbeschäftigung des Arbeitnehmers in diesem Betrieb entgegenstehen, bedingt ist. Die Kündigung ist auch sozial ungerechtfertigt, wenn

1. in Betrieben des privaten Rechts

a) die Kündigung gegen eine Richtlinie nach § 95 des Betriebsverfassungsgesetzes verstößt,

b) der Arbeitnehmer an einem anderen Arbeitsplatz in demselben Betrieb oder in einem anderen Betrieb des Unternehmens weiterbeschäftigt werden kann

und der Betriebsrat oder eine andere nach dem Betriebsverfassungsgesetz insoweit zuständige Vertretung der Arbeitnehmer aus einem dieser Gründe der Kündigung innerhalb der Frist des § 102 Abs. 2 Satz 1 des Betriebsverfassungsgesetzes schriftlich widersprochen hat,

2. in Betrieben und Verwaltungen des öffentlichen Rechts

a) die Kündigung gegen eine Richtlinie über die personelle Auswahl bei Kündigungen verstößt,

b) der Arbeitnehmer an einem anderen Arbeitsplatz in derselben Dienststelle oder in einer anderen Dienststelle desselben Verwaltungszweiges an demselben Dienstort einschließlich seines Einzugsgebietes weiterbeschäftigt werden kann

und die zuständige Personalvertretung aus einem dieser Gründe fristgerecht gegen die Kündigung Einwendungen erhoben hat, es sei denn, dass die Stufenvertretung in der Verhandlung mit der übergeordneten Dienststelle die Einwendungen nicht aufrechterhalten hat.

Satz 2 gilt entsprechend, wenn die Weiterbeschäftigung des Arbeitnehmers nach zumutbaren Umschulungs- oder Fortbildungsmaßnahmen oder eine Weiterbeschäftigung des Arbeitnehmers unter geänderten Arbeitsbedingungen möglich ist und der Arbeitnehmer sein Einverständnis hiermit erklärt hat. Der Arbeitgeber hat die Tatsachen zu beweisen, die die Kündigung bedingen.

(3) Ist einem Arbeitnehmer aus dringenden betrieblichen Erfordernissen im Sinne des Absatzes 2 gekündigt worden, so ist die Kündigung trotzdem sozial ungerechtfertigt, wenn der Arbeitgeber bei der Auswahl des Arbeitnehmers die Dauer der Betriebszugehörigkeit, das Lebensalter, die Unterhaltspflichten

und die Schwerbehinderung des Arbeitnehmers nicht oder nicht ausreichend berücksichtigt hat; auf Verlangen des Arbeitnehmers hat der Arbeitgeber dem Arbeitnehmer die Gründe anzugeben, die zu der getroffenen sozialen Auswahl geführt haben. In die soziale Auswahl nach Satz 1 sind Arbeitnehmer nicht einzubeziehen, deren Weiterbeschäftigung, insbesondere wegen ihrer Kenntnisse, Fähigkeiten und Leistungen oder zur Sicherung einer ausgewogenen Personalstruktur des Betriebes, im berechtigten betrieblichen Interesse liegt. Der Arbeitnehmer hat die Tatsachen zu beweisen, die die Kündigung als sozial ungerechtfertigt im Sinne des Satzes 1 erscheinen lassen.
(4) Ist in einem Tarifvertrag, in einer Betriebsvereinbarung nach § 95 des Betriebsverfassungsgesetzes oder in einer entsprechenden Richtlinie nach den Personalvertretungsgesetzen festgelegt, wie die sozialen Gesichtspunkte nach Absatz 3 Satz 1 im Verhältnis zueinander zu bewerten sind, so kann die Bewertung nur auf grobe Fehlerhaftigkeit überprüft werden.
(5) Sind bei einer Kündigung auf Grund einer Betriebsänderung nach § 111 des Betriebsverfassungsgesetzes die Arbeitnehmer, denen gekündigt werden soll, in einem Interessenausgleich zwischen Arbeitgeber und Betriebsrat namentlich bezeichnet, so wird vermutet, dass die Kündigung durch dringende betriebliche Erfordernisse im Sinne des Absatzes 2 bedingt ist. Die soziale Auswahl der Arbeitnehmer kann nur auf grobe Fehlerhaftigkeit überprüft werden. Die Sätze 1 und 2 gelten nicht, soweit sich die Sachlage nach Zustandekommen des Interessenausgleichs wesentlich geändert hat. Der Interessenausgleich nach Satz 1 ersetzt die Stellungnahme des Betriebsrates nach § 17 Abs. 3 Satz 2.

KUG (Kunsturhebergesetz)

§ 22 Recht am eigenen Bilde

Bildnisse dürfen nur mit Einwilligung des Abgebildeten verbreitet oder öffentlich zur Schau gestellt werden. Die Einwilligung gilt im Zweifel als erteilt, wenn der Abgebildete dafür, dass er sich abbilden ließ, eine Entlohnung erhielt. Nach dem Tode des Abgebildeten bedarf es bis zum Ablaufe von 10 Jahren der Einwilligung der Angehörigen des Abgebildeten. Angehörige im Sinne dieses Gesetzes sind der überlebende Ehegatte und die Kinder des Abgebildeten, und wenn weder ein Ehegatte noch Kinder vorhanden sind, die Eltern des Abgebildeten.

§ 33 Strafvorschriften

(1) Mit Freiheitsstrafe bis zu einem Jahr oder mit Geldstrafe wird bestraft, wer entgegen den §§ 22, 23 ein Bildnis verbreitet oder öffentlich zur Schau stellt.
(2) Die Tat wird nur auf Antrag verfolgt.

LImSchG NW (Landesimmissionsschutzgesetz Nordrhein-Westfalen)

§ 7 Verbrennen im Freien

(1) Das Verbrennen sowie das Abbrennen von Gegenständen zum Zwecke der Rückgewinnung einzelner Bestandteile oder zu anderen Zwecken ist im Freien untersagt, soweit die Nachbarschaft oder die Allgemeinheit hierdurch gefährdet oder erheblich belästigt werden können. Satz 1 gilt nicht, soweit das Verbrennen von Abfällen im Abfallgesetz (AbfG) oder den aufgrund des Abfallgesetzes erlassenen Rechtsverordnungen geregelt ist.

§ 9 Schutz der Nachtruhe

(1) Von 22 bis 6 Uhr sind Betätigungen verboten, welche die Nachtruhe zu stören geeignet sind.

LPrG NW (Landespressegesetz Nordrhein-Westfalen)

§ 3 Öffentliche Aufgabe der Presse

Die Presse erfüllt eine öffentliche Aufgabe insbesondere dadurch, dass sie Nachrichten beschafft und verbreitet, Stellung nimmt, Kritik übt oder auf andere Weise an der Meinungsbildung mitwirkt.

§ 6 Sorgfaltspflicht der Presse

Die Presse hat alle Nachrichten vor ihrer Verbreitung mit der nach den Umständen gebotenen Sorgfalt auf Inhalt, Herkunft und Wahrheit zu prüfen. Die Verpflichtung, Druckwerke von strafbarem Inhalt freizuhalten (§ 21 Abs. 2), bleibt unberührt.

MarkenG (Markengesetz)

§ 1 Geschützte Marken und sonstige Kennzeichen

Nach diesem Gesetz werden geschützt:

1. Marken,
2. geschäftliche Bezeichnungen,
3. geographische Herkunftsangaben.

§ 9 Angemeldete oder eingetragene Marken als relative Schutzhindernisse

(1) Die Eintragung einer Marke kann gelöscht werden,

1. wenn sie mit einer angemeldeten oder eingetragenen Marke mit älterem Zeitrang identisch ist und die Waren oder Dienstleistungen, für die sie eingetragen worden ist, mit den Waren oder Dienstleistungen identisch sind, für die die Marke mit älterem Zeitrang angemeldet oder eingetragen worden ist,

2. wenn wegen ihrer Identität oder Ähnlichkeit mit einer angemeldeten oder eingetragenen Marke mit älterem Zeitrang und der Identität oder der Ähnlichkeit der durch

die beiden Marken erfassten Waren oder Dienstleistungen für das Publikum die Gefahr von Verwechslungen besteht, einschließlich der Gefahr, dass die Marken gedanklich miteinander in Verbindung gebracht werden, oder

3. wenn sie mit einer angemeldeten oder eingetragenen Marke mit älterem Zeitrang identisch oder dieser ähnlich ist und für Waren oder Dienstleistungen eingetragen worden ist, die nicht denen ähnlich sind, für die die Marke mit älterem Zeitrang angemeldet oder eingetragen worden ist, falls es sich bei der Marke mit älterem Zeitrang um eine im Inland bekannte Marke handelt und die Benutzung der eingetragenen Marke die Unterscheidungskraft oder die Wertschätzung der bekannten Marke ohne rechtfertigenden Grund in unlauterer Weise ausnutzen oder beeinträchtigen würde.

§ 14 Ausschließliches Recht des Inhabers einer Marke; Unterlassungsanspruch; Schadensersatzanspruch

(1) Der Erwerb des Markenschutzes nach § 4 gewährt dem Inhaber der Marke ein ausschließliches Recht.

(2) Dritten ist es untersagt, ohne Zustimmung des Inhabers der Marke im geschäftlichen Verkehr

1. ein mit der Marke identisches Zeichen für Waren oder Dienstleistungen zu benutzen, die mit denjenigen identisch sind, für die sie Schutz genießt,

2. ein Zeichen zu benutzen, wenn wegen der Identität oder Ähnlichkeit des Zeichens mit der Marke und der Identität oder Ähnlichkeit der durch die Marke und das Zeichen erfassten Waren oder Dienstleistungen für das Publikum die Gefahr von Verwechslungen besteht, einschließlich der Gefahr, dass das Zeichen mit der Marke gedanklich in Verbindung gebracht wird, oder

3. ein mit der Marke identisches Zeichen oder ein ähnliches Zeichen für Waren oder Dienstleistungen zu benutzen, die nicht denen ähnlich sind, für die die Marke Schutz

genießt, wenn es sich bei der Marke um eine im Inland bekannte Marke handelt und die Benutzung des Zeichens die Unterscheidungskraft oder die Wertschätzung der bekannten Marke ohne rechtfertigenden Grund in unlauterer Weise ausnutzt oder beeinträchtigt.

(3) Sind die Voraussetzungen des Absatzes 2 erfüllt, so ist es insbesondere untersagt,

1. das Zeichen auf Waren oder ihrer Aufmachung oder Verpackung anzubringen,
2. unter dem Zeichen Waren anzubieten, in den Verkehr zu bringen oder zu den genannten Zwecken zu besitzen,
3. unter dem Zeichen Dienstleistungen anzubieten oder zu erbringen,
4. unter dem Zeichen Waren einzuführen oder auszuführen,
5. das Zeichen in Geschäftspapieren oder in der Werbung zu benutzen.

(4) Dritten ist es ferner untersagt, ohne Zustimmung des Inhabers der Marke im geschäftlichen Verkehr

1. ein mit der Marke identisches Zeichen oder ein ähnliches Zeichen auf Aufmachungen oder Verpackungen oder auf Kennzeichnungsmitteln wie Etiketten, Anhängern, Aufnähern oder dergleichen anzubringen,
2. Aufmachungen, Verpackungen oder Kennzeichnungsmittel, die mit einem mit der Marke identischen Zeichen oder einem ähnlichen Zeichen versehen sind, anzubieten, in den Verkehr zu bringen oder zu den genannten Zwecken zu besitzen oder
3. Aufmachungen, Verpackungen oder Kennzeichnungsmittel, die mit einem mit der Marke identischen Zeichen oder einem ähnlichen Zeichen versehen sind, einzuführen oder auszuführen,

wenn die Gefahr besteht, dass die Aufmachungen oder Verpackungen zur Aufmachung oder Verpackung oder die Kennzeichnungsmittel zur Kennzeichnung von Waren oder Dienstleistungen benutzt werden, hinsichtlich deren Dritten die Benutzung des Zeichens nach den Absätzen 2 und 3 untersagt wäre.

(5) Wer ein Zeichen entgegen den Absätzen 2 bis 4 benutzt, kann von dem Inhaber der Marke auf Unterlassung in Anspruch genommen werden.

(6) Wer die Verletzungshandlung vorsätzlich oder fahrlässig begeht, ist dem Inhaber der Marke zum Ersatz des durch die Verletzungshandlung entstandenen Schadens verpflichtet.

(7) Wird die Verletzungshandlung in einem geschäftlichen Betrieb von einem Angestellten oder Beauftragten begangen, so kann der Unterlassungsanspruch und, soweit der Angestellte oder Beauftragte vorsätzlich oder fahrlässig gehandelt hat, der Schadensersatzanspruch auch gegen den Inhaber des Betriebs geltend gemacht werden.

§ 15 Ausschließliches Recht des Inhabers einer geschäftlichen Bezeichnung; Unterlassungsanspruch; Schadensersatzanspruch

(1) Der Erwerb des Schutzes einer geschäftlichen Bezeichnung gewährt ihrem Inhaber ein ausschließliches Recht.

(2) Dritten ist es untersagt, die geschäftliche Bezeichnung oder ein ähnliches Zeichen im geschäftlichen Verkehr unbefugt in einer Weise zu benutzen, die geeignet ist, Verwechslungen mit der geschützten Bezeichnung hervorzurufen.

(3) Handelt es sich bei der geschäftlichen Bezeichnung um eine im Inland bekannte geschäftliche Bezeichnung, so ist es Dritten ferner untersagt, die geschäftliche Bezeichnung oder ein ähnliches Zeichen im geschäftlichen Verkehr zu benutzen, wenn keine Gefahr von Verwechslungen im Sinne des Absatzes 2 besteht, soweit die Benutzung des Zeichens die Unterscheidungskraft oder die Wertschätzung der geschäftlichen Bezeichnung ohne rechtfertigenden Grund in unlauterer Weise ausnutzt oder beeinträchtigt.

(4) Wer eine geschäftliche Bezeichnung oder ein ähnliches

Zeichen entgegen Absatz 2 oder 3 benutzt, kann von dem Inhaber der geschäftlichen Bezeichnung auf Unterlassung in Anspruch genommen werden.
(5) Wer die Verletzungshandlung vorsätzlich oder fahrlässig begeht, ist dem Inhaber der geschäftlichen Bezeichnung zum Ersatz des daraus entstandenen Schadens verpflichtet.
(6) § 14 Abs. 7 ist entsprechend anzuwenden.

§ 50 Nichtigkeit wegen absoluter Schutzhindernisse
(1) Die Eintragung einer Marke wird auf Antrag wegen Nichtigkeit gelöscht,

4. wenn der Anmelder bei der Anmeldung bösgläubig war.

§ 51 Nichtigkeit wegen des Bestehens älterer Rechte
(1) Die Eintragung einer Marke wird auf Klage wegen Nichtigkeit gelöscht, wenn ihr ein Recht im Sinne der §§ 9 bis 13 mit älterem Zeitrang entgegensteht.

MünzG (Münzgesetz)

§ 3 Annahme- und Umtauschpflicht
(1) Niemand ist verpflichtet, deutsche Euro-Gedenkmünzen im Betrag von mehr als 100 Euro bei einer einzelnen Zahlung anzunehmen. Erfolgt eine einzelne Zahlung sowohl in Euro-Münzen als auch in deutschen Euro-Gedenkmünzen, ist niemand verpflichtet, mehr als 50 Münzen anzunehmen; dies gilt auch dann, wenn der Gesamtbetrag 100 Euro unterschreitet.
(2) Die Bundeskassen und die Deutsche Bundesbank, Letztere unbeschadet des Artikels 101 Abs. 1 des Vertrages zur Gründung der Europäischen Gemeinschaft, haben Euro-Münzen und deutsche Euro-Gedenkmünzen in jeder Zahl und in jedem Betrag für Rechnung des Bundes in Zahlung zu nehmen oder in andere gesetzliche Zahlungsmittel umzutauschen.

(3) Niemand ist verpflichtet, Euro-Münzen und deutsche Euro-Gedenkmünzen anzunehmen oder umzutauschen, die durchlöchert, anders als durch den gewöhnlichen Umlauf im Gewicht verringert oder verfälscht sind.

OWiG (Gesetz über Ordnungswidrigkeiten)

§ 117 Unzulässiger Lärm

(1) Ordnungswidrig handelt, wer ohne berechtigten Anlass oder in einem unzulässigen oder nach den Umständen vermeidbaren Ausmaß Lärm erregt, der geeignet ist, die Allgemeinheit oder die Nachbarschaft erheblich zu belästigen oder die Gesundheit eines anderen zu schädigen.
(2) Die Ordnungswidrigkeit kann mit einer Geldbuße bis zu fünftausend Euro geahndet werden, wenn die Handlung nicht nach anderen Vorschriften geahndet werden kann.

PatG (Patentgesetz)

§ 1 Voraussetzungen der Erteilung

(1) Patente werden für Erfindungen erteilt, die neu sind, auf einer erfinderischen Tätigkeit beruhen und gewerblich anwendbar sind.
(2) Als Erfindungen im Sinne des Absatzes 1 werden insbesondere nicht angesehen:

1. Entdeckungen sowie wissenschaftliche Theorien und mathematische Methoden;
2. ästhetische Formschöpfungen;
3. Pläne, Regeln und Verfahren für gedankliche Tätigkeiten, für Spiele oder für geschäftliche Tätigkeiten sowie Programme für Datenverarbeitungsanlagen;
4. die Wiedergabe von Informationen.

(3) Absatz 2 steht der Patentfähigkeit nur insoweit entgegen,

als für die genannten Gegenstände oder Tätigkeiten als solche Schutz begehrt wird.

PersAuswG (Gesetz über Personalausweise)

§ 1 Ausweispflicht

(1) Deutsche im Sinne des Artikels 116 Abs. 1 des Grundgesetzes, die das 16. Lebensjahr vollendet haben und nach den Vorschriften der Landesmeldegesetze der allgemeinen Meldepflicht unterliegen, sind verpflichtet, einen Personalausweis zu besitzen und ihn auf Verlangen einer zur Prüfung der Personalien ermächtigten Behörde vorzulegen; dies gilt nicht für Personen, die einen gültigen Pass besitzen und sich durch diesen ausweisen können. Der Ausweispflicht kann auch durch Vorlage eines vorläufigen Personalausweises genügt werden.

PflVersG (Gesetz über die Pflichtversicherung für Kraftfahrzeughalter)

§ 1 Umfang der Versicherungspflicht

Der Halter eines Kraftfahrzeugs oder Anhängers mit regelmäßigem Standort im Inland ist verpflichtet, für sich, den Eigentümer und den Fahrer eine Haftpflichtversicherung zur Deckung der durch den Gebrauch des Fahrzeugs verursachten Personenschäden, Sachschäden und sonstigen Vermögensschäden nach den folgenden Vorschriften abzuschließen und aufrechtzuerhalten, wenn das Fahrzeug auf öffentlichen Wegen oder Plätzen (§ 1 des Straßenverkehrsgesetzes) verwendet wird.

PolG NW (Polizeigesetz Nordrhein-Westfalen)

§ 9 Befragung, Auskunftspflicht

(1) Die Polizei kann jede Person befragen, wenn Tatsachen die Annahme rechtfertigen, dass sie sachdienliche Angaben machen kann, die für die Erfüllung einer bestimmten polizeilichen Aufgabe erforderlich sind. Für die Dauer der Befragung kann die Person angehalten werden.
(2) Eine Person, deren Befragung nach Absatz 1 zulässig ist, ist verpflichtet, auf Frage Namen, Vornamen, Tag und Ort der Geburt, Wohnanschrift und Staatsangehörigkeit anzugeben. Sie ist zu weiteren Auskünften verpflichtet, soweit gesetzliche Handlungspflichten bestehen.

ProstG (Gesetz zur Regelung der Rechtsverhältnisse der Prostituierten)

§ 1 (Keine Überschrift)

Sind sexuelle Handlungen gegen ein vorher vereinbartes Entgelt vorgenommen worden, so begründet diese Vereinbarung eine rechtswirksame Forderung. Das Gleiche gilt, wenn sich eine Person, insbesondere im Rahmen eines Beschäftigungsverhältnisses, für die Erbringung derartiger Handlungen gegen ein vorher vereinbartes Entgelt für eine bestimmte Zeitdauer bereithält.

RGebStV (Rundfunkgebührenstaatsvertrag)

§ 3 Anzeigepflicht

(1) Beginn und Ende des Bereithaltens eines Rundfunkempfangsgerätes zum Empfang sind unverzüglich der Landesrundfunkanstalt anzuzeigen, in deren Anstaltsbereich der Rundfunkteilnehmer wohnt, sich ständig aufhält oder ständig ein

Rundfunkempfangsgerät zum Empfang bereithält. Entsprechendes gilt für einen Wohnungswechsel. In den Fällen des § 5 Abs. 1 und 3 bis 6 besteht keine Anzeigepflicht.

(2) Bei der Anzeige hat der Rundfunkteilnehmer der Landesrundfunkanstalt folgende Daten mitzuteilen und auf Verlangen nachzuweisen:

1. Vor- und Familienname sowie früherer Name, unter dem ein Rundfunkempfangsgerät angemeldet wurde,
2. Geburtsdatum,
3. Name und Anschrift des gesetzlichen Vertreters,
4. gegenwärtige Anschrift sowie letzte Anschrift, unter der ein Rundfunkempfangsgerät angemeldet wurde,
5. Zugehörigkeit zu einer der in § 5 genannten Branchen,
6. Beginn und Ende des Bereithaltens von Rundfunkempfangsgeräten,
7. Art, Zahl, Nutzungsart und Standort der Rundfunkempfangsgeräte,
8. Rundfunkteilnehmernummer und
9. Grund der Abmeldung (Haushaltsauflösung oder sonstige Ereignisse).

§ 4 Beginn und Ende der Gebührenpflicht, Zahlungsweise, Auskunftsrecht

(1) Die Rundfunkgebührenpflicht beginnt mit dem ersten Tag des Monats, in dem ein Rundfunkempfangsgerät zum Empfang bereitgehalten wird.

(2) Die Rundfunkgebührenpflicht endet mit Ablauf des Monats, in dem das Bereithalten eines Rundfunkempfangsgerätes endet, jedoch nicht vor Ablauf des Monats, in dem dies der Landesrundfunkanstalt angezeigt worden ist.

(3) Die Rundfunkgebühren sind in der Mitte eines Dreimonatszeitraums für jeweils drei Monate zu leisten.

(4) Der Anspruch auf Rundfunkgebühren verjährt in vier Jahren.

(5) Die zuständige Landesrundfunkanstalt kann vom Rund-

funkteilnehmer oder von Personen, bei denen tatsächliche Anhaltspunkte vorliegen, dass sie ein Rundfunkempfangsgerät zum Empfang bereithalten und dies nicht oder nicht umfassend nach § 3 Abs. 1 und 2 angezeigt haben, Auskunft über diejenigen Tatsachen verlangen, die Grund, Höhe und Zeitraum ihrer Gebührenpflicht betreffen. Die Auskunft kann auch von Personen verlangt werden, die mit den in Satz 1 genannten Personen in häuslicher Gemeinschaft leben. Die Landesrundfunkanstalt kann dabei neben den in § 3 Abs. 2 genannten Daten im Einzelfall weitere Daten erheben, soweit dies nach Satz 1 erforderlich ist; § 3 Abs. 3 Satz 1 gilt entsprechend. Der Anspruch auf Auskunft kann im Verwaltungszwangsverfahren durchgesetzt werden.

(6) Über Personen, bei denen tatsächliche Anhaltspunkte vorliegen, dass sie ein Rundfunkempfangsgerät zum Empfang bereithalten und dies nicht oder nicht umfassend nach § 3 angezeigt haben, dürfen die Landesrundfunkanstalten auch Auskünfte bei den Meldebehörden einholen, soweit dies zur Überwachung der Rundfunkgebührenpflicht erforderlich ist und die Erhebung der Daten beim Betroffenen nicht möglich ist oder einen unverhältnismäßigen Aufwand erfordern würde. Besondere melderechtliche Regelungen des Landesrechts, die eine Übermittlung von Daten an Landesrundfunkanstalten oder die aufgrund des § 8 Abs. 2 Satz 1 von ihnen beauftragte Stelle zulassen, bleiben unberührt.

RStV (Rundfunkstaatsvertrag)

§ 2 Begriffsbestimmungen

(2) Im Sinne dieses Staatsvertrages ist

6. Schleichwerbung die Erwähnung oder Darstellung von Waren, Dienstleistungen, Namen, Marken oder Tätigkeiten eines Herstellers von Waren oder eines Erbringers von Dienstleistungen in Programmen, wenn sie vom Veranstal-

ter absichtlich zu Werbezwecken vorgesehen ist und die Allgemeinheit hinsichtlich des eigentlichen Zwecks dieser Erwähnung oder Darstellung irreführen kann. Eine Erwähnung oder Darstellung gilt insbesondere dann als zu Werbezwecken beabsichtigt, wenn sie gegen Entgelt oder eine ähnliche Gegenleistung erfolgt.

§ 7 Inhalte von Werbung und Teleshopping

(6) Schleichwerbung und entsprechende Praktiken sind unzulässig. Die Einfügung virtueller Werbung in Sendungen ist zulässig, wenn

1. am Anfang und am Ende der betreffenden Sendung darauf hingewiesen wird und
2. durch sie eine am Ort der Übertragung ohnehin bestehende Werbung ersetzt wird.

Andere Rechte bleiben unberührt.

StGB (Strafgesetzbuch)

§ 16 Irrtum über Tatumstände

(1) Wer bei Begehung der Tat einen Umstand nicht kennt, der zum gesetzlichen Tatbestand gehört, handelt nicht vorsätzlich. Die Strafbarkeit wegen fahrlässiger Begehung bleibt unberührt.

§ 17 Verbotsirrtum

Fehlt dem Täter bei Begehung der Tat die Einsicht, Unrecht zu tun, so handelt er ohne Schuld, wenn er diesen Irrtum nicht vermeiden konnte. Konnte der Täter den Irrtum vermeiden, so kann die Strafe nach § 49 Abs. 1 gemildert werden.

§ 32 Notwehr

(1) Wer eine Tat begeht, die durch Notwehr geboten ist, handelt nicht rechtswidrig.

(2) Notwehr ist die Verteidigung, die erforderlich ist, um einen

gegenwärtigen rechtswidrigen Angriff von sich oder einem anderen abzuwenden.

§ 86 Verbreiten von Propagandamitteln verfassungswidriger Organisationen

(1) Wer Propagandamittel

1. einer vom Bundesverfassungsgericht für verfassungswidrig erklärten Partei oder einer Partei oder Vereinigung, von der unanfechtbar festgestellt ist, dass sie Ersatzorganisation einer solchen Partei ist,
2. einer Vereinigung, die unanfechtbar verboten ist, weil sie sich gegen die verfassungsmäßige Ordnung oder gegen den Gedanken der Völkerverständigung richtet, oder von der unanfechtbar festgestellt ist, dass sie Ersatzorganisation einer solchen verbotenen Vereinigung ist,
3. einer Regierung, Vereinigung oder Einrichtung außerhalb des räumlichen Geltungsbereichs dieses Gesetzes, die für die Zwecke einer der in den Nummern 1 und 2 bezeichneten Parteien oder Vereinigungen tätig ist, oder
4. Propagandamittel, die nach ihrem Inhalt dazu bestimmt sind, Bestrebungen einer ehemaligen nationalsozialistischen Organisation fortzusetzen,

im Inland verbreitet oder zur Verbreitung im Inland oder Ausland herstellt, vorrätig hält, einführt oder ausführt oder in Datenspeichern öffentlich zugänglich macht, wird mit Freiheitsstrafe bis zu drei Jahren oder mit Geldstrafe bestraft.

(2) Propagandamittel im Sinne des Absatzes 1 sind nur solche Schriften (§ 11 Abs. 3), deren Inhalt gegen die freiheitliche demokratische Grundordnung oder den Gedanken der Völkerverständigung gerichtet ist.

§ 86a Verwenden von Kennzeichen verfassungswidriger Organisationen

(1) Mit Freiheitsstrafe bis zu drei Jahren oder mit Geldstrafe wird bestraft, wer

1. im Inland Kennzeichen einer der in § 86 Abs. 1 Nr. 1, 2 und 4 bezeichneten Parteien oder Vereinigungen verbreitet oder öffentlich, in einer Versammlung oder in von ihm verbreiteten Schriften (§ 11 Abs. 3) verwendet oder
2. Gegenstände, die derartige Kennzeichen darstellen oder enthalten, zur Verbreitung oder Verwendung im Inland oder Ausland in der in Nummer 1 bezeichneten Art und Weise herstellt, vorrätig hält, einführt oder ausführt.

(2) Kennzeichen im Sinne des Absatzes 1 sind namentlich Fahnen, Abzeichen, Uniformstücke, Parolen und Grußformen. Den in Satz 1 genannten Kennzeichen stehen solche gleich, die ihnen zum Verwechseln ähnlich sind.

§ 113 Widerstand gegen Vollstreckungsbeamte

(1) Wer einem Amtsträger oder Soldaten der Bundeswehr, der zur Vollstreckung von Gesetzen, Rechtsverordnungen, Urteilen, Gerichtsbeschlüssen oder Verfügungen berufen ist, bei der Vornahme einer solchen Diensthandlung mit Gewalt oder durch Drohung mit Gewalt Widerstand leistet oder ihn dabei tätlich angreift, wird mit Freiheitsstrafe bis zu zwei Jahren oder mit Geldstrafe bestraft.

(4) Nimmt der Täter bei Begehung der Tat irrig an, die Diensthandlung sei nicht rechtmäßig, und konnte er den Irrtum vermeiden, so kann das Gericht die Strafe nach seinem Ermessen mildern (§ 49 Abs. 2) oder bei geringer Schuld von einer Bestrafung nach dieser Vorschrift absehen. Konnte der Täter den Irrtum nicht vermeiden und war ihm nach den ihm bekannten Umständen auch nicht zuzumuten, sich mit Rechtsbehelfen gegen die vermeintlich rechtswidrige Diensthandlung zu wehren, so ist die Tat nicht nach dieser Vorschrift strafbar; war ihm dies zuzumuten, so kann das Gericht die Strafe nach seinem Ermessen mildern (§ 49 Abs. 2) oder von einer Bestrafung nach dieser Vorschrift absehen.

§ 120 Gefangenenbefreiung

(1) Wer einen Gefangenen befreit, ihn zum Entweichen verleitet oder dabei fördert, wird mit Freiheitsstrafe bis zu drei Jahren oder mit Geldstrafe bestraft.

§ 121 Gefangenenmeuterei

(1) Gefangene, die sich zusammenrotten und mit vereinten Kräften

1. einen Anstaltsbeamten, einen anderen Amtsträger oder einen mit ihrer Beaufsichtigung, Betreuung oder Untersuchung Beauftragten nötigen (§ 240) oder tätlich angreifen,
2. gewaltsam ausbrechen oder
3. gewaltsam einem von ihnen oder einem anderen Gefangenen zum Ausbruch verhelfen,

werden mit Freiheitsstrafe von drei Monaten bis zu fünf Jahren bestraft.

(2) Der Versuch ist strafbar.

(3) In besonders schweren Fällen wird die Meuterei mit Freiheitsstrafe von sechs Monaten bis zu zehn Jahren bestraft. Ein besonders schwerer Fall liegt in der Regel vor, wenn der Täter oder ein anderer Beteiligter

1. eine Schusswaffe bei sich führt,
2. eine andere Waffe bei sich führt, um diese bei der Tat zu verwenden, oder
3. durch eine Gewalttätigkeit einen anderen in die Gefahr des Todes oder einer schweren Gesundheitsschädigung bringt.

(4) Gefangener im Sinne der Absätze 1 bis 3 ist auch, wer in der Sicherungsverwahrung untergebracht ist.

§ 130 Volksverhetzung

(1) Wer in einer Weise, die geeignet ist, den öffentlichen Frieden zu stören,

1. zum Hass gegen Teile der Bevölkerung aufstachelt oder

zu Gewalt- oder Willkürmaßnahmen gegen sie auffordert oder

2. die Menschenwürde anderer dadurch angreift, dass er Teile der Bevölkerung beschimpft, böswillig verächtlich macht oder verleumdet,

wird mit Freiheitsstrafe von drei Monaten bis zu fünf Jahren bestraft.

(2) Mit Freiheitsstrafe bis zu drei Jahren oder mit Geldstrafe wird bestraft, wer

1. Schriften (§ 11 Abs. 3), die zum Hass gegen Teile der Bevölkerung oder gegen eine nationale, rassische, religiöse oder durch ihr Volkstum bestimmte Gruppe aufstacheln, zu Gewalt- oder Willkürmaßnahmen gegen sie auffordern oder die Menschenwürde anderer dadurch angreifen, dass Teile der Bevölkerung oder eine vorbezeichnete Gruppe beschimpft, böswillig verächtlich gemacht oder verleumdet werden,

a) verbreitet,

b) öffentlich ausstellt, anschlägt, vorführt oder sonst zugänglich macht,

c) einer Person unter achtzehn Jahren anbietet, überlässt oder zugänglich macht oder

d) herstellt, bezieht, liefert, vorrätig hält, anbietet, ankündigt, anpreist, einzuführen oder auszuführen unternimmt, um sie oder aus ihnen gewonnene Stücke im Sinne der Buchstaben a bis c zu verwenden oder einem anderen eine solche Verwendung zu ermöglichen, oder

2. eine Darbietung des in Nummer 1 bezeichneten Inhalts durch Rundfunk verbreitet.

(3) Mit Freiheitsstrafe bis zu fünf Jahren oder mit Geldstrafe wird bestraft, wer eine unter der Herrschaft des Nationalsozialismus begangene Handlung der in § 6 Abs. 1 des Völkerstrafgesetzbuches bezeichneten Art in einer Weise, die geeignet ist, den öffentlichen Frieden zu stören, öffentlich oder in einer Versammlung billigt, leugnet oder verharmlost.

§ 131 Gewaltdarstellung

(1) Wer Schriften (§ 11 Abs. 3), die grausame oder sonst unmenschliche Gewalttätigkeiten gegen Menschen in einer Art schildern, die eine Verherrlichung oder Verharmlosung solcher Gewalttätigkeiten ausdrückt oder die das Grausame oder Unmenschliche des Vorgangs in einer die Menschenwürde verletzenden Weise darstellt,

1. verbreitet,
2. öffentlich ausstellt, anschlägt, vorführt oder sonst zugänglich macht,
3. einer Person unter achtzehn Jahren anbietet, überlässt oder zugänglich macht oder
4. herstellt, bezieht, liefert, vorrätig hält, anbietet, ankündigt, anpreist, einzuführen oder auszuführen unternimmt, um sie oder aus ihnen gewonnene Stücke im Sinne der Nummern 1 bis 3 zu verwenden oder einem anderen eine solche Verwendung zu ermöglichen,

wird mit Freiheitsstrafe bis zu einem Jahr oder mit Geldstrafe bestraft.

§ 142 Unerlaubtes Entfernen vom Unfallort

(1) Ein Unfallbeteiligter, der sich nach einem Unfall im Straßenverkehr vom Unfallort entfernt, bevor er

1. zugunsten der anderen Unfallbeteiligten und der Geschädigten die Feststellung seiner Person, seines Fahrzeugs und der Art seiner Beteiligung durch seine Anwesenheit und durch die Angabe, dass er an dem Unfall beteiligt ist, ermöglicht hat oder
2. eine nach den Umständen angemessene Zeit gewartet hat, ohne dass jemand bereit war, die Feststellungen zu treffen,

wird mit Freiheitsstrafe bis zu drei Jahren oder mit Geldstrafe bestraft.

(2) Nach Absatz 1 wird auch ein Unfallbeteiligter bestraft, der sich

1. nach Ablauf der Wartefrist (Absatz 1 Nr. 2) oder
2. berechtigt oder entschuldigt

vom Unfallort entfernt hat und die Feststellungen nicht unverzüglich nachträglich ermöglicht.

(3) Der Verpflichtung, die Feststellungen nachträglich zu ermöglichen, genügt der Unfallbeteiligte, wenn er den Berechtigten (Absatz 1 Nr. 1) oder einer nahe gelegenen Polizeidienststelle mitteilt, dass er an dem Unfall beteiligt gewesen ist, und wenn er seine Anschrift, seinen Aufenthalt sowie das Kennzeichen und den Standort seines Fahrzeugs angibt und dieses zu unverzüglichen Feststellungen für eine ihm zumutbare Zeit zur Verfügung hält. Dies gilt nicht, wenn er durch sein Verhalten die Feststellungen absichtlich vereitelt.

(4) Das Gericht mildert in den Fällen der Absätze 1 und 2 die Strafe (§ 49 Abs. 1) oder kann von Strafe nach diesen Vorschriften absehen, wenn der Unfallbeteiligte innerhalb von vierundzwanzig Stunden nach einem Unfall außerhalb des fließenden Verkehrs, der ausschließlich nicht bedeutenden Sachschaden zur Folge hat, freiwillig die Feststellungen nachträglich ermöglicht (Absatz 3).

(5) Unfallbeteiligter ist jeder, dessen Verhalten nach den Umständen zur Verursachung des Unfalls beigetragen haben kann.

§ 164 Falsche Verdächtigung

(1) Wer einen anderen bei einer Behörde oder einem zur Entgegennahme von Anzeigen zuständigen Amtsträger oder militärischen Vorgesetzten oder öffentlich wider besseres Wissen einer rechtswidrigen Tat oder der Verletzung einer Dienstpflicht in der Absicht verdächtigt, ein behördliches Verfahren oder andere behördliche Maßnahmen gegen ihn herbeizuführen oder fortdauern zu lassen, wird mit Freiheitsstrafe bis zu fünf Jahren oder mit Geldstrafe bestraft.

§ 180 Förderung sexueller Handlungen Minderjähriger

(1) Wer sexuellen Handlungen einer Person unter sechzehn

Jahren an oder vor einem Dritten oder sexuellen Handlungen eines Dritten an einer Person unter sechzehn Jahren

1. durch seine Vermittlung oder
2. durch Gewähren oder Verschaffen von Gelegenheit

Vorschub leistet, wird mit Freiheitsstrafe bis zu drei Jahren oder mit Geldstrafe bestraft. Satz 1 Nr. 2 ist nicht anzuwenden, wenn der zur Sorge für die Person Berechtigte handelt; dies gilt nicht, wenn der Sorgeberechtigte durch das Vorschubleisten seine Erziehungspflicht gröblich verletzt.

(2) Wer eine Person unter achtzehn Jahren bestimmt, sexuelle Handlungen gegen Entgelt an oder vor einem Dritten vorzunehmen oder von einem Dritten an sich vornehmen zu lassen, oder wer solchen Handlungen durch seine Vermittlung Vorschub leistet, wird mit Freiheitsstrafe bis zu fünf Jahren oder mit Geldstrafe bestraft.

(3) Wer eine Person unter achtzehn Jahren, die ihm zur Erziehung, zur Ausbildung oder zur Betreuung in der Lebensführung anvertraut oder im Rahmen eines Dienst- oder Arbeitsverhältnisses untergeordnet ist, unter Missbrauch einer mit dem Erziehungs-, Ausbildungs-, Betreuungs-, Dienst- oder Arbeitsverhältnis verbundenen Abhängigkeit bestimmt, sexuelle Handlungen an oder vor einem Dritten vorzunehmen oder von einem Dritten an sich vornehmen zu lassen, wird mit Freiheitsstrafe bis zu fünf Jahren oder mit Geldstrafe bestraft.

(4) In den Fällen der Absätze 2 und 3 ist der Versuch strafbar.

§ 180 a Ausbeutung von Prostituierten

(1) Wer gewerbsmäßig einen Betrieb unterhält oder leitet, in dem Personen der Prostitution nachgehen und in dem diese in persönlicher oder wirtschaftlicher Abhängigkeit gehalten werden, wird mit Freiheitsstrafe bis zu drei Jahren oder mit Geldstrafe bestraft.

(2) Ebenso wird bestraft, wer

1. einer Person unter achtzehn Jahren zur Ausübung der

Prostitution Wohnung, gewerbsmäßig Unterkunft oder gewerbsmäßig Aufenthalt gewährt oder

2. eine andere Person, der er zur Ausübung der Prostitution Wohnung gewährt, zur Prostitution anhält oder im Hinblick auf sie ausbeutet.

§ 184 Verbreitung pornographischer Schriften

(1) Wer pornographische Schriften (§ 11 Abs. 3)

1. einer Person unter achtzehn Jahren anbietet, überlässt oder zugänglich macht,

2. an einem Ort, der Personen unter achtzehn Jahren zugänglich ist oder von ihnen eingesehen werden kann, ausstellt, anschlägt, vorführt oder sonst zugänglich macht,

3. im Einzelhandel außerhalb von Geschäftsräumen, in Kiosken oder anderen Verkaufsstellen, die der Kunde nicht zu betreten pflegt, im Versandhandel oder in gewerblichen Leihbüchereien oder Lesezirkeln einem anderen anbietet oder überlässt,

3a. im Wege gewerblicher Vermietung oder vergleichbarer gewerblicher Gewährung des Gebrauchs, ausgenommen in Ladengeschäften, die Personen unter achtzehn Jahren nicht zugänglich sind und von ihnen nicht eingesehen werden können, einem anderen anbietet oder überlässt,

4. im Wege des Versandhandels einzuführen unternimmt,

5. öffentlich an einem Ort, der Personen unter achtzehn Jahren zugänglich ist oder von ihnen eingesehen werden kann, oder durch Verbreiten von Schriften außerhalb des Geschäftsverkehrs mit dem einschlägigen Handel anbietet, ankündigt oder anpreist,

6. an einen anderen gelangen lässt, ohne von diesem hierzu aufgefordert zu sein,

7. in einer öffentlichen Filmvorführung gegen ein Entgelt zeigt, das ganz oder überwiegend für diese Vorführung verlangt wird,

8. herstellt, bezieht, liefert, vorrätig hält oder einzuführen

unternimmt, um sie oder aus ihnen gewonnene Stücke im Sinne der Nummern 1 bis 7 zu verwenden oder einem anderen eine solche Verwendung zu ermöglichen, oder

9. auszuführen unternimmt, um sie oder aus ihnen gewonnene Stücke im Ausland unter Verstoß gegen die dort geltenden Strafvorschriften zu verbreiten oder öffentlich zugänglich zu machen oder eine solche Verwendung zu ermöglichen,

wird mit Freiheitsstrafe bis zu einem Jahr oder mit Geldstrafe bestraft.

(2) Ebenso wird bestraft, wer eine pornographische Darbietung durch Rundfunk verbreitet.

(3) Wer pornographische Schriften (§ 11 Abs. 3), die Gewalttätigkeiten, den sexuellen Missbrauch von Kindern oder sexuelle Handlungen von Menschen mit Tieren zum Gegenstand haben,

1. verbreitet,
2. öffentlich ausstellt, anschlägt, vorführt oder sonst zugänglich macht oder
3. herstellt, bezieht, liefert, vorrätig hält, anbietet, ankündigt, anpreist, einzuführen oder auszuführen unternimmt, um sie oder aus ihnen gewonnene Stücke im Sinne der Nummern 1 oder 2 zu verwenden oder einem anderen eine solche Verwendung zu ermöglichen,

wird, wenn die pornographischen Schriften den sexuellen Missbrauch von Kindern zum Gegenstand haben, mit Freiheitsstrafe von drei Monaten bis zu fünf Jahren, sonst mit Freiheitsstrafe bis zu drei Jahren oder mit Geldstrafe bestraft.

(4) Haben die pornographischen Schriften (§ 11 Abs. 3) in den Fällen des Absatzes 3 den sexuellen Missbrauch von Kindern zum Gegenstand und geben sie ein tatsächliches oder wirklichkeitsnahes Geschehen wieder, so ist die Strafe Freiheitsstrafe von sechs Monaten bis zu zehn Jahren, wenn der Täter gewerbsmäßig oder als Mitglied einer Bande handelt, die sich zur fortgesetzten Begehung solcher Taten verbunden hat.

(5) Wer es unternimmt, sich oder einem Dritten den Besitz von pornographischen Schriften (§ 11 Abs. 3) zu verschaffen, die den sexuellen Missbrauch von Kindern zum Gegenstand haben, wird, wenn die Schriften ein tatsächliches oder wirklichkeitsnahes Geschehen wiedergeben, mit Freiheitsstrafe bis zu einem Jahr oder mit Geldstrafe bestraft. Ebenso wird bestraft, wer die in Satz 1 bezeichneten Schriften besitzt.
(6) Absatz 1 Nr. 1 ist nicht anzuwenden, wenn der zur Sorge für die Person Berechtigte handelt. Absatz 1 Nr. 3 a gilt nicht, wenn die Handlung im Geschäftsverkehr mit gewerblichen Entleihern erfolgt. Absatz 5 gilt nicht für Handlungen, die ausschließlich der Erfüllung rechtmäßiger dienstlicher oder beruflicher Pflichten dienen.

§ 185 Beleidigung

Die Beleidigung wird mit Freiheitsstrafe bis zu einem Jahr oder mit Geldstrafe und, wenn die Beleidigung mittels einer Tätlichkeit begangen wird, mit Freiheitsstrafe bis zu zwei Jahren oder mit Geldstrafe bestraft.

§ 186 Üble Nachrede

Wer in Beziehung auf einen anderen eine Tatsache behauptet oder verbreitet, welche denselben verächtlich zu machen oder in der öffentlichen Meinung herabzuwürdigen geeignet ist, wird, wenn nicht diese Tatsache erweislich wahr ist, mit Freiheitsstrafe bis zu einem Jahr oder mit Geldstrafe und, wenn die Tat öffentlich oder durch Verbreiten von Schriften (§ 11 Abs. 3) begangen ist, mit Freiheitsstrafe bis zu zwei Jahren oder mit Geldstrafe bestraft.

§ 193 Wahrnehmung berechtigter Interessen

Tadelnde Urteile über wissenschaftliche, künstlerische oder gewerbliche Leistungen, desgleichen Äußerungen, welche zur Ausführung oder Verteidigung von Rechten oder zur Wahrnehmung berechtigter Interessen gemacht werden, sowie Vorhaltungen und Rügen der Vorgesetzten gegen ihre Untergebenen, dienstliche Anzeigen oder Urteile von Seiten eines Beamten und ähnliche Fälle sind nur insofern strafbar, als das Vorhandensein einer Beleidigung aus der Form der Äußerung oder aus den Umständen, unter welchen sie geschah, hervorgeht.

§ 201 Verletzung der Vertraulichkeit des Wortes

(1) Mit Freiheitsstrafe bis zu drei Jahren oder mit Geldstrafe wird bestraft, wer unbefugt

1. das nichtöffentlich gesprochene Wort eines anderen auf einen Tonträger aufnimmt oder
2. eine so hergestellte Aufnahme gebraucht oder einem Dritten zugänglich macht.

(2) Ebenso wird bestraft, wer unbefugt

1. das nicht zu seiner Kenntnis bestimmte nichtöffentlich gesprochene Wort eines anderen mit einem Abhörgerät abhört oder
2. das nach Absatz 1 Nr. 1 aufgenommene oder nach Absatz 2 Nr. 1 abgehörte nichtöffentlich gesprochene Wort eines anderen im Wortlaut oder seinem wesentlichen Inhalt nach öffentlich mitteilt.

Die Tat nach Satz 1 Nr. 2 ist nur strafbar, wenn die öffentliche Mitteilung geeignet ist, berechtigte Interessen eines anderen zu beeinträchtigen. Sie ist nicht rechtswidrig, wenn die öffentliche Mitteilung zur Wahrnehmung überragender öffentlicher Interessen gemacht wird.

§ 201 a Verletzung des höchstpersönlichen Lebensbereichs durch Bildaufnahmen

(1) Wer von einer in einer Wohnung oder einem gegen Einblick besonders geschützten Raum befindlichen anderen Person unbefugt Bildaufnahmen herstellt oder überträgt und dadurch deren höchstpersönlichen Lebensbereich verletzt, wird mit Freiheitsstrafe bis zu zwei Jahren oder mit Geldstrafe bestraft.

(2) Ebenso wird bestraft, wer eine durch eine Tat nach Absatz 1

hergestellte Bildaufnahme gebraucht oder einem Dritten zugänglich macht.

§ 211 Mord

(1) Der Mörder wird mit lebenslanger Freiheitsstrafe bestraft.

(2) Mörder ist, wer

- aus Mordlust, zur Befriedigung des Geschlechtstriebs, aus Habgier oder sonst aus niedrigen Beweggründen,
- heimtückisch oder grausam oder mit gemeingefährlichen Mitteln oder
- um eine andere Straftat zu ermöglichen oder zu verdecken,

einen Menschen tötet.

§ 212 Totschlag

(1) Wer einen Menschen tötet, ohne Mörder zu sein, wird als Totschläger mit Freiheitsstrafe nicht unter fünf Jahren bestraft.

(2) In besonders schweren Fällen ist auf lebenslange Freiheitsstrafe zu erkennen.

§ 223 Körperverletzung

(1) Wer eine andere Person körperlich misshandelt oder an der Gesundheit schädigt, wird mit Freiheitsstrafe bis zu fünf Jahren oder mit Geldstrafe bestraft.

§ 240 Nötigung

(1) Wer einen Menschen rechtswidrig mit Gewalt oder durch Drohung mit einem empfindlichen Übel zu einer Handlung, Duldung oder Unterlassung nötigt, wird mit Freiheitsstrafe bis zu drei Jahren oder mit Geldstrafe bestraft.

(2) Rechtswidrig ist die Tat, wenn die Anwendung der Gewalt oder die Androhung des Übels zu dem angestrebten Zweck als verwerflich anzusehen ist.

§ 242 Diebstahl

(1) Wer eine fremde bewegliche Sache einem anderen in der Absicht wegnimmt, die Sache sich oder einem Dritten rechtswidrig zuzueignen, wird mit Freiheitsstrafe bis zu fünf Jahren oder mit Geldstrafe bestraft.

§ 243 Besonders schwerer Fall des Diebstahls

(1) In besonders schweren Fällen wird der Diebstahl mit Freiheitsstrafe von drei Monaten bis zu zehn Jahren bestraft. Ein besonders schwerer Fall liegt in der Regel vor, wenn der Täter

6. stiehlt, indem er die Hilflosigkeit einer anderen Person, einen Unglücksfall oder eine gemeine Gefahr ausnutzt.

§ 258 Strafvereitelung

(1) Wer absichtlich oder wissentlich ganz oder zum Teil vereitelt, dass ein anderer dem Strafgesetz gemäß wegen einer rechtswidrigen Tat bestraft oder einer Maßnahme (§ 11 Abs. 1 Nr. 8) unterworfen wird, wird mit Freiheitsstrafe bis zu fünf Jahren oder mit Geldstrafe bestraft.

(2) Ebenso wird bestraft, wer absichtlich oder wissentlich die Vollstreckung einer gegen einen anderen verhängten Strafe oder Maßnahme ganz oder zum Teil vereitelt.

(3) Die Strafe darf nicht schwerer sein als die für die Vortat angedrohte Strafe.

(4) Der Versuch ist strafbar.

(5) Wegen Strafvereitelung wird nicht bestraft, wer durch die Tat zugleich ganz oder zum Teil vereiteln will, dass er selbst bestraft oder einer Maßnahme unterworfen wird oder dass eine gegen ihn verhängte Strafe oder Maßnahme vollstreckt wird.

(6) Wer die Tat zugunsten eines Angehörigen begeht, ist straffrei.

§ 263 Betrug

(1) Wer in der Absicht, sich oder einem Dritten einen rechts-

widrigen Vermögensvorteil zu verschaffen, das Vermögen eines anderen dadurch beschädigt, dass er durch Vorspiegelung falscher oder durch Entstellung oder Unterdrückung wahrer Tatsachen einen Irrtum erregt oder unterhält, wird mit Freiheitsstrafe bis zu fünf Jahren oder mit Geldstrafe bestraft.

§ 265 a Erschleichen von Leistungen

(1) Wer die Leistung eines Automaten oder eines öffentlichen Zwecken dienenden Telekommunikationsnetzes, die Beförderung durch ein Verkehrsmittel oder den Zutritt zu einer Veranstaltung oder einer Einrichtung in der Absicht erschleicht, das Entgelt nicht zu entrichten, wird mit Freiheitsstrafe bis zu einem Jahr oder mit Geldstrafe bestraft, wenn die Tat nicht in anderen Vorschriften mit schwererer Strafe bedroht ist.

§ 266 Untreue

(1) Wer die ihm durch Gesetz, behördlichen Auftrag oder Rechtsgeschäft eingeräumte Befugnis, über fremdes Vermögen zu verfügen oder einen anderen zu verpflichten, missbraucht oder die ihm kraft Gesetzes, behördlichen Auftrags, Rechtsgeschäfts oder eines Treueverhältnisses obliegende Pflicht, fremde Vermögensinteressen wahrzunehmen, verletzt und dadurch dem, dessen Vermögensinteressen er zu betreuen hat, Nachteil zufügt, wird mit Freiheitsstrafe bis zu fünf Jahren oder mit Geldstrafe bestraft.

§ 303 Sachbeschädigung

(1) Wer rechtswidrig eine fremde Sache beschädigt oder zerstört, wird mit Freiheitsstrafe bis zu zwei Jahren oder mit Geldstrafe bestraft.

§ 356 Parteiverrat

(1) Ein Anwalt oder ein anderer Rechtsbeistand, welcher bei den ihm in dieser Eigenschaft anvertrauten Angelegenheiten in derselben Rechtssache beiden Parteien durch Rat oder Beistand

pflichtwidrig dient, wird mit Freiheitsstrafe von drei Monaten bis zu fünf Jahren bestraft.
(2) Handelt derselbe im Einverständnis mit der Gegenpartei zum Nachteil seiner Partei, so tritt Freiheitsstrafe von einem Jahr bis zu fünf Jahren ein.

StPO (Strafprozessordnung)

§ 52 Zeugnisverweigerungsrecht aus persönlichen Gründen

(1) Zur Verweigerung des Zeugnisses sind berechtigt

1. der Verlobte des Beschuldigten;
2. der Ehegatte des Beschuldigten, auch wenn die Ehe nicht mehr besteht;

2a. der Lebenspartner des Beschuldigten, auch wenn die Lebenspartnerschaft nicht mehr besteht;

3. wer mit dem Beschuldigten in gerader Linie verwandt oder verschwägert, in der Seitenlinie bis zum dritten Grad verwandt oder bis zum zweiten Grad verschwägert ist oder war.

(2) Haben Minderjährige wegen mangelnder Verstandesreife oder haben Minderjährige oder Betreute wegen einer psychischen Krankheit oder einer geistigen oder seelischen Behinderung von der Bedeutung des Zeugnisverweigerungsrechts keine genügende Vorstellung, so dürfen sie nur vernommen werden, wenn sie zur Aussage bereit sind und auch ihr gesetzlicher Vertreter der Vernehmung zustimmt. Ist der gesetzliche Vertreter selbst Beschuldigter, so kann er über die Ausübung des Zeugnisverweigerungsrechts nicht entscheiden; das Gleiche gilt für den nicht beschuldigten Elternteil, wenn die gesetzliche Vertretung beiden Eltern zusteht.
(3) Die zur Verweigerung des Zeugnisses berechtigten Personen, in den Fällen des Absatzes 2 auch deren zur Entscheidung über die Ausübung des Zeugnisverweigerungsrechts befugte Vertreter, sind vor jeder Vernehmung über ihr Recht zu beleh-

ren. Sie können den Verzicht auf dieses Recht auch während der Vernehmung widerrufen.

§ 53 Zeugnisverweigerungsrecht aus beruflichen Gründen

(1) Zur Verweigerung des Zeugnisses sind ferner berechtigt

1. Geistliche über das, was ihnen in ihrer Eigenschaft als Seelsorger anvertraut worden oder bekannt geworden ist;
2. Verteidiger des Beschuldigten über das, was ihnen in dieser Eigenschaft anvertraut worden oder bekannt geworden ist;
3. Rechtsanwälte, Patentanwälte, Notare, Wirtschaftsprüfer, vereidigte Buchprüfer, Steuerberater und Steuerbevollmächtigte, Ärzte, Zahnärzte, Psychologische Psychotherapeuten, Kinder- und Jugendlichenpsychotherapeuten, Apotheker und Hebammen über das, was ihnen in dieser Eigenschaft anvertraut worden oder bekannt geworden ist, Rechtsanwälten stehen dabei sonstige Mitglieder einer Rechtsanwaltskammer gleich;

3a. Mitglieder oder Beauftragte einer anerkannten Beratungsstelle nach den §§ 3 und 8 des Schwangerschaftskonfliktgesetzes über das, was ihnen in dieser Eigenschaft anvertraut worden oder bekannt geworden ist;

3b. Berater für Fragen der Betäubungsmittelabhängigkeit in einer Beratungsstelle, die eine Behörde oder eine Körperschaft, Anstalt oder Stiftung des öffentlichen Rechts anerkannt oder bei sich eingerichtet hat, über das, was ihnen in dieser Eigenschaft anvertraut worden oder bekannt geworden ist;

4. Mitglieder des Bundestages, eines Landtages oder einer zweiten Kammer über Personen, die ihnen in ihrer Eigenschaft als Mitglieder dieser Organe oder denen sie in dieser Eigenschaft Tatsachen anvertraut haben sowie über diese Tatsachen selbst;
5. Personen, die bei der Vorbereitung, Herstellung oder Verbreitung von Druckwerken, Rundfunksendungen, Film-

berichten oder der Unterrichtung oder Meinungsbildung dienenden Informations- und Kommunikationsdiensten berufsmäßig mitwirken oder mitgewirkt haben.

Die in Satz 1 Nr. 5 genannten Personen dürfen das Zeugnis verweigern über die Person des Verfassers oder Einsenders von Beiträgen und Unterlagen oder des sonstigen Informanten sowie über die ihnen im Hinblick auf ihre Tätigkeit gemachten Mitteilungen, über deren Inhalt sowie über den Inhalt selbst erarbeiteter Materialien und den Gegenstand berufsbezogener Wahrnehmungen. Dies gilt nur, soweit es sich um Beiträge, Unterlagen, Mitteilungen und Materialien für den redaktionellen Teil oder redaktionell aufbereitete Informations- und Kommunikationsdienste handelt.

(2) Die in Absatz 1 Satz 1 Nr. 2 bis 3b Genannten dürfen das Zeugnis nicht verweigern, wenn sie von der Verpflichtung zur Verschwiegenheit entbunden sind. Die Berechtigung zur Zeugnisverweigerung der in Absatz 1 Satz 1 Nr. 5 Genannten über den Inhalt selbst erarbeiteter Materialien und den Gegenstand entsprechender Wahrnehmungen entfällt, wenn die Aussage zur Aufklärung eines Verbrechens beitragen soll oder wenn Gegenstand der Untersuchung

1. eine Straftat des Friedensverrats und der Gefährdung des demokratischen Rechtsstaats oder des Landesverrats und der Gefährdung der äußeren Sicherheit (§§ 80a, 85, 87, 88, 95, auch in Verbindung mit § 97b, §§ 97a, 98 bis 100a des Strafgesetzbuches),
2. eine Straftat gegen die sexuelle Selbstbestimmung nach den §§ 174 bis 176, 179 des Strafgesetzbuches oder
3. eine Geldwäsche, eine Verschleierung unrechtmäßig erlangter Vermögenswerte nach § 261 Abs. 1 bis 4 des Strafgesetzbuches

ist und die Erforschung des Sachverhalts oder die Ermittlung des Aufenthaltsortes des Beschuldigten auf andere Weise aussichtslos oder wesentlich erschwert wäre. Der Zeuge kann jedoch auch in diesen Fällen die Aussage verweigern, soweit sie zur Offenbarung der Person des Verfassers oder Einsenders von Beiträgen und Unterlagen oder des sonstigen Informanten oder der ihm im Hinblick auf seine Tätigkeit nach Absatz 1 Satz 1 Nr. 5 gemachten Mitteilungen oder deren Inhalts führen würde.

§ 55 Aussageverweigerungsrecht

(1) Jeder Zeuge kann die Auskunft auf solche Fragen verweigern, deren Beantwortung ihm selbst oder einem der in § 52 Abs. 1 bezeichneten Angehörigen die Gefahr zuziehen würde, wegen einer Straftat oder einer Ordnungswidrigkeit verfolgt zu werden.

(2) Der Zeuge ist über sein Recht zur Verweigerung der Auskunft zu belehren.

§ 98 Anordnung der Beschlagnahme

(1) Beschlagnahmen dürfen nur durch den Richter, bei Gefahr im Verzug auch durch die Staatsanwaltschaft und ihre Hilfsbeamten (§ 152 des Gerichtsverfassungsgesetzes) angeordnet werden. Die Beschlagnahme nach § 97 Abs. 5 Satz 2 in den Räumen einer Redaktion, eines Verlages, einer Druckerei oder einer Rundfunkanstalt darf nur durch den Richter angeordnet werden.

§ 102 Durchsuchung beim Verdächtigen

Bei dem, welcher als Täter oder Teilnehmer einer Straftat oder der Begünstigung, Strafvereitelung oder Hehlerei verdächtig ist, kann eine Durchsuchung der Wohnung und anderer Räume sowie seiner Person und der ihm gehörenden Sachen sowohl zum Zweck seiner Ergreifung als auch dann vorgenommen werden, wenn zu vermuten ist, dass die Durchsuchung zur Auffindung von Beweismitteln führen werde.

§ 104 Nächtliche Hausdurchsuchung

(1) Zur Nachtzeit dürfen die Wohnung, die Geschäftsräume und das befriedete Besitztum nur bei Verfolgung auf frischer Tat

oder bei Gefahr im Verzug oder dann durchsucht werden, wenn es sich um die Wiederergreifung eines entwichenen Gefangenen handelt.
(2) Diese Beschränkung gilt nicht für Räume, die zur Nachtzeit jedermann zugänglich oder die der Polizei als Herbergen oder Versammlungsorte bestrafter Personen, als Niederlagen von Sachen, die mittels Straftaten erlangt sind, oder als Schlupfwinkel des Glücksspiels, des unerlaubten Betäubungsmittel- und Waffenhandels oder der Prostitution bekannt sind.
(3) Die Nachtzeit umfasst in dem Zeitraum vom ersten April bis dreißigsten September die Stunden von neun Uhr abends bis vier Uhr morgens und in dem Zeitraum vom ersten Oktober bis einundreißigsten März die Stunden von neun Uhr abends bis sechs Uhr morgens.

§ 105 Anordnung und Ausführung von Durchsuchungen
(1) Durchsuchungen dürfen nur durch den Richter, bei Gefahr im Verzug auch durch die Staatsanwaltschaft und ihre Hilfsbeamten (§ 152 des Gerichtsverfassungsgesetzes) angeordnet werden. Durchsuchungen nach § 103 Abs. 1 Satz 2 ordnet der Richter an; die Staatsanwaltschaft ist hierzu befugt, wenn Gefahr im Verzug ist.

§ 127 Vorläufige Festnahme
(1) Wird jemand auf frischer Tat betroffen oder verfolgt, so ist, wenn er der Flucht verdächtig ist oder seine Identität nicht sofort festgestellt werden kann, jedermann befugt, ihn auch ohne richterliche Anordnung vorläufig festzunehmen. Die Feststellung der Identität einer Person durch die Staatsanwaltschaft oder die Beamten des Polizeidienstes bestimmt sich nach § 163b Abs. 1.

§ 136 Erste Vernehmung
(1) Bei Beginn der ersten Vernehmung ist dem Beschuldigten zu eröffnen, welche Tat ihm zur Last gelegt wird und welche Straf-

vorschriften in Betracht kommen. Er ist darauf hinzuweisen, dass es ihm nach dem Gesetz freistehe, sich zu der Beschuldigung zu äußern oder nicht zur Sache auszusagen und jederzeit, auch schon vor seiner Vernehmung, einen von ihm zu wählenden Verteidiger zu befragen. Er ist ferner darüber zu belehren, dass er zu seiner Entlastung einzelne Beweiserhebungen beantragen kann. In geeigneten Fällen soll der Beschuldigte auch darauf hingewiesen werden, dass er sich schriftlich äußern kann.

§ 137 Wahl eines Verteidigers

(1) Der Beschuldigte kann sich in jeder Lage des Verfahrens des Beistandes eines Verteidigers bedienen. Die Zahl der gewählten Verteidiger darf drei nicht übersteigen.

§ 140 Notwendige Verteidigung

(1) Die Mitwirkung eines Verteidigers ist notwendig, wenn

1. die Hauptverhandlung im ersten Rechtszug vor dem Oberlandesgericht oder dem Landgericht stattfindet;
2. dem Beschuldigten ein Verbrechen zur Last gelegt wird;
3. das Verfahren zu einem Berufsverbot führen kann;
4. *(aufgehoben)*
5. der Beschuldigte sich mindestens drei Monate auf Grund richterlicher Anordnung oder mit richterlicher Genehmigung in einer Anstalt befunden hat und nicht mindestens zwei Wochen vor Beginn der Hauptverhandlung entlassen wird;
6. zur Vorbereitung eines Gutachtens über den psychischen Zustand des Beschuldigten seine Unterbringung nach § 81 in Frage kommt;
7. ein Sicherungsverfahren durchgeführt wird;
8. der bisherige Verteidiger durch eine Entscheidung von der Mitwirkung in dem Verfahren ausgeschlossen ist.

(2) In anderen Fällen bestellt der Vorsitzende auf Antrag oder von Amts wegen einen Verteidiger, wenn wegen der Schwere der Tat oder wegen der Schwierigkeit der Sach- oder Rechtslage

die Mitwirkung eines Verteidigers geboten erscheint oder wenn ersichtlich ist, dass sich der Beschuldigte nicht selbst verteidigen kann, namentlich, weil dem Verletzten nach den §§ 397a und 406g Abs. 3 und 4 ein Rechtsanwalt beigeordnet worden ist. Dem Antrag eines hör- oder sprachbehinderten Beschuldigten ist zu entsprechen.

§ 141 Bestellung eines Verteidigers

(1) In den Fällen des § 140 Abs. 1 und 2 wird dem Angeschuldigten, der noch keinen Verteidiger hat, ein Verteidiger bestellt, sobald er gemäß § 201 zur Erklärung über die Anklageschrift aufgefordert worden ist.

§ 153a Einstellung des Verfahrens bei Erfüllung von Auflagen und Weisungen

(1) Mit Zustimmung des für die Eröffnung des Hauptverfahrens zuständigen Gerichts und des Beschuldigten kann die Staatsanwaltschaft bei einem Vergehen vorläufig von der Erhebung der öffentlichen Klage absehen und zugleich dem Beschuldigten Auflagen und Weisungen erteilen, wenn diese geeignet sind, das öffentliche Interesse an der Strafverfolgung zu beseitigen, und die Schwere der Schuld nicht entgegensteht. Als Auflagen oder Weisungen kommen insbesondere in Betracht,

1. zur Wiedergutmachung des durch die Tat verursachten Schadens eine bestimmte Leistung zu erbringen,
2. einen Geldbetrag zugunsten einer gemeinnützigen Einrichtung oder der Staatskasse zu zahlen,
3. sonst gemeinnützige Leistungen zu erbringen,
4. Unterhaltspflichten in einer bestimmten Höhe nachzukommen,
5. sich ernsthaft zu bemühen, einen Ausgleich mit dem Verletzten zu erreichen (Täter-Opfer-Ausgleich) und dabei seine Tat ganz oder zum überwiegenden Teil wieder gutzumachen oder deren Wiedergutmachung zu erstreben, oder

6. an einem Aufbauseminar nach § 2b Abs. 2 Satz 2 oder § 4 Abs. 8 Satz 4 des Straßenverkehrsgesetzes teilzunehmen.

Zur Erfüllung der Auflagen und Weisungen setzt die Staatsanwaltschaft dem Beschuldigten eine Frist, die in den Fällen des Satzes 2 Nr. 1 bis 3, 5 und 6 höchstens sechs Monate, in den Fällen des Satzes 2 Nr. 4 höchstens ein Jahr beträgt. Die Staatsanwaltschaft kann Auflagen und Weisungen nachträglich aufheben und die Frist einmal für die Dauer von drei Monaten verlängern; mit Zustimmung des Beschuldigten kann sie auch Auflagen und Weisungen nachträglich auferlegen und ändern. Erfüllt der Beschuldigte die Auflagen und Weisungen, so kann die Tat nicht mehr als Vergehen verfolgt werden. Erfüllt der Beschuldigte die Auflagen und Weisungen nicht, so werden Leistungen, die er zu ihrer Erfüllung erbracht hat, nicht erstattet. § 153 Abs. 1 Satz 2 gilt in den Fällen des Satzes 2 Nr. 1 bis 5 entsprechend.

§ 239 Kreuzverhör

(1) Die Vernehmung der von der Staatsanwaltschaft und dem Angeklagten benannten Zeugen und Sachverständigen ist der Staatsanwaltschaft und dem Verteidiger auf deren übereinstimmenden Antrag von dem Vorsitzenden zu überlassen. Bei den von der Staatsanwaltschaft benannten Zeugen und Sachverständigen hat diese, bei den von dem Angeklagten benannten der Verteidiger in erster Reihe das Recht zur Vernehmung.

(2) Der Vorsitzende hat auch nach dieser Vernehmung die ihm zur weiteren Aufklärung der Sache erforderlich scheinenden Fragen an die Zeugen und Sachverständigen zu richten.

§ 240 Fragerecht

(1) Der Vorsitzende hat den beisitzenden Richtern auf Verlangen zu gestatten, Fragen an den Angeklagten, die Zeugen und die Sachverständigen zu stellen.

(2) Dasselbe hat der Vorsitzende der Staatsanwaltschaft, dem

Angeklagten und dem Verteidiger sowie den Schöffen zu gestatten. Die unmittelbare Befragung eines Angeklagten durch einen Mitangeklagten ist unzulässig.

§ 241 Zurückweisung von Fragen

(1) Dem, welcher im Falle des § 239 Abs. 1 die Befugnis der Vernehmung missbraucht, kann sie von dem Vorsitzenden entzogen werden.

(2) In den Fällen des § 239 Abs. 1 und des § 240 Abs. 2 kann der Vorsitzende ungeeignete oder nicht zur Sache gehörende Fragen zurückweisen.

§ 241 a Vernehmung von Zeugen

(1) Die Vernehmung von Zeugen unter sechzehn Jahren wird allein von dem Vorsitzenden durchgeführt.

(2) Die in § 240 Abs. 1 und Abs. 2 Satz 1 bezeichneten Personen können verlangen, dass der Vorsitzende den Zeugen weitere Fragen stellt. Der Vorsitzende kann diesen Personen eine unmittelbare Befragung der Zeugen gestatten, wenn nach pflichtgemäßem Ermessen ein Nachteil für das Wohl der Zeugen nicht zu befürchten ist.

§ 242 Zweifel über Zulässigkeit von Fragen

Zweifel über die Zulässigkeit einer Frage entscheidet in allen Fällen das Gericht.

§ 261 Freie Beweiswürdigung

Über das Ergebnis der Beweisaufnahme entscheidet das Gericht nach seiner freien, aus dem Inbegriff der Verhandlung geschöpften Überzeugung.

§ 337 Revisionsgründe

(1) Die Revision kann nur darauf gestützt werden, dass das Urteil auf einer Verletzung des Gesetzes beruhe.

(2) Das Gesetz ist verletzt, wenn eine Rechtsnorm nicht oder nicht richtig angewendet worden ist.

StVG (Straßenverkehrsgesetz)

§ 2 Fahrerlaubnis und Führerschein

(2) Die Fahrerlaubnis ist für die jeweilige Klasse zu erteilen, wenn der Bewerber

3. zum Führen von Kraftfahrzeugen geeignet ist.

§ 7 Haftung des Fahrzeughalters

(1) Wird bei dem Betrieb eines Kraftfahrzeugs oder eines Anhängers, der dazu bestimmt ist, von einem Kraftfahrzeug mitgeführt zu werden, ein Mensch getötet, der Körper oder die Gesundheit eines Menschen verletzt oder eine Sache beschädigt, so ist der Halter verpflichtet, dem Verletzten den daraus entstehenden Schaden zu ersetzen.
(2) Die Ersatzpflicht ist ausgeschlossen, wenn der Unfall durch höhere Gewalt verursacht wird.
(3) Benutzt jemand das Fahrzeug ohne Wissen und Willen des Fahrzeughalters, so ist er an Stelle des Halters zum Ersatz des Schadens verpflichtet; daneben bleibt der Halter zum Ersatz des Schadens verpflichtet, wenn die Benutzung des Fahrzeugs durch sein Verschulden ermöglicht worden ist. Satz 1 findet keine Anwendung, wenn der Benutzer vom Fahrzeughalter für den Betrieb des Kraftfahrzeugs angestellt ist oder wenn ihm das Fahrzeug vom Halter überlassen worden ist. Die Sätze 1 und 2 sind auf die Benutzung eines Anhängers entsprechend anzuwenden.

StVO (Straßenverkehrsordnung)

§ 1 Grundregeln

(1) Die Teilnahme am Straßenverkehr erfordert ständige Vorsicht und gegenseitige Rücksicht.
(2) Jeder Verkehrsteilnehmer hat sich so zu verhalten, dass kein Anderer geschädigt, gefährdet oder mehr, als nach den Umständen unvermeidbar, behindert oder belästigt wird.

§ 2 Straßenbenutzung durch Fahrzeuge

(1) Fahrzeuge müssen die Fahrbahn benutzen, von zwei Fahrbahnen die rechte. Seitenstreifen sind nicht Bestandteil der Fahrbahn.

§ 3 Geschwindigkeit

(2) Ohne triftigen Grund dürfen Kraftfahrzeuge nicht so langsam fahren, dass sie den Verkehrsfluss behindern.

§ 4 Abstand

(1) Der Abstand von einem vorausfahrenden Fahrzeug muss in der Regel so groß sein, dass auch dann hinter ihm gehalten werden kann, wenn es plötzlich gebremst wird. Der Vorausfahrende darf nicht ohne zwingenden Grund stark bremsen.

§ 5 Überholen

(1) Es ist links zu überholen.

(5) Außerhalb geschlossener Ortschaften darf das Überholen durch kurze Schall- oder Leuchtzeichen angekündigt werden. Wird mit Fernlicht geblinkt, so dürfen entgegenkommende Fahrzeugführer nicht geblendet werden.

§ 7 Benutzung von Fahrstreifen durch Kraftfahrzeuge

(2) Ist der Verkehr so dicht, dass sich auf den Fahrstreifen für eine Richtung Fahrzeugschlangen gebildet haben, so darf rechts schneller als links gefahren werden.

(2a) Wenn auf der Fahrbahn für eine Richtung eine Fahrzeugschlange auf dem jeweils linken Fahrstreifen steht oder langsam fährt, dürfen Fahrzeuge diese mit geringfügig höherer Geschwindigkeit und mit äußerster Vorsicht rechts überholen.

(4) Ist auf Straßen mit mehreren Fahrstreifen für eine Richtung das durchgehende Befahren eines Fahrstreifens nicht möglich oder endet ein Fahrstreifen, so ist den am Weiterfahren gehinderten Fahrzeugen der Übergang auf den benachbarten Fahrstreifen in der Weise zu ermöglichen, dass sich diese Fahrzeuge unmittelbar vor Beginn der Verengung jeweils im Wech-

sel nach einem auf dem durchgehenden Fahrstreifen fahrenden Fahrzeug einordnen können (Reißverschlussverfahren).

§ 12 Halten und Parken

(1) Das Halten ist unzulässig

1. an engen und an unübersichtlichen Straßenstellen.

(4a) Ist das Parken auf dem Gehweg erlaubt, so ist hierzu nur der rechte Gehweg, in Einbahnstraßen der rechte oder linke Gehweg zu benutzen.

§ 14 Sorgfaltspflichten beim Ein- und Aussteigen

(2) Verlässt der Führer sein Fahrzeug, so muss er die nötigen Maßnahmen treffen, um Unfälle oder Verkehrsstörungen zu vermeiden. Kraftfahrzeuge sind auch gegen unbefugte Benutzung zu sichern.

§ 16 Warnzeichen

(1) Schall- und Leuchtzeichen darf nur geben,

1. wer außerhalb geschlossener Ortschaften überholt (§ 5 Abs. 5) oder
2. wer sich oder andere gefährdet sieht.

§ 18 Autobahnen und Kraftfahrstraßen

(1) Autobahnen (Zeichen 330) und Kraftfahrstraßen (Zeichen 331) dürfen nur mit Kraftfahrzeugen benutzt werden, deren durch die Bauart bestimmte Höchstgeschwindigkeit mehr als 60 km/h beträgt; werden Anhänger mitgeführt, so gilt das Gleiche auch für diese. Fahrzeug und Ladung dürfen zusammen nicht höher als 4 m und nicht breiter als 2,55 m sein. Kühlfahrzeuge dürfen nicht breiter als 2,6 m sein.

§ 34 Unfall

(1) Nach einem Verkehrsunfall hat jeder Beteiligte

5. anderen am Unfallort anwesenden Beteiligten oder Geschädigten
   a) anzugeben, dass er am Unfall beteiligt war, und

b) auf Verlangen seinen Namen und seine Anschrift anzugeben sowie ihnen Führerschein und Fahrzeugschein vorzuweisen und nach bestem Wissen Angaben über seine Haftpflichtversicherung zu machen,

6. a) so lange am Unfallort zu bleiben, bis er zugunsten der anderen Beteiligten und der Geschädigten die Feststellung seiner Person, seines Fahrzeuges und der Art seiner Beteiligung durch seine Anwesenheit ermöglicht hat, oder

   b) eine nach den Umständen angemessene Zeit zu warten und am Unfallort Namen und Anschrift zu hinterlassen, wenn niemand bereit war, die Feststellung zu treffen,

7. unverzüglich die Feststellungen nachträglich zu ermöglichen, wenn er sich berechtigt, entschuldigt oder nach Ablauf der Wartefrist (Nummer 6 Buchstabe b) vom Unfallort entfernt hat. Dazu hat er mindestens den Berechtigten (Nummer 6 Buchstabe a) oder einer nahe gelegenen Polizeidienststelle mitzuteilen, dass er am Unfall beteiligt gewesen ist, und seine Anschrift, seinen Aufenthalt sowie das Kennzeichen und den Standort seines Fahrzeugs anzugeben und dieses zu unverzüglichen Feststellungen für eine ihm zumutbare Zeit zur Verfügung zu halten.

§ 41 Vorschriftzeichen

(2) Zeichen 286

Zeichen 286 – Eingeschränktes Haltverbot

Es verbietet das Halten auf der Fahrbahn über 3 Minuten, ausgenommen zum Ein- oder Aussteigen oder zum Be- oder Entladen. Ladegeschäfte müssen ohne Verzögerung durchgeführt werden. Das Zusatzschild »auch auf Seitenstreifen« (hinter Zeichen 283) kann auch hier angebracht sein.

Das Zusatzschild mit den Worten »auf dem Seitenstreifen« verbietet das Halten nur auf dem Seitenstreifen.
Das Zusatzschild »(Rollstuhlfahrersymbol) mit Parkausweis Nr. … frei« nimmt Schwerbehinderte mit außergewöhnlicher Gehbehinderung und Blinde, jeweils mit besonderem Parkausweis, vom Haltverbot aus.
Das Zusatzschild »Bewohner mit besonderem Parkausweis frei« nimmt Bewohner mit besonderem Parkausweis vom Haltverbot aus.
Die Ausnahmen gelten nur, wenn die Parkausweise gut lesbar ausgelegt sind.

StVZO (Straßenverkehrszulassungsordnung)

§ 23 Zuteilung der amtlichen Kennzeichen

(1) Die Zuteilung des amtlichen Kennzeichens für ein Kraftfahrzeug oder einen Kraftfahrzeuganhänger hat der Verfügungsberechtigte bei der Verwaltungsbehörde (Zulassungsbehörde) zu beantragen, in deren Bezirk das Fahrzeug seinen regelmäßigen Standort haben soll. Der Antrag muss die nach § 34 Abs. 1 und 2 des Straßenverkehrsgesetzes und nach § 1 Abs. 1 der Fahrzeugregisterverordnung vorgesehenen Daten enthalten. Mit dem Antrag ist für zulassungspflichtige Fahrzeuge zum Nachweis der Verfügungsberechtigung und der Betriebserlaubnis der Fahrzeugbrief vorzulegen oder, falls ein solcher nicht vorhanden ist, die Ausfertigung eines Briefes zu beantragen.

§ 27 Meldepflichten der Eigentümer und Halter von Kraftfahrzeugen oder Anhängern; Zurückziehung aus dem Verkehr und erneute Zulassung

(3) Wird ein Fahrzeug veräußert, so hat der Veräußerer unverzüglich der Zulassungsbehörde, die dem Fahrzeug ein amtliches Kennzeichen zugeteilt hat, Namen und Anschrift des Erwerbers anzuzeigen; er hat dem Erwerber zur Weiterbenutzung

des Fahrzeugs Fahrzeugschein und -brief, bei zulassungsfreien Fahrzeugen, für die ein amtliches Kennzeichen zugeteilt ist, den Nachweis über die Zuteilung des Kennzeichens oder den Fahrzeugschein (§ 18 Abs. 5) und den Untersuchungsbericht über die letzte Hauptuntersuchung (§ 29), bei abgasuntersuchungspflichtigen Fahrzeugen die Prüfbescheinigung (§ 47a Abs. 3) und bei prüfbuchpflichtigen Fahrzeugen das Prüfbuch auszuhändigen und die Empfangsbestätigung seiner Anzeige beizufügen. Der Erwerber hat unverzüglich bei der für den neuen Standort des Fahrzeugs zuständigen Zulassungsbehörde

1. bei einem zulassungspflichtigen Fahrzeug die Ausfertigung eines neuen Fahrzeugscheins und, wenn dem Fahrzeug bisher ein Kennzeichen von einer anderen Zulassungsbehörde zugeteilt war, auch die Zuteilung eines neuen Kennzeichens zu beantragen,
2. bei einem zulassungsfreien Fahrzeug, dem bisher ein Kennzeichen von einer anderen Zulassungsbehörde zugeteilt war, die Zuteilung eines neuen Kennzeichens zu beantragen; war das Kennzeichen schon von der für den neuen Standort des Fahrzeugs zuständigen Zulassungsbehörde zugeteilt, so genügt eine Anzeige des Erwerbers unter Angaben der Halterdaten nach § 33 Abs. 1 Satz 1 Nr. 2 des Straßenverkehrsgesetzes und Vorlage des Versicherungsnachweises nach § 29a.

Kommt der Erwerber diesen Pflichten nicht nach, so kann die Zulassungsbehörde für die Zeit bis zur Erfüllung der Pflichten den Betrieb des Fahrzeugs im öffentlichen Verkehr untersagen. § 17 Abs. 2 gilt entsprechend.

TDG (Teledienstegesetz)

§ 8 Verantwortlichkeit, Allgemeine Grundsätze

(1) Diensteanbieter sind für eigene Informationen, die sie zur

Nutzung bereithalten, nach den allgemeinen Gesetzen verantwortlich.
(2) Diensteanbieter im Sinne der §§ 9 bis 11 sind nicht verpflichtet, die von ihnen übermittelten oder gespeicherten Informationen zu überwachen oder nach Umständen zu forschen, die auf eine rechtswidrige Tätigkeit hinweisen. Verpflichtungen zur Entfernung oder Sperrung der Nutzung von Informationen nach den allgemeinen Gesetzen bleiben auch im Falle der Nichtverantwortlichkeit des Diensteanbieters nach den §§ 9 bis 11 unberührt. Das Fernmeldegeheimnis nach § 85 des Telekommunikationsgesetzes ist zu wahren.

§ 11 Speicherung von Informationen

Diensteanbieter sind für fremde Informationen, die sie für einen Nutzer speichern, nicht verantwortlich, sofern

1. sie keine Kenntnis von der rechtswidrigen Handlung oder der Information haben und ihnen im Falle von Schadensersatzansprüchen auch keine Tatsachen oder Umstände bekannt sind, aus denen die rechtswidrige Handlung oder die Information offensichtlich wird, oder
2. sie unverzüglich tätig geworden sind, um die Information zu entfernen oder den Zugang zu ihr zu sperren, sobald sie diese Kenntnis erlangt haben.

Satz 1 findet keine Anwendung, wenn der Nutzer dem Diensteanbieter untersteht oder von ihm beaufsichtigt wird.

TzBfG (Gesetz über Teilzeitarbeit und befristete Arbeitsverträge)

§ 4 Verbot der Diskriminierung

(1) Ein teilzeitbeschäftigter Arbeitnehmer darf wegen der Teilzeitarbeit nicht schlechter behandelt werden als ein vergleichbarer vollzeitbeschäftigter Arbeitnehmer, es sei denn, dass sachliche Gründe eine unterschiedliche Behandlung rechtfertigen.

Einem teilzeitbeschäftigten Arbeitnehmer ist Arbeitsentgelt oder eine andere teilbare geldwerte Leistung mindestens in dem Umfang zu gewähren, der dem Anteil seiner Arbeitszeit an der Arbeitszeit eines vergleichbaren vollzeitbeschäftigten Arbeitnehmers entspricht.
(2) Ein befristet beschäftigter Arbeitnehmer darf wegen der Befristung des Arbeitsvertrages nicht schlechter behandelt werden als ein vergleichbarer unbefristet beschäftigter Arbeitnehmer, es sei denn, dass sachliche Gründe eine unterschiedliche Behandlung rechtfertigen. Einem befristet beschäftigten Arbeitnehmer ist Arbeitsentgelt oder eine andere teilbare geldwerte Leistung, die für einen bestimmten Bemessungszeitraum gewährt wird, mindestens in dem Umfang zu gewähren, der dem Anteil seiner Beschäftigungsdauer am Bemessungszeitraum entspricht. Sind bestimmte Beschäftigungsbedingungen von der Dauer des Bestehens des Arbeitsverhältnisses in demselben Betrieb oder Unternehmen abhängig, so sind für befristet beschäftigte Arbeitnehmer dieselben Zeiten zu berücksichtigen wie für unbefristet beschäftigte Arbeitnehmer, es sei denn, dass eine unterschiedliche Berücksichtigung aus sachlichen Gründen gerechtfertigt ist.

UrhG (Urheberrechtsgesetz)

§ 2 Geschützte Werke

(1) Zu den geschützten Werken der Literatur, Wissenschaft und Kunst gehören insbesondere:

1. Sprachwerke, wie Schriftwerke, Reden und Computerprogramme;
2. Werke der Musik;
3. pantomimische Werke einschließlich der Werke der Tanzkunst;
4. Werke der bildenden Künste einschließlich der Werke der Baukunst und der angewandten Kunst und Entwürfe solcher Werke;

5. Lichtbildwerke einschließlich der Werke, die ähnlich wie Lichtbildwerke geschaffen werden;
6. Filmwerke einschließlich der Werke, die ähnlich wie Filmwerke geschaffen werden;
7. Darstellungen wissenschaftlicher oder technischer Art, wie Zeichnungen, Pläne, Karten, Skizzen, Tabellen und plastische Darstellungen.

(2) Werke im Sinne dieses Gesetzes sind nur persönliche geistige Schöpfungen.

§ 10 Vermutung der Urheberschaft

(1) Wer auf den Vervielfältigungsstücken eines erschienenen Werkes oder auf dem Original eines Werkes der bildenden Künste in der üblichen Weise als Urheber bezeichnet ist, wird bis zum Beweis des Gegenteils als Urheber des Werkes angesehen; dies gilt auch für eine Bezeichnung, die als Deckname oder Künstlerzeichen des Urhebers bekannt ist.

(2) Ist der Urheber nicht nach Absatz 1 bezeichnet, so wird vermutet, dass derjenige ermächtigt ist, die Rechte des Urhebers geltend zu machen, der auf den Vervielfältigungsstücken des Werkes als Herausgeber bezeichnet ist. Ist kein Herausgeber angegeben, so wird vermutet, dass der Verleger ermächtigt ist.

§ 24 Freie Benutzung

(1) Ein selbständiges Werk, das in freier Benutzung des Werkes eines anderen geschaffen worden ist, darf ohne Zustimmung des Urhebers des benutzten Werkes veröffentlicht und verwertet werden.

(2) Absatz 1 gilt nicht für die Benutzung eines Werkes der Musik, durch welche eine Melodie erkennbar dem Werk entnommen und einem neuen Werk zugrunde gelegt wird.

§ 107 Unzulässiges Anbringen der Urheberbezeichnung

(1) Wer

1. auf dem Original eines Werkes der bildenden Künste die

Urheberbezeichnung (§ 10 Abs. 1) ohne Einwilligung des Urhebers anbringt oder ein derart bezeichnetes Original verbreitet,

2. auf einem Vervielfältigungsstück, einer Bearbeitung oder Umgestaltung eines Werkes der bildenden Künste die Urheberbezeichnung (§ 10 Abs. 1) auf eine Art anbringt, die dem Vervielfältigungsstück, der Bearbeitung oder Umgestaltung den Anschein eines Originals gibt, oder ein derart bezeichnetes Vervielfältigungsstück, eine solche Bearbeitung oder Umgestaltung verbreitet,

wird mit Freiheitsstrafe bis zu drei Jahren oder mit Geldstrafe bestraft, wenn die Tat nicht in anderen Vorschriften mit schwererer Strafe bedroht ist.

UWG (Gesetz gegen den unlauteren Wettbewerb)

§ 1 Generalklausel

Wer im geschäftlichen Verkehr zu Zwecken des Wettbewerbs Handlungen vornimmt, die gegen die guten Sitten verstoßen, kann auf Unterlassung und Schadensersatz in Anspruch genommen werden.

§ 3 Irreführende Angaben

Wer im geschäftlichen Verkehr zu Zwecken des Wettbewerbs über geschäftliche Verhältnisse, insbesondere über die Beschaffenheit, den Ursprung, die Herstellungsart oder die Preisbemessung einzelner Waren oder gewerblicher Leistungen oder des gesamten Angebots, über Preislisten, über die Art des Bezugs oder die Bezugsquelle von Waren, über den Besitz von Auszeichnungen, über den Anlass oder den Zweck des Verkaufs oder über die Menge der Vorräte, irreführende Angaben macht, kann auf Unterlassung der Angaben in Anspruch genommen werden. Angaben über geschäftliche Verhältnisse im Sinne des Satzes 1 sind auch Angaben im Rahmen vergleichender Werbung.

§ 17 Verrat von Geschäfts- oder Betriebsgeheimnissen

(1) Mit Freiheitsstrafe bis zu drei Jahren oder mit Geldstrafe wird bestraft, wer als Angestellter, Arbeiter oder Lehrling eines Geschäftsbetriebs ein Geschäfts- oder Betriebsgeheimnis, das ihm vermöge des Dienstverhältnisses anvertraut worden oder zugänglich geworden ist, während der Geltungsdauer des Dienstverhältnisses unbefugt an jemand zu Zwecken des Wettbewerbs aus Eigennutz zugunsten eines Dritten oder in der Absicht, dem Inhaber des Geschäftsbetriebs Schaden zuzufügen, mitteilt.

(2) Ebenso wird bestraft, wer zu Zwecken des Wettbewerbs, aus Eigennutz, zugunsten eines Dritten oder in der Absicht, dem Inhaber des Geschäftsbetriebs Schaden zuzufügen,

1. sich ein Geschäfts- oder Betriebsgeheimnis durch
   a) Anwendung technischer Mittel,
   b) Herstellung einer verkörperten Wiedergabe des Geheimnisses oder
   c) Wegnahme einer Sache, in der das Geheimnis verkörpert ist,
   unbefugt verschafft oder sichert oder
2. ein Geschäfts- oder Betriebsgeheimnis, das er durch eine der in Absatz 1 bezeichneten Mitteilungen oder durch eine eigene oder fremde Handlung nach Nummer 1 erlangt oder sich sonst unbefugt verschafft oder gesichert hat, unbefugt verwertet oder jemandem mitteilt.

§ 18 Verwertung von Vorlagen

Mit Freiheitsstrafe bis zu zwei Jahren oder mit Geldstrafe wird bestraft, wer die ihm im geschäftlichen Verkehr anvertrauten Vorlagen oder Vorschriften technischer Art, insbesondere Zeichnungen, Modelle, Schablonen, Schnitte, Rezepte, zu Zwecken des Wettbewerbs oder aus Eigennutz unbefugt verwertet oder an jemand mitteilt.

ZPO (Zivilprozessordnung)

§ 286 Freie Beweiswürdigung

(1) Das Gericht hat unter Berücksichtigung des gesamten Inhalts der Verhandlungen und des Ergebnisses einer etwaigen Beweisaufnahme nach freier Überzeugung zu entscheiden, ob eine tatsächliche Behauptung für wahr oder für nicht wahr zu erachten sei. In dem Urteil sind die Gründe anzugeben, die für die richterliche Überzeugung leitend gewesen sind.

(2) An gesetzliche Beweisregeln ist das Gericht nur in den durch dieses Gesetz bezeichneten Fällen gebunden.

§ 383 Zeugnisverweigerung aus persönlichen Gründen

(1) Zur Verweigerung des Zeugnisses sind berechtigt:

6. Personen, denen kraft ihres Amtes, Standes oder Gewerbes Tatsachen anvertraut sind, deren Geheimhaltung durch ihre Natur oder durch gesetzliche Vorschrift geboten ist, in Betreff der Tatsachen, auf welche die Verpflichtung zur Verschwiegenheit sich bezieht.

§ 384 Zeugnisverweigerung aus sachlichen Gründen

Das Zeugnis kann verweigert werden:

1. über Fragen, deren Beantwortung dem Zeugen oder einer Person, zu der er in einem im § 383 Nr. 1 bis 3 bezeichneten Verhältnisse steht, einen unmittelbaren vermögensrechtlichen Schaden verursachen würde;
2. über Fragen, deren Beantwortung dem Zeugen oder einem seiner im § 383 Nr. 1 bis 3 bezeichneten Angehörigen zur Unehre gereichen oder die Gefahr zuziehen würde, wegen einer Straftat oder einer Ordnungswidrigkeit verfolgt zu werden;
3. über Fragen, die der Zeuge nicht würde beantworten können, ohne ein Kunst- oder Gewerbegeheimnis zu offenbaren.

§ 511 Statthaftigkeit der Berufung

(1) Die Berufung findet gegen die im ersten Rechtszug erlassenen Endurteile statt.

(2) Die Berufung ist nur zulässig, wenn

1. der Wert des Beschwerdegegenstandes sechshundert Euro übersteigt oder
2. das Gericht des ersten Rechtszuges die Berufung im Urteil zugelassen hat.

(3) Der Berufungskläger hat den Wert nach Absatz 2 Nr. 1 glaubhaft zu machen; zur Versicherung an Eides statt darf er nicht zugelassen werden.

(4) Das Gericht des ersten Rechtszuges lässt die Berufung zu, wenn

1. die Rechtssache grundsätzliche Bedeutung hat oder
2. die Fortbildung des Rechts oder die Sicherung einer einheitlichen Rechtsprechung eine Entscheidung des Berufungsgerichts erfordert.

Das Berufungsgericht ist an die Zulassung gebunden.

§ 513 Berufungsgründe

(1) Die Berufung kann nur darauf gestützt werden, dass die Entscheidung auf einer Rechtsverletzung (§ 546) beruht oder nach § 529 zugrunde zu legende Tatsachen eine andere Entscheidung rechtfertigen.

(2) Die Berufung kann nicht darauf gestützt werden, dass das Gericht des ersten Rechtszuges seine Zuständigkeit zu Unrecht angenommen hat.

Ausländische Rechtsnormen

Schweizerisches BankenG (Bundesgesetz über die Banken und Sparkassen)

Art. 47 Bankgeheimnis

(1) Wer ein Geheimnis offenbart, das ihm in seiner Eigenschaft als Organ, Angestellter, Beauftragter, Liquidator oder Kommissär einer Bank, als Beobachter der Bankenkommission, als Organ oder Angestellter einer anerkannten Revisionsstelle anvertraut worden ist oder das er in dieser Eigenschaft wahrgenommen hat, wer zu einer solchen Verletzung des Berufsgeheimnisses zu verleiten sucht, wird mit Gefängnis bis zu sechs Monaten oder mit Busse bis zu 50000 Franken bestraft.
(2) Handelt der Täter fahrlässig, so ist die Strafe Busse bis zu 30000 Franken.
(3) Die Verletzung des Berufsgeheimnisses ist auch nach Beendigung des amtlichen oder dienstlichen Verhältnisses oder der Berufsausübung strafbar.
(4) Vorbehalten bleiben die eidgenössischen und kantonalen Bestimmungen über die Zeugnispflicht und über die Auskunftspflicht gegenüber einer Behörde.

Schweizerisches StGB (Strafgesetzbuch)

Art. 149 Zechprellerei

Wer sich in einem Gastgewerbebetrieb beherbergen, Speisen oder Getränke vorsetzen lässt oder andere Dienstleistungen beansprucht und den Betriebsinhaber um die Bezahlung prellt, wird, auf Antrag, mit Gefängnis oder mit Busse bestraft.

U.S. Code

Title 18, Chapter 73 Obstruction of Justice

Überschriften der jeweils sehr umfangreichen Abschnitte (Sections), die hier nicht im Einzelnen dargestellt werden können:

Section 1501 Assault On Process Server
Section 1502 Resistance To Extradition Agent
Section 1503 Influencing Or Injuring Officer Or Juror Generally
Section 1504 Influencing Juror By Writing
Section 1505 Obstruction Of Proceedings Before Departments, Agencies, And Committees
Section 1506 Theft Or Alteration Of Record Or Process; False Bail
Section 1507 Picketing Or Parading
Section 1508 Recording, Listening To, Or Observing Proceedings Of Grand Or Petit Juries While Deliberating Or Voting
Section 1509 Obstruction Of Court Orders
Section 1510 Obstruction Of Criminal Investigations
Section 1511 Obstruction Of State Or Local Law Enforcement
Section 1512 Tampering With A Witness, Victim, Or An Informant
Section 1513 Retaliating Against A Witness, Victim, Or An Informant
Section 1514 Civil Action To Restrain Harassment Of A Victim Or Witness
Section 1515 Definitions For Certain Provisions; General Provision
Section 1516 Obstruction Of Federal Audit
Section 1517 Obstructing Examination Of Financial Institution
Section 1518 Obstruction Of Criminal Investigations Of Health Care Offenses

Dank

Für die Unterstützung bei der Erstellung dieses Buches möchte ich mich sehr herzlich bedanken bei

Rechtsanwalt Bruno Markus Glombitza, Köln
Dipl.-Kfm. Dirk Grotheer, Köln
Rechtsanwalt Philipp v. Ploetz, Moskau
Dr. phil. Christoph Steskal, Berlin
Prof. Dr. jur. Gregor H. Thüsing, Bonn

Köln, im März 2004
Dr. Ralf Höcker

»Wieder einmal bringt Ralf Höcker Licht in die entscheidenden Lagen des Lebens.«
Süddeutsche Zeitung

Ralf Höckers zweites *Lexikon der Rechtsirrtümer* zeigt: Es gibt noch viel mehr weitverbreitete juristische Fehlannahmen, als der Fachmann sich träumen läßt. Sei es, daß manche sich von Schildern wie »Umtausch nur von original verpackter Ware« einschüchtern lassen oder daß man glaubt, man könne sich mit seinem Handtuch eine Liege am Hotelpool reservieren. In bewährter Manier rückt Höcker diese und viele andere rechtliche Mißverständnisse zurecht.

Neues Lexikon der Rechtsirrtümer
»Wer auffährt, hat schuld« und andere juristische Halbwahrheiten
ISBN 978-3-548-36772-9

ULLSTEIN

US179